"十四五"职业教育山西省规划教材

健康养老服务基础

主审 安建军
主编 宋 威 宋芳丽

镇 江

内 容 提 要

本书以理论知识必要、够用为原则，全面、系统地介绍了健康养老服务的相关知识。本书共分为七个项目，分别为健康养老服务概述、养老护理员的职业素养与安全、老年人服务礼仪与沟通、老年人生活照料、老年人心理护理、老年人康复护理、老年人中医养生保健。

本书结构合理，内容实用，体例新颖，可帮助学生了解养老护理的基础知识，提高健康养老护理能力，可作为各类学校智慧健康养老服务与管理、老年保健与管理、社区康复等专业及其他相关专业的教材。

图书在版编目（CIP）数据

健康养老服务基础 / 宋威，宋芳丽主编. -- 镇江 : 江苏大学出版社，2024.2（2025.6 重印）
ISBN 978-7-5684-2107-2

Ⅰ. ①健… Ⅱ. ①宋… ②宋… Ⅲ. ①养老一社会服务一中国 Ⅳ. ①D669.6

中国国家版本馆 CIP 数据核字(2023)第 249050 号

健康养老服务基础
Jiankang Yanglao Fuwu Jichu

主　　编 / 宋　威　宋芳丽
责任编辑 / 吴小娟
出版发行 / 江苏大学出版社
地　　址 / 江苏省镇江市京口区学府路 301 号（邮编：212013）
电　　话 / 0511-84446464（传真）
网　　址 / http://press.ujs.edu.cn
排　　版 / 艺通印刷（天津）有限公司
印　　刷 / 艺通印刷（天津）有限公司
开　　本 / 787 mm×1 092 mm　1/16
印　　张 / 13.5
字　　数 / 337 千字
版　　次 / 2024 年 2 月第 1 版
印　　次 / 2025 年 6 月第 2 次印刷
书　　号 / ISBN　978-7-5684-2107-2
定　　价 / 45.00 元

养老是千千万万家庭关切的“家事”，也是国家领导人心心念念的“国事”。党的二十大报告提出，要实施积极应对人口老龄化国家战略，发展养老事业和养老产业，优化孤寡老人服务，推动实现全体老年人享有基本养老服务。

我国老年人口基数大，构建养老、孝老、敬老的政策体系和社会环境，让老年人拥有体面的晚年生活，是贯彻落实“以人民为中心”发展理念的内在要求，也是积极应对人口老龄化的应有之举。近年来，不少地方不断创新养老方式，在完善软硬件基础设施、丰富服务供给内容、优化养老环境等方面持续发力，使得老有所养、老有所医、老有所教、老有所学、老有所为、老有所乐的愿景成为现实。

守护最美“夕阳红”，让养老服务高素质人才“进得来”“留得住”“用得好”，是构造老年人幸福生活的关键所在。为响应国家号召，更好地促进老龄事业高质量发展，培养高素质养老服务人才，突破养老服务高质量发展瓶颈，编者精心编写了本书。具体来说，本书主要有以下特色。

1 育人为本，德技并修

为积极贯彻党的二十大精神，落实立德树人根本任务，本书在每个项目首页设置了“素质目标”，在正文中穿插了“敬老爱老”模块，并且在介绍养老服务知识时，有机融入尊老、敬老、孝老、爱老的传统美德与爱岗敬业精神，潜移默化地影响学生的思想和行为，培育学生的道德品质和人文精神，培养有理想、敢担当、能吃苦、肯奋斗的新时代好青年。

2 校企合作，职业引领

为了突出本书的实用性和适用性，编者在编写本书时，不仅与多所职业院校养老服务与管理相关专业的教师就本书的内容、结构、体例等进行了深入探讨，而且走访了多家养老机构，向养老护理人员咨询了许多养老护理服务过程中常见的问题与处理方法，并将其有机融入本书中，提高了本书的实用性。此外，本书中的部分案例由编者走访的养老机构提供。

3 全新理念，易教易学

为了充分体现教材的实用性、先进性和创新性，编者按照“项目引领、任务驱动”的思路进行教材开发与设计，采用项目任务式结构编排本书内容。具体来说，本书由七个项目构成，每个任务均以一个典型案例作为导入案例，通过提问的方式引发学生思考，使学生带着问题学习理论知识；在理论知识部分穿插了“同步案例”“视野拓展”“课堂活动”和“小贴士”等模块，以增强学习的互动性与趣味性；在每个任务后设置了“任务实施”，让学生通过小组讨论、情景模拟等方式应用所学知识。此外，本书还在每个项目后设置了“学习成果检测”和“学习成果评价”，帮助学生检测学习情况。

4 平台支撑，资源丰富

本书配有丰富的数字资源，读者既可以借助手机或其他移动设备扫描书中的二维码观看微课视频，也可以登录文旌综合教育平台“文旌课堂”查看和下载本书配套资源，如课件、教案、课后习题答案等。读者在阅读过程中有任何疑问，都可以登录该平台寻求帮助。

此外，本书还提供了在线题库，支持“教学作业，一键发布”，教师只需通过微信或“文旌课堂”App 扫描扉页二维码，即可迅速选题、一键发布、智能批改，并查看学生的作业分析报告，从而提高教学效率、提升教学体验。学生可在线完成作业，巩固所学知识，提高学习效率。

本书由安建军担任主审，宋威、宋芳丽担任主编，凌莎莎、贾松松、田雨担任副主编，宋晶、屈咪咪、刘鹏、郭宝宝参与编写了部分内容。由于编者水平有限，书中可能存在疏漏和不妥之处，诚请广大读者批评指正。

特别说明：

（1）编者在编写过程中参考了大量资料并引用了部分文章和图片。大部分引用的资料已获授权，但由于部分资料来自网络，我们未能确认出处，也暂时无法联系到原作者。对此，我们深表歉意，并欢迎原作者随时与我们联系，我们将按规定支付酬劳。

（2）本书没有注明资料来源的案例均为编者自编或根据真实事件改编。

本书配套资源下载网址和联系方式

网址：https://www.wenjingketang.com

电话：400-117-9835

邮箱：book@wenjingketang.com

目录
CONTENTS

项目一 健康养老服务概述

项目引言

随着我国人口老龄化程度的加深，高龄、空巢、失能、失智老年人日益增多，他们的生活面临方方面面的困难，健康问题和安全问题尤为突出。为了解决这些问题，近年来，我国不断完善养老服务体系，各地统筹推进居家养老、社区养老、机构养老三位一体发展，为老年人提供生活照料、心理护理、康复护理等服务。同时，我国的基本养老保险制度和基本医疗保险制度也在一定程度上保障了老年人的基本生活和基本医疗需求。

本项目将介绍健康养老服务的基础知识、养老服务法规法律与政策等内容。

知识目标

- 了解健康、疾病与亚健康。
- 熟悉影响老年人健康的因素。
- 了解健康养老服务的内容。
- 熟悉与养老服务有关的法律法规。
- 了解与养老服务有关的政策。

素质目标

- 通过学习健康养老服务的内容，培养“老吾老，以及人之老”的尊老敬老情怀，弘扬尊老、敬老、爱老、助老的传统美德。
- 通过学习与养老服务有关的法律法规与政策，培养法律意识和明辨是非的能力。

任务一　认识健康养老服务的基础知识

任务导入

老年人健康长寿的原因

为准确掌握全市百岁老人的基本状况，探寻老年人健康长寿的秘诀，宿州市统计局组织专员对全市近 1 000 位百岁老人进行了一次全面调查。在对宿州市百岁老年人的健康状况调查中发现，宿州市 68.8%的百岁老年人可生活自理，其中还有 33.1%的百岁老年人会做家务。经过分析，调查人员发现，老年人的健康状况和寿命除受经济保障、医疗保障、社会稳定性、自然环境等宏观因素影响外，还受性格、生活习惯等个体因素的影响。

（一）性格

宿州市 81.5%的百岁老人认为自己性格乐观、开朗，很少生气；1.7%的百岁老人认为自己性格急躁、冲动，易生气。

（二）生活习惯

（1）饮食习惯。宿州市 48.7%的百岁老人以面食为主食，56.9%的百岁老人每天主食摄入量为 200～400 克，30.6%的百岁老人每天吃水果，81.8%的百岁老人每天吃蔬菜，24.4%的百岁老人经常吃禽畜肉、鱼类，35.5%的百岁老人经常吃豆制品、乳制品，57.4%的百岁老人从不吃腌菜。

（2）不良习惯。宿州市 82%的百岁老人表示自己不吸烟，并且支持吸烟有害健康的说法；94.8%的百岁老人表示自己不经常喝酒。

（3）运动习惯。宿州市 12.2%的百岁老人坚持每天进行体育锻炼，36.1%的百岁老人偶尔进行体育锻炼。

（资料来源：《宿州市百岁老年人调研报告》，宿州市统计局官网，2021 年 4 月 22 日）

思考：

（1）健康老年人应满足哪些要求？

（2）影响老年人健康的因素有哪些？

一、健康、疾病与亚健康

健康与疾病是人体生命活动中两种对立的状态，这两种状态之间没有明确的界限且可以相互转化。除了健康和疾病之外，人体还可能处于健康与疾病之间的临界状态，即亚健康状态。

（一）健康

狭义的健康是指机体没有疾病、不虚弱的状态，即身体健康；而广义的健康是指没有疾病和不适，并且拥有良好的体质、心理状态及社会适应能力的生命状态。一般来说，健康的人应具有体魄健全、精力充沛、处事乐观、应变力强、能吃能睡、体重适当、眼睛明亮、牙齿整洁、头发光亮、走路轻松等特点。

对于不同年龄段的人来说，健康的标准是不同的。根据《中国健康老年人标准》（WS/T 802—2022），60 周岁及以上的中国健康老年人应具备以下特点：

（1）生活自理或基本自理。

（2）重要脏器的增龄性改变未导致明显的功能异常。

（3）影响健康的危险因素控制在与其年龄相适应的范围内。

（4）营养状况良好。

（5）认知功能基本正常。

（6）乐观积极，自我满意。

（7）具有一定的健康素养，保持良好的生活方式。

（8）积极参与家庭和社会活动（见图 1-1）。

（9）社会适应能力良好。

中国健康老年人评估表

图 1-1　参与社会活动的老年人

（二）疾病

疾病是指人体在一定条件下，由致病因素所引起的有一定表现形式的病理过程。在疾病状态下，人体正常的生理过程遭到破坏，表现为对外界环境变化的适应能力降低、劳动能力受到限制或丧失，并出现一系列临床症状，但是并不是所有的疾病都会使人产生临床症状。例如，动脉粥样硬化患者、结核病患者甚至各种癌症患者在疾病的早期阶段都是没有明显症状的。

（三）亚健康

亚健康又称“次健康状态”“第三状态”，是指人体处于非健康、非疾病并有可能趋向疾病的状态。亚健康状态可见于任何人群。处于亚健康状态的人查不出具体的疾病，尤其是器质性疾病，但会出现精神不振、疲劳、乏力、嗜睡、情绪低落、烦躁、焦虑、失眠、记忆力减退、注意力难以集中、腰酸腿疼，以及活动时气短、心悸、心律不齐等症状。

二、影响老年人健康的因素

老年人的健康状况受到多种因素的影响，主要包括人口学因素、生活方式因素、经济因素、居住环境因素、社会保障因素等。

（一）人口学因素

人口学因素主要包括老年人的年龄、文化程度、婚姻状况等。

（1）年龄。人的身体机能会随着年龄的增长而衰退，与年轻人相比，老年人患各种身体疾病的概率更高。此外，与年轻人相比，老年人应对生活中突发情况的能力较弱，更容易产生负面情绪，因而患心理疾病的概率也更高。

（2）文化程度。一般情况下，文化程度高的老年人的健康状况要好于文化程度低的老年人。这是因为，文化程度高的老年人通常具有较好的养老条件、较强的健康意识，且能够积极参与各种社会活动。

（3）婚姻状况。离婚和丧偶会导致老年人的生活环境、家庭结构发生改变，老年人如果长时间不能适应变化后的环境和生活，就会出现健康问题。此外，离婚和丧偶的老年人易产生负面情绪，如悲伤、抑郁（见图 1-2）等，这些情绪可能会导致老年人失眠、厌食，进而诱发各种疾病。

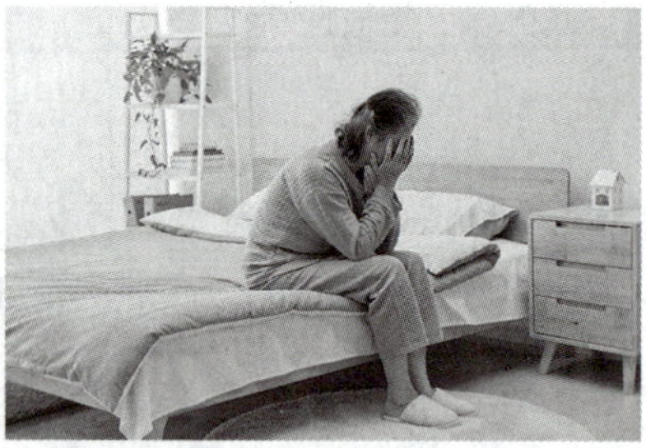

图 1-2　陷入抑郁情绪中的老年人

（二）生活方式因素

健康的生活方式是提高身体素质和身体抵抗力的重要保证，不健康的生活方式会使人患病的风险增加。一般来说，经常久坐、饮食结构单一、吸烟、酗酒的老年人，其健康状况较差。经常久坐的老年人血液循环不畅，肌肉力量下降，新陈代谢速度降低，患高血压、颈椎病、腰椎间盘突出症、糖尿病等疾病的风险增加。长期饮食结构单一的老年人容易出现营养不良、免疫力下降等问题。长期吸烟的老年人患呼吸系统疾病、心血管疾病、消化性溃疡的风险会大大增加，长期酗酒的老年人容易患脑部疾病、心血管疾病、胃肠疾病、肝病等。

（三）经济因素

老年人的经济状况在一定程度上制约着其物质生活水平，进而影响其健康状况。生活拮据的老年人通常不太了解自己的身体状况，容易出现营养摄入不足的问题并且不能及时发现。同时，这类老年人往往对疾病预防、早期治疗的重视程度不够，使得病情长期不能缓解甚至加重。此外，生活拮据的老年人容易产生自卑、抑郁等负面情绪，进而影响其心理健康。

（四）居住环境因素

空气质量、温度、湿度、噪声等环境因素会对老年人的身体健康产生影响。例如，长期居住在阴暗、潮湿环境中的老年人容易出现呼吸道感染、关节疼痛等症状，长期居住在嘈杂环境中的老年人容易出现焦虑、失眠、耳鸣等症状。

此外，居住环境中养老设施（如康复中心、老年餐厅、老年活动中心等）的供给情况和布局也会影响老年人的健康状况。例如，社区的养老设施齐全，布局合理，可方便老年人锻炼身体、参加社交活动，有益于老年人的身心健康。

（五）社会保障因素

社会保障是指国家为了保障全社会成员的基本生存与生活需要，通过立法而制定的社会保险、救助、补贴等一系列制度和措施。享有较高社会保障水平的老年人，其生活质量较高，经济压力较小，出现严重健康问题的可能性较小。此外，随着年龄的增长，老年人对医疗服务的需求增加，医疗费用也会相应增加，而享有较高社会保障水平的老年人可以获得更好的医疗资源，并且自己承担的医疗费用相对较少。

政策引领

“长护险”让失能老年人老有所护

长期护理保险（以下简称“长护险”）制度是以社会互助共济方式筹集资金，为经评估达到一定护理需求等级的长期失能人员提供基本生活照料、医疗护理服务和资金保障的一项社会保险制度。我国于2016年在15个城市启动了长护险试点，并于2020年将试点城市扩大到49个。截至2022年年底，长护险参保人数达到1.69亿，共有195万人享受待遇，累计支出基金624亿元，年人均支出1.4万元。

江西省上饶市70岁的市民郑某就是长护险的受益者，她每年只需要交纳50元保费，就能享受每月450元的现金补贴和价值300元的上门护理服务，切实减轻了家庭的养老负担。

山东省济南市医疗保障局针对农村地区失能人员的长期护理需求，对2 400多名村民进行了护理技能培训。截至2023年6月，这些掌握护理技能的村民累计为1万多名农村地区的失能人员提供了护理服务。

从各地试点效果来看，长护险制度运行平稳，试点地区服务机构达到7 000多家，护理人员从原来的3万多人增加到33万人，基本满足了失能人员对护理服务的需求。国家医疗保障局的工作人员表示，在总结提炼试点经验的基础上，他们将着力研究、完善制度建设总体目标和远景规划，推动形成适应我国国情的长期护理保险制度。

（资料来源：谢博韬，《49个城市试点长护险 建立失能人员照护体系》，央视网，2023年6月19日）

三、健康养老服务的内容

健康养老服务是指政府、社会组织、家庭等为了使老年人保持相对良好的健康水平、缓解病痛对身体造成的影响、更好地参与社会活动而为老年人提供的一系列综合性、连续性的服务。对护理人员来说，健康养老服务主要包括老年人生活照料、老年人心理护理和老年人康复护理等内容。

（一）老年人生活照料

部分老年人由于器官功能衰退，认知能力、感知觉能力、身体基本活动能力下降，或受慢性疾病的影响，日常生活活动能力逐渐减弱，只有依靠他人的帮助才能正常生活。为了满足这类老年人的基本生活需求，护理人员应为其提供生活照料服务。

具体来说，老年人生活照料服务主要包括老年人饮食照料、睡眠照料、卫生照料、排泄照料、安全出行照料等内容。

（二）老年人心理护理

随着年龄的增长，老年人会经历身体机能退化、社会角色转变、收入水平降低等一系列变化。老年人如果不能很好地适应这些变化，不能以正确的心态处理这些变化所带来的一系列问题，就容易产生负面情绪（如烦躁、焦虑、抑郁等），进而导致心理疾病发生。必要时，护理人员应对老年人进行心理护理，帮助其调节情绪，使其保持良好的心理状态。

（三）老年人康复护理

老年人是各种慢性疾病的主要发病人群，容易出现功能障碍或行为损害，影响身心健康。康复护理服务可以帮助老年人改善机体功能，最大限度地恢复或维持自理能力，提高生活质量。

任务实施

1. 任务描述

陈爷爷今年 78 岁，腰背部弥漫性疼痛症状已持续 6 年，曾被诊断为骨质疏松症。医生叮嘱陈爷爷平时要多食用一些蛋白质含量高的食物，如牛奶、鸡蛋、牛肉等。陈爷爷由于生活拮据，舍不得购买这些食物，一日三餐均以面食为主，喜欢用腌菜佐餐，并且未遵医嘱按时服药、定期复诊，使得疼痛症状不断加重。数日前，陈爷爷走路时不小心摔了一跤，导致小腿胫骨骨折。

请你根据本任务所学知识，分析以下内容：

（1）陈爷爷的健康状况。

（2）影响陈爷爷健康的因素。

（3）陈爷爷需要哪些健康养老服务。

（4）如何提高陈爷爷的身体健康水平。

2．任务目的

通过帮助陈爷爷树立健康养老理念，加深对健康、疾病与亚健康的认识，正确理解影响老年人健康的因素，了解健康养老服务的相关内容。

3．实施过程

（1）根据任务描述和本任务所学知识填写表 1-1。填写完成后，3 人一组，交叉检查所填写的答案并进行讨论，然后对自己所填写的答案进行必要的补充与修改。

表 1-1　问题与答案

问题	答案
陈爷爷的健康状况	
影响陈爷爷健康的因素	
陈爷爷需要哪些健康养老服务	
如何提高陈爷爷的身体健康水平	
补充与修改：	

（2）每组选出一人讲解本组的任务实施成果，并解答其他小组成员提出的问题。

4．任务评价

教师根据任务的完成情况，按表 1-2 中的内容为各组打分并进行评价。

表 1-2　任务评价表

评价内容	分值	教师评分	教师评价
积极、认真地参与任务实施环节	15		
内容填写详细、完整，字迹工整	30		
答案正确，理由充分	40		
能正确回答其他同学提出的问题	15		
总计	100		

任务二　了解养老服务法规法律与政策

任务导入

为维护老年人合法权益提供有力法治保障

人口老龄化是社会发展的重要趋势，也是今后较长一段时期我国的基本国情。推进新时代老龄工作高质量发展、保障广大老年人的合法权益，不仅关系到老年人的获得感、幸福感、安全感，而且关系到社会的稳定、国家的发展。

近年来，随着经济社会的快速发展，老年人在健康养老、财产处分、情感慰藉等方面产生了许多新需求。与此同时，侵犯老年人合法权益的行为也出现了一些新动向。这些新需求、新动向就是法治建设的着力点。例如，越来越多的老年人接触到金融理财产品，如何保障老年人的金融消费安全？把“以房养老”当作幌子骗取老年人钱财的事件频发，如何保护老年人的合法财产权益？老年人在养老机构居住生活，养老机构应尽到哪些照管义务？

为了保障老年人的合法权益，我国不断加强法律和制度体系建设。党的十八大以来，全国人民代表大会修订了《中华人民共和国老年人权益保障法》（以下简称《老年人权益保障法》），并在《中华人民共和国民法典》和基本医疗、公共卫生、公共文化等领域的专门法律中增加涉及老年人的条款。有关部门进一步出台了老年人医疗服务、康复护理、无障碍环境建设等方面的政策、管理规范、技术标准。这些措施对保障老年人的合法权益具有重要作用。

（资料来源：亓玉昆，《为维护老年人合法权益提供有力法治保障》，人民网，2023 年 5 月 18 日）

思考：

（1）与老年人密切相关的法律有哪些？

（2）老年人的合法权益有哪些？

一、与养老服务有关的法律法规

我国出台了一系列与养老服务相关的法律法规，如《中华人民共和国宪法》《中华人民共和国民法典》《老年人权益保障法》《无障碍环境建设条例》《养老机构管理办法》等。这些法律法规不仅保障了老年人的权益，也为护理人员的工作提供了指导。下面主要介绍

《老年人权益保障法》和《养老机构管理办法》中与养老服务有关的内容。

（一）《老年人权益保障法》

图解《老年人权益保障法》

《老年人权益保障法》以《中华人民共和国宪法》为依据，规定了赡养人的主要义务、老年人享有的合法权益、老年人享有的主要社会保障、养老机构的义务、老年人可以从事的活动等方面的内容，是老年人维护自身合法权益的有力武器。

1. 赡养人的主要义务

赡养人是指老年人的子女及其他依法负有赡养义务的人。《老年人权益保障法》第十四条第一款规定："赡养人应当履行对老年人经济上供养、生活上照料和精神上慰藉的义务，照顾老年人的特殊需要。"第十八条第一款、第二款规定："家庭成员应当关心老年人的精神需求，不得忽视、冷落老年人。与老年人分开居住的家庭成员，应当经常看望或者问候老年人。"第十九条第一款规定："赡养人不得以放弃继承权或者其他理由，拒绝履行赡养义务。"

课堂活动

郑奶奶在30多岁时丧夫，独自抚养唯一的女儿成人。经人介绍，郑奶奶在50岁时与蒋爷爷结婚，并办理了结婚登记。蒋爷爷育有一儿一女，他们均在郑奶奶与蒋爷爷结婚前成家。多年后，郑奶奶的女儿和蒋爷爷因疾病相继去世，随着年龄的增长，郑奶奶失去了劳动能力，而蒋爷爷的儿女以郑奶奶未抚养自己为由，拒绝赡养郑奶奶。

3人一组，讨论蒋爷爷的儿女的做法是否违法并说明原因。

2. 老年人享有的合法权益

《老年人权益保障法》第三条第二款规定："老年人有从国家和社会获得物质帮助的权利，有享受社会服务和社会优待的权利，有参与社会发展和共享发展成果的权利。"第十九条第二款规定："赡养人不履行赡养义务，老年人有要求赡养人付给赡养费等权利。"

《老年人权益保障法》第二十二条规定："老年人对个人的财产，依法享有占有、使用、收益和处分的权利，子女或者其他亲属不得干涉，不得以窃取、骗取、强行索取等方式侵犯老年人的财产权益。老年人有依法继承父母、配偶、子女或者其他亲属遗产的权利，有接受赠与的权利。子女或者其他亲属不得侵占、抢夺、转移、隐匿或者损毁应当由老年人继承或者接受赠与的财产。老年人以遗嘱处分财产，应当依法为老年配偶保留必要的份额。"

《老年人权益保障法》第七十一条第一款规定："老年人有继续受教育的权利。"第七十三条规定："老年人合法权益受到侵害的，被侵害人或者其代理人有权要求有关部门处理，或者依法向人民法院提起诉讼。人民法院和有关部门，对侵犯老年人合法权益的申诉、控告和检举，应当依法及时受理，不得推诿、拖延。"

3. 老年人享有的主要社会保障

国家通过基本养老保险制度，保障老年人的基本生活；通过基本医疗保险制度，保障老年人的基本医疗需要。享受最低生活保障的老年人和符合条件的低收入家庭中的老年人参加新型农村合作医疗和城镇居民基本医疗保险所需个人缴费部分，由政府给予补贴。

《老年人权益保障法》第三十条规定："国家逐步开展长期护理保障工作，保障老年人的护理需求。对生活长期不能自理、经济困难的老年人，地方各级人民政府应当根据其失能程度等情况给予护理补贴。"

《老年人权益保障法》第三十一条规定："国家对经济困难的老年人给予基本生活、医疗、居住或者其他救助。老年人无劳动能力、无生活来源、无赡养人和扶养人，或者其赡养人和扶养人确无赡养能力或者扶养能力的，由地方各级人民政府依照有关规定给予供养或者救助。对流浪乞讨、遭受遗弃等生活无着的老年人，由地方各级人民政府依照有关规定给予救助。"

《老年人权益保障法》第三十三条第一款、第二款规定："国家建立和完善老年人福利制度，根据经济社会发展水平和老年人的实际需要，增加老年人的社会福利。国家鼓励地方建立八十周岁以上低收入老年人高龄津贴制度。"

《老年人权益保障法》第三十四条规定："老年人依法享有的养老金、医疗待遇和其他待遇应当得到保障，有关机构必须按时足额支付，不得克扣、拖欠或者挪用。国家根据经济发展以及职工平均工资增长、物价上涨等情况，适时提高养老保障水平。"

4. 养老机构的义务

《老年人权益保障法》第四十八条规定："养老机构应当与接受服务的老年人或者其代理人签订服务协议，明确双方的权利、义务。养老机构及其工作人员不得以任何方式侵害老年人的权益。"

5. 老年人可以从事的活动

《老年人权益保障法》第六十九条规定："国家为老年人参与社会发展创造条件。根据社会需要和可能，鼓励老年人在自愿和量力的情况下，从事下列活动：（一）对青少年和儿童进行社会主义、爱国主义、集体主义和艰苦奋斗等优良传统教育；（二）传授文化和科技知识；（三）提供咨询服务；（四）依法参与科技开发和应用；（五）依法从事经营和生产活动；（六）参加志愿服务、兴办社会公益事业；（七）参与维护社会治安、协助调解民间纠纷；（八）参加其他社会活动。"

（二）《养老机构管理办法》

家庭养老一直以来是我国的主要养老方式，但是随着社会急剧转型和变迁，传统的家庭养老模式在经济供养、生活照料、精神慰藉等方面面临着诸多问题和挑战，家庭养老功能逐渐弱化，全社会对机构养老的需求量逐渐增大。为了规范对养老机构的管理，中华人民共和国民政部于 2013 年制定了《养老机构管理办法》，并于 2020 年对《养老机构管理办法》进行了全面修订。

下面从养老机构服务规范和养老机构运营管理两方面，介绍《养老机构管理办法》中与养老服务有关的内容。

1. 养老机构服务规范

《养老机构管理办法》第十七条规定："养老机构按照服务协议为老年人提供生活照料、康复护理、精神慰藉、文化娱乐等服务。"第十八条规定："养老机构应当为老年人提供饮食、起居、清洁、卫生等生活照料服务。养老机构应当提供符合老年人住宿条件的居住用房，并配备适合老年人安全保护要求的设施、设备及用具，定期对老年人的活动场所和物品进行消毒和清洗。养老机构提供的饮食应当符合食品安全要求、适宜老年人食用、有利于老年人营养平衡、符合民族风俗习惯。"

《养老机构管理办法》第十九条规定："养老机构应当为老年人建立健康档案，开展日常保健知识宣传，做好疾病预防工作。养老机构在老年人突发危重疾病时，应当及时转送医疗机构救治并通知其紧急联系人。养老机构可以通过设立医疗机构或者采取与周边医疗机构合作的方式，为老年人提供医疗服务。养老机构设立医疗机构的，应当按照医疗机构管理相关法律法规进行管理。"

《养老机构管理办法》第二十条规定："养老机构发现老年人为传染病病人或者疑似传染病病人的，应当及时向附近的疾病预防控制机构或者医疗机构报告，配合实施卫生处理、隔离等预防控制措施。养老机构发现老年人为疑似精神障碍患者的，应当依照精神卫生相关法律法规的规定处理。"

《养老机构管理办法》第二十一条规定："养老机构应当根据需要为老年人提供情绪疏导、心理咨询、危机干预等精神慰藉服务。"第二十二条规定："养老机构应当开展适合老年人的文化、教育、体育、娱乐活动，丰富老年人的精神文化生活。养老机构开展文化、教育、体育、娱乐活动时，应当为老年人提供必要的安全防护措施。"第二十三条规定："养老机构应当为老年人家庭成员看望或者问候老年人提供便利，为老年人联系家庭成员提供帮助。"

2. 养老机构运营管理

《养老机构管理办法》第四条规定："养老机构应当按照建筑、消防、食品安全、医疗卫生、特种设备等法律、法规和强制性标准开展服务活动。养老机构及其工作人员应当依法保障收住老年人的人身权、财产权等合法权益。"

《养老机构管理办法》第二十五条规定："养老机构应当按照国家有关规定建立健全安全、消防、食品、卫生、财务、档案管理等规章制度，制定服务标准和工作流程，并予以公开。"第二十六条规定："养老机构应当配备与服务和运营相适应的工作人员，并依法与其签订聘用合同或者劳动合同，定期开展职业道德教育和业务培训。养老机构中从事医疗、康复、消防等服务的人员，应当具备相应的职业资格。养老机构应当加强对养老护理人员的职业技能培训，建立健全体现职业技能等级等因素的薪酬制度。"

《养老机构管理办法》第二十八条规定："养老机构应当实行 24 小时值班，做好老年人安全保障工作。养老机构应当在各出入口、接待大厅、值班室、楼道、食堂等公共场所安装视频监控设施，并妥善保管视频监控记录。"

《养老机构管理办法》第二十九条规定："养老机构内设食堂的，应当取得市场监督管理部门颁发的食品经营许可证，严格遵守相关法律、法规和食品安全标准，执行原料控制、餐具饮具清洗消毒、食品留样等制度，并依法开展食堂食品安全自查。养老机构从供餐单位订餐的，应当从取得食品生产经营许可的供餐单位订购，并按照要求对订购的食品进行查验。”

《养老机构管理办法》第三十条规定：“养老机构应当依法履行消防安全职责，健全消防安全管理制度，实行消防工作责任制，配置消防设施、器材并定期检测、维修，开展日常防火巡查、检查，定期组织灭火和应急疏散消防安全培训。养老机构的法定代表人或者主要负责人对本单位消防安全工作全面负责，属于消防安全重点单位的养老机构应当确定消防安全管理人，负责组织实施本单位消防安全管理工作，并报告当地消防救援机构。”

《养老机构管理办法》第三十二条规定：“养老机构应当建立老年人信息档案，收集和妥善保管服务协议等相关资料。档案的保管期限不少于服务协议期满后五年。养老机构及其工作人员应当保护老年人的个人信息和隐私。”

课堂活动

张爷爷虽育有一儿一女，但对其女儿及外孙女格外疼爱。某天，张爷爷在某公证机构做了一份遗嘱公证，将自己的一套房产留给其外孙女。张爷爷的儿子得知此事后，坚持认为自己才是财产第一继承人，该房产应由自己继承，并且以拒绝赡养张爷爷为条件，要求张爷爷撤销遗嘱。

3人一组，讨论以下问题：

（1）该房产由谁继承合理？

（2）如果该房产由张爷爷的外孙女继承，张爷爷的儿子可以不赡养张爷爷吗？请说明理由。

二、与养老服务有关的政策

近年来，我国对人口老龄化问题高度重视，相继发布了多项有关养老服务的政策，其内容涉及养老服务的各个方面，包括养老服务体系的规划、养老服务产业发展、养老从业人员培养等。表1-3中列举了与养老服务相关的部分政策。

表1-3　与养老服务相关的部分政策

发布时间	政策文件名称	制定单位	主要内容
2021年	《“十四五”国家老龄事业发展和养老服务体系规划》	国务院	明确了“十四五”时期的发展目标，即养老服务供给不断扩大、老年健康支撑体系更加健全、为老服务多业态创新融合发展、要素保障能力持续增强、社会环境更加适老宜居，并且提出了一系列发展措施，如建立基本养老服务清单制度、构建城乡老年助餐服务体系、推进公共环境无障碍和适老化改造等

续表

发布时间	政策文件名称	制定单位	主要内容
2021 年	《中共中央、国务院关于加强新时代老龄工作的意见》	国务院	对健全养老服务体系、完善老年人健康支撑体系、促进老年人社会参与、着力构建老年友好型社会、积极培育银发经济、强化老龄工作保障等提出了具体意见和实施措施
2022 年	《“十四五”健康老龄化规划》	国家卫生健康委员会、教育部、科技部等十五部门	提出“十四五”期间积极应对人口老龄化的九项任务，包括：强化健康教育，提高老年人主动健康能力；完善身心健康并重的预防保健服务体系；以连续性服务为重点，提升老年医疗服务水平；健全居家、社区、机构相协调的失能老年人照护服务体系；深入推进医养结合发展；发展中医药老年健康服务；加强老年健康服务机构建设；提升老年健康服务能力；促进健康老龄化的科技和产业发展
2022 年	《关于开展特殊困难老年人探访关爱服务的指导意见》	民政部	提出到 2023 年年底前，基本建立特殊困难老年人探访关爱服务机制，各省（自治区、直辖市）结合实际出台实施方案；到 2024 年年底，探访关爱服务普遍有效开展；到 2025 年年底，确保特殊困难老年人月探访率达到 100%，失能老年人能够得到有效帮扶，探访关爱服务机制更加健全，老年人的获得感、幸福感、安全感进一步增强
2023 年	《关于推进基本养老服务体系建设的意见》	中共中央办公厅、国务院办公厅	指出“十四五”时期重点聚焦老年人面临家庭和个人难以应对的失能、残疾、无人照顾等困难时的基本养老服务需求。重点工作包括制定落实基本养老服务清单、建立精准服务主动响应机制、完善基本养老服务保障机制、提高基本养老服务供给能力、提升基本养老服务便利化可及化水平

任务实施

1. 任务描述

周爷爷的妻子去世多年。在一次同学聚会上，周爷爷遇见了自己的老同学张奶奶。此时的张奶奶孤身一人，她的丈夫 6 年前因病去世，儿女们也都已经成家立业，张奶奶与儿子一同居住。周爷爷和张奶奶交往半年后，决定结婚，双方子女对此表示赞同。于是，周爷爷和张奶奶在婚姻登记机关办理了结婚登记。

婚后，张奶奶搬去与周爷爷一同居住。三年后，周爷爷因脑出血住院，张奶奶虽尽心尽力照顾，但周爷爷还是撒手人寰，且未留下遗嘱。周爷爷去世后，他的子女向法院起诉，要求张奶奶搬离周爷爷的住所，并且不能继承周爷爷的财产。

请你根据《中华人民共和国民法典》《老年人权益保障法》等法律法规，帮助张奶奶维护合法权益。

2. 任务目的

通过帮助张奶奶维护合法权益，加深对与养老服务有关法律法规内容的理解，增强法治意识，弘扬法治精神，培养运用法律思维解决实际问题的能力。

3. 实施过程

（1）4～5 人一组，根据任务描述、本任务所学知识和表 1-4 中的问题搜集资料。小组成员经讨论达成一致意见后填写该表。

表 1-4　问题与答案

问题	答案
周爷爷的子女是否有赡养张奶奶的义务	
张奶奶的儿子在赡养老年人方面负有哪些义务	
张奶奶是否需要搬离周爷爷的住所	
张奶奶能否继承周爷爷的遗产	
补充与修改：	

（2）每组选出一人讲解本组的任务实施情况，并解答其他小组成员提出的问题。

（3）任务实施结束后，小组成员根据其他小组的讲解内容和任务实施过程中遇到的问题，对自己组所填写的答案进行必要的补充与修改。

4. 任务评价

教师根据任务的完成情况，按表 1-5 中的内容为各组打分并进行评价。

表 1-5　任务评价表

评价内容	分值	教师评分	教师评价
积极、认真地参与任务实施环节	15		
内容填写详细、完整，字迹工整	30		
答案正确，理由充分	40		
能正确回答其他同学提出的问题	15		
总计	100		

学习成果检测

1. 填空题

（1）__________是指人体在一定条件下，由致病因素所引起的有一定表现形式的病理过程。

（2）处于__________状态的人查不出具体的疾病，尤其是器质性疾病，但会出现精神不振、疲劳、乏力、嗜睡、情绪低落、烦躁、焦虑、失眠、记忆力减退、注意力难以集中、腰酸腿疼、活动时气短、心悸、心律不齐等症状。

（3）老年人生活照料服务主要包括老年人__________、__________、卫生照料、排泄照料、安全出行照料等内容。

（4）《老年人权益保障法》以________________为依据，是老年人维护自身合法权益的有力武器。

（5）_________是指老年人的子女及其他依法负有赡养义务的人。

（6）国家通过____________制度，保障老年人的基本生活；通过_____________制度，保障老年人的基本医疗需要。

2. 选择题

（1）（　　）不属于《中国健康老年人标准》（WS/T 802—2022）对我国健康老年人的要求。

A．认知功能基本正常　　B．营养状况良好

C．牙齿整洁　　D．乐观积极，自我满意

（2）老年人的（　　）不属于影响老年人健康的人口学因素。

A．年龄　　B．收入

C．文化程度　　D．婚姻状况

（3）（　　）属于影响老年人健康的社会保障因素。

A．老年人的文化程度　　B．老年人的经济状况

C．老年人喜欢久坐　　D．社会保险

（4）（　　）可以帮助老年人改善机体功能，最大限度地恢复或维持自理能力，提高生活质量。

A．生活照料服务　　B．心理护理服务

C．康复护理服务　　D．安全出行照料服务

（5）（　　）不属于赡养人应当尽的义务。

A．经济供养　　B．提供工作机会

C．生活照料　　D．精神慰藉

3．判断题

（1）健康与疾病是生命活动中的两种对立状态，一个人如果没有生病，就可以认为其是健康的。（　　）

（2）人一旦患病，就会立即出现一系列临床症状。（　　）

（3）离婚和丧偶会导致老年人的生活环境、家庭结构发生改变，老年人如果长时间不能适应变化后的环境和生活，就会出现健康问题。（　　）

（4）享有较高社会保障水平的老年人出现严重健康问题的可能性比享有较低社会保障水平的老年人的可能性大。（　　）

（5）赡养人不履行赡养义务，老年人有要求赡养人付给赡养费等权利。（　　）

（6）赡养人可以放弃继承权或者其他理由，拒绝履行赡养义务。（　　）

（7）养老机构应当根据需要为老年人提供情绪疏导、心理咨询、危机干预等精神慰藉服务。（　　）

4．简答题

（1）简述影响老年人健康的因素。

（2）简述养老服务的内容。

学习成果评价

请进行学习成果评价，并将评价结果填入表 1-6 中。

表 1-6　学习成果评价表

<table>
<tr><td>班级</td><td></td><td>组号</td><td></td><td>日期</td><td colspan="2"></td></tr>
<tr><td>姓名</td><td></td><td>学号</td><td></td><td>指导教师</td><td colspan="2"></td></tr>
<tr><td>项目名称</td><td colspan="6">健康养老服务概述</td></tr>
<tr><td>评价项目</td><td colspan="3">评价内容</td><td>分值</td><td>自我评分</td><td>教师评分</td></tr>
<tr><td rowspan="5">理论知识
（50%）</td><td colspan="3">健康、疾病与亚健康</td><td>10</td><td></td><td></td></tr>
<tr><td colspan="3">影响老年人健康的因素</td><td>10</td><td></td><td></td></tr>
<tr><td colspan="3">健康养老服务的内容</td><td>10</td><td></td><td></td></tr>
<tr><td colspan="3">与养老服务有关的法律法规</td><td>10</td><td></td><td></td></tr>
<tr><td colspan="3">与养老服务有关的政策</td><td>10</td><td></td><td></td></tr>
<tr><td rowspan="3">实践技能
（30%）</td><td colspan="3">能够准确判断老年人的健康程度</td><td>10</td><td></td><td></td></tr>
<tr><td colspan="3">能够分析影响老年人健康的因素</td><td>10</td><td></td><td></td></tr>
<tr><td colspan="3">能够运用法律法规和政策维护老年人的合法权益</td><td>10</td><td></td><td></td></tr>
</table>

续表

评价项目	评价内容	分值	自我评分	教师评分
综合素养（20%）	积极参加教学活动，主动学习、思考、讨论	10		
	弘扬尊老、敬老、爱老、助老的传统美德	5		
	具备法律意识和明辨是非的能力	5		
合计		100		
自我评价				
教师评价				

项目二 养老护理员的职业素养与安全

项目引言

随着生活水平的提高，老年人对生活照料、医疗康复、营养保健、精神慰藉等养老服务的要求也越来越高。为了让老年人能够拥有幸福的晚年，迫切需要一批通理论、精技能，能够为老年人提供专业、规范、有温度的护理服务的高素质养老护理员。

本项目将介绍养老护理员的职业素养和职业安全等内容。

知识目标

- 了解养老护理员的职业守则。
- 熟悉养老护理员的素质要求。
- 了解职业安全的概念。
- 熟悉常见的养老护理风险与应对。
- 掌握提高安全防护能力的方法。

素质目标

- 通过学习“十年坚守，把孝心送到每位老年人的心坎里”这一案例，培养爱岗敬业、无私奉献精神。
- 通过学习常见的养老护理风险知识，强化安全意识，提高安全素养，规范作业流程。

任务一　认识养老护理员的职业素养

任务导入

做老年人的拐杖与棉袄

养老护理员工作辛苦，只为让老年人能安享晚年……重阳节前夕，沈阳市的一名“90 后”养老护理员小张在网上发帖，讲述了自己照顾失能失智老年人的心得体会，许多网民深受感动。

1993 年出生的小张目前是沈阳市某养老机构的一名养老护理员，主要负责护理失能失智老年人。这些老年人大多行动不便，有的生活无法自理，甚至不能说话，日常起居全靠他人照料。

养老护理工作并不轻松。喂饭时，小张靠近老年人，小心翼翼地把饭勺伸过去，老年人常常一抬手，就把食物打翻了。有时候工作餐刚吃到一半，小张就被叫去帮便秘的老年人排便。有的老年人在排便时会一边使劲一边用手掐小张，小张的胳膊常常被掐得青一块、紫一块。

“尽管在学校学习养老服务专业知识时，我就对这样的场景有了一定的心理准备，但是亲身经历后才明白这是怎样的一种体会。”小张说。刚开始工作时，小张经常感到害怕、烦躁，不愿面对失能失智老年人，甚至想辞职。然而，一件事却让小张改变了想法。

一天深夜，养老院的李爷爷突发高血压，须送医院抢救，由小张一路陪同。李爷爷被抬下救护车时忽然抓住小张，含糊地说：“孩子啊，我还能回来吗？我怕，你抓着我啊。”那一刻，李爷爷信任的眼神打动了小张。小张意识到，这些孤独的老年人几乎把养老护理员当成了自己儿女。之后，细心照料、贴心陪护，做老年人的拐杖与棉袄，成了小张的目标。

提及未来，小张说想回到自己的老家，在老家开一所专业化的养老院。“我想用自己学到的护理、管理知识去服务家乡的老年人，让他们在晚年不再寂寞，乐享时光！”

（资料来源：王炳坤、徐祥达，《这群“90 后”愿为“养老”奉献青春，他们做的是什么工作？》，新华网，2017 年 10 月 29 日）

思考：

（1）养老护理员的职业守则包括哪些内容？

（2）养老护理员应具备哪些能力和心理素质？

一、养老护理员的职业守则

养老护理员

养老护理员是指从事老年人生活照料、护理服务工作的人员。养老护理员的基本任务是根据老年人的生理和心理特点、生活习惯、身体需要等，为老年人提供生活照料、心理护理、康复护理等服务。养老护理员的职业守则为：尊老敬老，以人为本；孝老爱亲，弘扬美德；遵章守法，自律奉献；服务第一，爱岗敬业。

（一）尊老敬老，以人为本

尊老敬老是中华民族的传统美德，爱老助老是全社会的共同责任。养老护理员传递着国家、社会和老年人家庭对老年人的关爱，应将老年人当作自己最尊敬的长辈，为其提供优质的服务。

养老护理员在工作中要以老年人为中心，处处为老年人着想，用实际行动践行以人为本的服务理念，从老年人的根本利益出发，切实保障老年人的权益。

（二）孝老爱亲，弘扬美德

孝老爱亲不仅是中华传统文化的瑰宝，也是维护家庭和睦、社会和谐的基础。养老护理员应当把孝老爱亲放在重要位置，传承好、发扬好孝老爱亲这一传统美德，像照顾自己的父母一样，为老年人提供贴心、周到的护理服务，使老年人愉快、幸福地生活，安度晚年。

（三）遵章守法，自律奉献

遵章守法要求养老护理员做到：牢固树立法治观念，使自己的一言一行符合法律、法规的要求，做遵章守法的好公民；遵守社会公德，敬老、爱老，热情地为老年人服务。

自律奉献要求养老护理员做到：严格要求自己，积极进取，刻苦钻研，不断提高工作质量；时刻为老年人着想，摒弃一切不利于做好本职工作的思想和行为，把青春和才能奉献给为老年人服务这一光荣事业。

（四）服务第一，爱岗敬业

服务第一要求养老护理员将满足老年人的需求放在首位，急老年人所急，想老年人所想，全心全意为老年人服务。

爱岗敬业要求养老护理员热爱自己的工作岗位，尊重自己的职业，以认真负责的态度投入职业活动中，在平凡的岗位上做出不平凡的成绩。

十年坚守，把孝心送到每位老年人的心坎里

在青岛市李沧区某福利院提起“小姜”这个名字，可谓无人不晓。作为一名普通的养老护理员，小姜已经在这个平凡的岗位上坚守了十年，她始终坚持用爱心温暖每颗苍

老、孤独的心，用勤劳的双手呵护老年人的尊严。福利院的老年人常说：“孩子不在身边，在我们最需要关怀的时候，是小姜给了我们温暖。她不是亲人，胜似亲人，我们一刻也离不开她。”

“百善孝为先，选择这个职业，我就要把儿女的孝心送到每位老年人的心坎里。”小姜说。小姜负责照护的多是瘫痪在床的老年人（见图 2-1），护理工作的难度很大。小姜在上班第一天就遇到一位卧床的老年人大便失禁，被子、身上都弄脏了，她站在那里，不知如何处理。在做了充分的思想准备后，小姜先用湿抹布一点点擦去污迹，然后用温水给老年人擦洗身子，最后为老年人换上干净的衣物、床单和被子。小姜清晰地记得，那天中午，她一直恶心反胃，一口饭也没吃。有了第一次，之后再遇到这样的事，她就能坦然应对了。

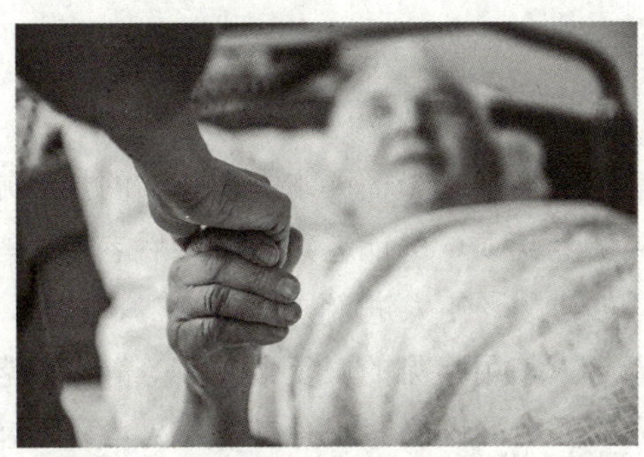

图 2-1　瘫痪在床的老年人

从事养老护理工作十年来，小姜每天总是微笑着面对老年人，心系老年人、关爱老年人已经成了她的习惯。气温下降了，她关心老年人是否做好保暖防寒措施；老年人生病卧床，她每天陪伴其左右，忙前忙后、端屎倒尿，从不厌烦，有时还像哄孩子一样哄着老年人吃饭、吃药，真正做到了久病床前有“孝子”。

养老护理工作琐碎、繁杂，需要爱心、细心，更需要耐心与坚持。81 岁的徐奶奶患有脑血栓，刚入住福利院时因为不愿意离家，情绪比较暴躁，见人就哭闹，经常乱抓乱咬，有时还乱丢尿裤、尿垫。对此，小姜没有退缩，更没有抱怨，而是更加耐心、细心地照料徐奶奶。一次次不厌其烦的劝导与精心照料，逐渐融化了徐奶奶那颗冰封已久的心。慢慢地，徐奶奶不哭闹了，见到人也会笑了，有时还会主动关心小姜。看到徐奶奶的改变，小姜欣慰不已，徐奶奶的家属更是充满感激，他们说：“是小姜提高了我母亲的生活质量，让她可以真正享受幸福的晚年生活。”

多年来的工作经历让小姜认识到：要服务好老年人，只在生活上精心照料是远远不够的，还要从精神层面上理解、尊重老年人。在工作中，小姜始终坚持换位思考，时刻从老年人的角度去想、去做——每天早晨给老年人梳洗完后，她都会提醒老年人照镜子，问他们是否满意；每次给老年人换衣服，都会先征求老年人的意见；每次餐前，先让老年人喝点水再喂饭，饭后再让老年人漱口……85 岁的栾大娘高兴地说：“我以前在家也没人这样照顾我，来到福利院，生活质量得到了大幅提高!”小姜就是在这种烦琐的工作中，用自己的真情和爱心感动着老年人，赢得了老年人和家属的高度赞扬，创造出服务满意率100%的奇迹。

（资料来源:《养老护理员 10 年坚守 把孝心送到每个老人的心坎里》，中国文明网，2015 年 10 月 27 日）

二、养老护理员的素质要求

养老护理员不仅需要照护老年人的日常生活，还需要为老年人提供心理护理、康复护理等服务，这就需要养老护理员具备过硬的专业能力和较强的心理素质。

（一）能力要求

1. 专业能力

比起一般的保姆和护工，养老护理员需要掌握更扎实的护理知识和更娴熟的服务技能，能够稳、快、准、好地为高龄老年人、失能老年人、术后老年人等提供专业的生活照料、心理护理、康复护理等服务，如协助老年人进食（见图 2-2）、饮水，为老年人清洗身体，对老年人进行心理疏导，辅助老年人使用常见的康复器械，等等。养老护理员娴熟的护理操作技能不仅能够大大减轻老年人的痛苦，还能够获得老年人及其家属对自己工作能力的肯定。

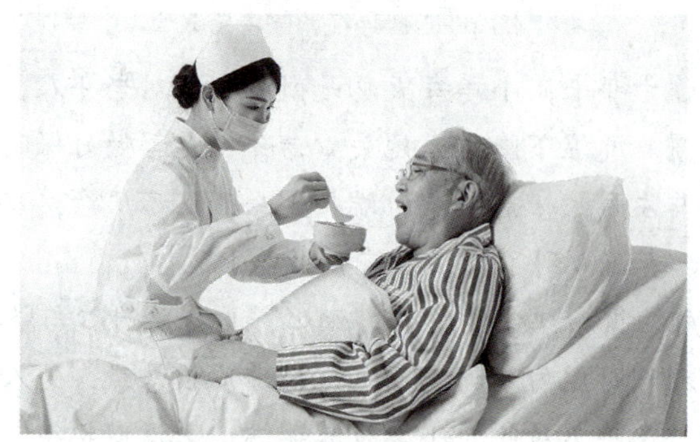

图 2-2 协助老年人进食

2. 沟通能力

养老护理员在工作中需要经常与老年人及其家属沟通，这就要求养老护理员具备良好的沟通能力。养老护理员应积极、主动地与老年人沟通，了解老年人的身心状况和生活习惯，尽快取得老年人的信任，以便更好地为老年人提供服务。在沟通过程中，养老护理员要多与老年人谈论他们感兴趣的话题，善于倾听，放慢语速。

课堂活动

你有过与老年人沟通的经历吗？你认为在与老年人沟通时，最重要的是什么？

3．观察能力

养老护理员应具备较强的观察能力，善于捕捉有用的信息。对于不能准确表达自己需求和感受的老年人（如失智老年人），养老护理员要仔细观察老年人的生命体征（如脉搏、血压、体温、呼吸等）、饮食情况、排泄情况、皮肤状况、情绪变化等，以便及时采取正确的护理措施，更好地为老年人服务。

4．思维能力

一般情况下，养老护理员需要独立完成对多位老年人的饮食照料、用药照料（见图 2-3）、排泄照料、个人卫生照料等工作，并且老年人通常患有不同程度的运动障碍、语言障碍、认知障碍，这使得老年人发生意外的概率较高。这就要求养老护理员具有较强的独立思维能力，能够合理安排自己的工作时间，照顾好每一位老年人的日常生活，并能够在老年人发生意外时做出正确的判断，及时采取有效的措施，将意外事故对老年人的伤害降到最低。

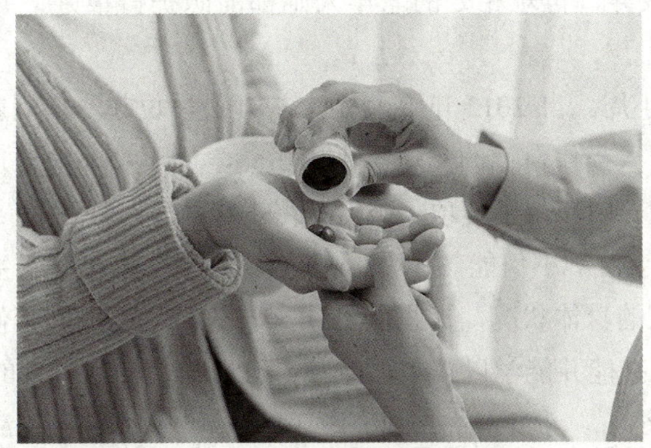

图 2-3　用药照料

（二）心理素质要求

1．奉献精神

养老护理工作具有劳动强度大、工作时间长等特点，养老护理员需要有极大的爱心和耐心才能完成。只有乐于为减轻老年人疾苦无私奉献的养老护理员，才能真正做到热爱生命、尊重老年人，并且保持强烈的求知欲，努力学习、刻苦钻研，不断提高自己的工作能力和业务水平。同时，养老护理员又是一个光荣而伟大的职业，肩负着“替儿女尽孝，为社会分忧，帮国家解困”的使命，因此养老护理员应具备崇高的奉献精神，不计较个人得失，勇于承担照顾老年人的重任。

2．健康的心理

养老护理员需要经常面对衰老、疾病和死亡，且须尽量避免工作中出现差错、事故，精神长期处于紧张状态，容易产生抑郁、焦虑等负面情绪。养老护理员胜任并且做好养老护理工作的前提，是要树立正确的世界观、人生观、价值观，以乐观、积极的心态面对工作，并且具备自我调节负面情绪的能力。

3．豁达的胸襟

有些老年人心理脆弱、敏感，有些老年人情绪不稳定、易怒。这就要求养老护理员要有豁达的胸襟，对于老年人的指责、抱怨，能够首先从自身找原因，及时改进自己的工作方式，然后安抚老年人，用实际行动感化他们，切勿和老年人斤斤计较，更不可顶撞老年人。

任务实施

1．任务描述

以下是上海市闵行区评出的10名“最美养老护理员”和“最佳护理能手”中的几名：

（1）养老护理员小吴。“护理老年人首先要有爱心，护理不分男女。”这是小吴的心声。小吴从事养老护理工作 9 年，一直担负着照护失智男性老年人的重任。无论工作多么辛苦，她都从未说过放弃，再难相处的老年人她都能照护得很好，并且在工作中始终面带微笑。

（2）养老护理员小周。自 2012 年 9 月走上护理员岗位起，小周就把养老院当作自己的家，把养老院里的老年人当作自己的父母。小周虽然学历不高，但通过努力学习，在上海市养老护理员职业技能大赛中获得了奖项，破格获得中级护理员职称。

（3）养老护理员小何。小何能熟记每一位老年人的身体状况、生活习惯和饮食情况，主动与家属沟通老年人的身体状况，真正做到让家属放心。此外，小何还乐于学习，经常向指导老师请教康复训练技能并能学以致用，改善自己所护理的老年人的健康状况。

（4）养老护理员小丁。小丁具备专业的护理技能，擅长日常生活照料和疾病护理，经常通过学习来提升自己。她还积极参与各种专业交流活动，与同行分享护理经验，努力为养老护理行业的发展做出贡献。

请你根据本任务所学知识和《养老护理员国家职业技能标准》，分析以下内容：

（1）上述四名养老护理员遵循了哪些养老护理员的职业守则。

（2）上述四名养老护理员分别具备哪些能力和心理素质。

（3）根据自身条件，判断自己可报考哪一等级的养老护理员。

2．任务目的

通过完成任务实施，了解养老护理员的职业守则，熟悉养老护理员的素质要求，强化对养老护理员岗位的认识。

3．实施过程

（1）根据任务描述、本任务所学知识和《养老护理员国家职业技能标准》填写表 2-1。填写完成后，3 人一组，交叉检查所填写的答案并进行讨论，然后对自己所填写的答案进行必要的补充与修改。

表 2-1　问题与答案

问题	答案
四名养老护理员遵循了哪些养老护理员的职业守则	
四名养老护理员主要具备哪些能力和心理素质	
自己可报考哪一等级的养老护理员	
补充与修改：	

（2）每组选出一人讲解本组的任务实施成果，并解答其他小组成员提出的问题。

4．任务评价

教师根据任务的完成情况，按表 2-2 中的内容为各组打分并进行评价。

表 2-2　任务评价表

评价内容	分值	教师评分	教师评价
积极、认真地参与任务实施环节	15		
内容填写详细、完整，字迹工整	30		
答案正确、详细，理由充分	40		
能正确回答其他同学提出的问题	15		
总计	100		

任务二　熟悉养老护理员的职业安全

任务导入

最美养老护理员

小廉是一名“85 后”养老护理员，在武汉市某福利院失智区从事养老服务工作。小廉所在楼层的老年人普遍患有阿尔茨海默病或其他认知功能障碍疾病。为了做好护理工作，小廉主动查阅相关专业书籍，学习针对认知功能障碍老年人的医疗保健、护理医学、心理抚慰等知识。

“有些阿尔茨海默病老年人不愿意配合养老护理员的工作，甚至还会骂人、打人，但是只要用心呵护，我相信他们能感受到。”小廉说。与老年人相处久了，他们也会关心小廉。看到小廉长时间辛苦工作，他们还会提醒小廉坐下休息一会。

尽管 40 多位老年人的性格、生活习惯各不相同，小廉仍然与他们相处得十分融洽，一有时间就待在老年人的房间里，协助他们喝药、吃饭，和他们谈心。经过一段时间的相处，小廉发现这些老年人普遍喜欢唱歌、与家人进行视频通话，于是小廉就经常陪着他们唱歌，安排他们与家人进行视频通话。每当老年人过生日，小廉还会为他们安排唱生日歌、切蛋糕、送祝福等活动。

（资料来源：刘晨玮，《用专业和爱心当好老人的“亲孙女”，10 位“最美养老护理员”来了!》，长江日报，2023 年 3 月 8 日）

思考：

（1）养老护理员在工作中可能遇到哪些护理风险？

（2）养老护理员应如何加强养老护理安全防护？

一、什么是职业安全

职业安全又称劳动安全，以防止职工在职业活动过程中发生各种伤亡事故为目的。对于养老护理员而言，职业安全是指为防止养老护理员在照料、护理老年人的过程中发生伤亡事故，而在法律、技术、制度、教育等方面所采取的措施。

职业安全与安全生产息息相关，生产必须安全，安全促进生产。生产与安全是统一的，企业法人在“管生产”的同时，必须“管安全”，不能有所偏废。在这一方针的指导下，我国制定并颁布了一系列劳动保护和技术安全的法律法规和标准，如《中华人民共和国劳动法》《中华人民共和国安全生产法》《中华人民共和国职业病防治法》《中华人民共和国传染病防治法》《消毒管理办法》等，保障了职工的人身和财产安全。

养老机构一般会对养老护理员进行上岗前的职业安全培训和在岗期间的定期职业安全培训。养老护理员在培训过程中应认真学习并掌握相关的职业安全知识，提高职业病防范意识，熟悉并遵守职业病防治法律、法规、规章和操作规程，学会正确使用、维护职业病防护设备和个人防护用品。此外，在工作中发现职业病危害事故隐患时，养老护理员应及时向有关部门报告。

二、常见的养老护理风险与应对

养老护理员在工作中需要应对的风险主要有操作风险、暴力风险、生物风险、心理风险等。

（一）操作风险

操作风险主要包括：① 养老护理员在上岗前未按要求规范穿戴工作服、工作帽、口罩、手套；② 处理完老年人的分泌物、排泄物、被污染的物品，脱去手套后未立即洗手；③ 在移动、搬运老年人时因用力不当而拉伤肌肉；④ 不小心被锐器刺伤后未发觉或未及时处理，而是继续为老年人服务。

养老护理员在上岗前应按要求规范穿戴工作服、工作帽、口罩、手套，在服务过程中应勤洗手、勤更换衣物、及时消毒。例如，在处理老年人的分泌物、排泄物和被污染的物品时应戴手套，脱去手套后应立即洗手；在使用锐器时应当特别注意，防止被刺伤。又如，养老护理员在移动、搬运老年人时，要注意保护腰部和上肢，防止肌肉拉伤；在护理患有传染性疾病的老年人时，应做好隔离和防护措施，并及时对使用过的物品进行清洁和消毒。

（二）暴力风险

一些老年人由于患有老年焦虑症、躁狂症、阿尔茨海默病等疾病，情绪不稳定、暴躁，可能会无端打骂养老护理员。养老护理员在工作中应学会观察，发现老年人有抵触情绪时，应尽可能避免刺激对方，同时注意防范老年人的暴力行为。

此外，部分老年人的家属对老年人的疾病没有正确的认知，并且对养老护理员缺乏信任，如果老年人的身体状况得不到明显好转，就怀疑养老护理员的服务不到位或专业水平不高，或者偏信老年人的不实说辞，从而言辞激烈地质问甚至辱骂养老护理员。此时，养老护理员要保持冷静，不要与家属争吵，更不要与其产生肢体接触，而应及时报告领导，由领导出面解决。必要时，养老护理员可邀请家属暗中观察老年人的生活、查看监控录像等，以了解老年人的真实情况。

（三）生物风险

在为患传染性疾病的老年人服务时，养老护理员应做好个人防护措施，降低自己被感染的风险。在有条件的情况下，养老护理员应该做好以下防护措施：① 戴好口罩和手套；② 在处理动脉损伤出血时，应戴防护眼罩；③ 进行人工呼吸时应使用呼吸面膜、呼吸面罩等隔离物品；④ 救护老年人后应立即清洗双手并对急救用品进行消毒。养老护理员应时刻牢记，正确洗手（见图 2-4）是预防感染最简单、有效的措施，并认真落实。

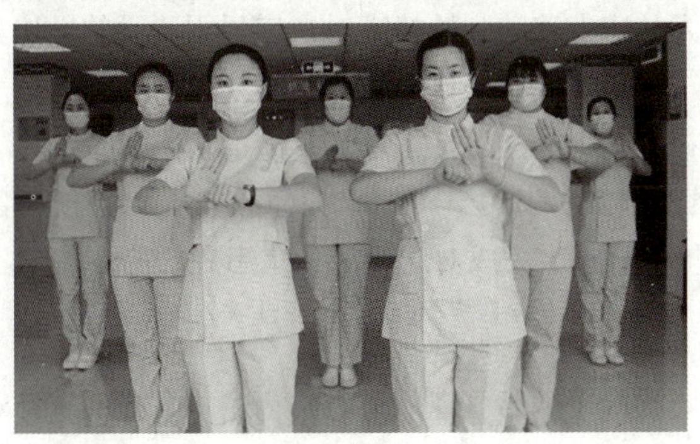

图 2-4　养老护理员在练习洗手

七步洗手法

此外，养老护理员应将老年人用过的棉签、棉球、敷料等一次性医疗用品装入双层密闭垃圾袋内，将针头、安瓿（bù）瓶等放置于专门的锐器盒，由专人回收运送，并按规定进行无害化处理。

（四）心理风险

由于养老护理工作烦琐且重复程度较高，加上部分人对养老护理员职业的不正确认知，养老护理员容易产生较大的心理压力和心理落差，进而产生消极怠工的心理，影响养老护理工作的正常进行。养老护理员与行政人员、后勤人员、老年人、老年人家属的关系，也会影响养老护理员的心理健康状况。此外，养老护理员经常面对疾病和死亡，容易出现焦虑、抑郁等心理。因此，养老护理员应经常自省，检查自己是否经常出现负面情绪或心理问题，并采取合理的方式进行心理调适，必要时可向心理咨询师求助。

小吴在照顾患有流感的杨奶奶时不小心被感染，这说明小吴在照顾杨奶奶的过程中可能存在哪些问题？

三、提高安全防护能力的方法

照护老年人是光荣、伟大却又十分辛苦的工作。为了给老年人提供优质的服务，养老护理员可从加强对专业知识和技能的学习、灵活应对暴力冲突、注重心理素质培养三个方面，提高养老护理安全防护能力。

（一）加强对专业知识和技能的学习

养老护理员应加强对老年生理学、心理学知识的学习，了解老年人的身体特点和心理需求，帮助老年人缓解心理压力，排解焦虑、抑郁等负面情绪；加强对专业理论知识的学习，掌握各种常见疾病的症状和护理要点，能够科学地制订护理计划；加强对护理操作技能的学习，掌握床位转移、饮食护理、口腔护理、翻身护理等技巧，以免操作不当而使自己或对方受伤。例如，养老护理员在将老年人从床上移动到轮椅上时，应采用科学的操作方法，而不是靠蛮力或仅仅靠腰部、上肢发力，否则容易导致腰部肌肉拉伤。

此外，养老护理员还应加强对社交知识的学习，了解老年人的需求、想法，以便与老年人及其家属建立良好的关系；加强对急救知识的学习，掌握急救技术和急救设备的使用方法，熟悉急救药品的使用，能熟练地配合医生完成对急症或危重患者的抢救。

（二）灵活应对暴力冲突

养老护理员应根据老年人的健康状况、生活自理能力等，为老年人提供有针对性的护理服务。例如，养老护理员应将失智老年人房间内的热水瓶、玻璃制品、剪刀等危险物品收起

来，以免失智老年人在情绪失控时，利用这些物品伤害自己或他人。

又如，当老年人故意刁难、辱骂养老护理员，或者拒绝配合养老护理员的工作，或者用绝食行为胁迫养老护理员做某些事情时，养老护理员一定要控制好自己的情绪，换位思考，真切感受老年人的内心，分析这些行为背后的原因。必要时，养老护理员可以先承认“错误”，以安抚老年人的情绪（见图 2-5），再择机向老年人解释。如果老年人异常暴躁，养老护理员可暂停服务并报告医生处理，等老年人情绪稳定后再继续完成护理工作。

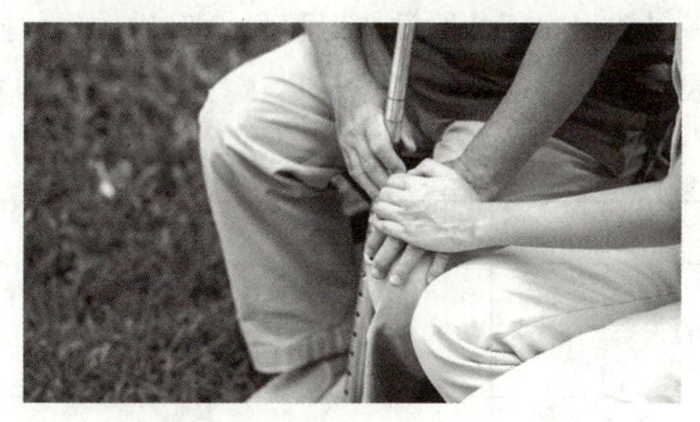

图 2-5　安抚老年人的情绪

化解老年人暴力冲突的技巧

（三）注重心理素质培养

养老护理员应树立正确的世界观、人生观、价值观，学会自我疏导、排解负面情绪；培养积极的工作心态，能正确看待衰老、疾病和死亡；提升自己的护理能力和沟通能力，减少负面情绪造成的影响；合理安排时间，丰富自己的业余生活，适当放松身心。

任务实施

1. 任务描述

对养老护理员而言，除非老年人做出危害公共安全、长期私占公共资源、对他人的生活造成严重影响、危害他人人身安全等行为，否则，老年人的一切行为都应被理解和包容。以下是两个真实案例。

案例一：乔奶奶两个月前被女儿送进养老院，乔奶奶与养老护理员小王、同寝室的老年人相处得都还不错。可是每当女儿来看望时，乔阿姨不是向女儿哭诉小王不给她水喝、不给她饭吃、嫌她小便次数多，就是哭诉其他老年人欺负她。女儿听后非常气愤，欲与小王理论。

案例二：何爷爷患有糖尿病。有一天，他想念儿子，要求养老护理员小徐给他儿子打电话。当时正值用餐时间，小徐说：“我先给其他老年人打饭，用餐结束后立即帮您打电话。”这让何爷爷极为不悦，因此拒绝用餐。但就在用餐前，护士为何爷爷注射了胰岛素，若不及时用餐，何爷爷很可能因低血糖休克。意识到这一点，小徐连忙向何爷爷赔礼道歉，但何爷爷始终不予理睬。

请你根据本任务所学知识，分别给小王和小徐提建议，以妥善解决乔奶奶挑拨家属与养老院的关系和何爷爷不配合养老护理员的问题。

2. 任务目的

通过给小王和小徐提建议，加深对养老护理风险与应对的理解，掌握提高安全防护能力的方法。

3. 实施过程

（1）3～5 人一组，根据任务描述、本任务所学知识和表 2-3 中的问题搜集资料。小组成员经讨论达成一致意见后填写表 2-3。

表 2-3　问题与答案

问题	答案
如何避免乔奶奶挑拨家属与养老院的关系	
如何解决何爷爷不配合养老护理员的问题	
养老护理员应如何进行安全防护	
补充与修改：	

（2）每组选出一人讲解本组的任务实施成果，并解答其他小组成员提出的问题。

（3）任务实施结束后，小组成员根据其他小组的讲解内容和任务实施过程中遇到的问题，对自己组所填写的内容进行必要的补充与修改。

4. 任务评价

教师根据任务的完成情况，按表 2-4 中的内容为各组打分并进行评价。

表 2-4　任务评价表

评价内容	分值	教师评分	教师评价
积极、认真地参与任务实施环节	15		
内容填写详细、完整，字迹工整	30		
答案正确、详细，提出的建议合理、可操作性强	40		
能正确回答其他同学提出的问题	15		
总计	100		

学习成果检测

1. 填空题

（1）__________是指从事老年人生活照料、护理服务工作的人员。

（2）在养老护理员的职业守则中，__________要求养老护理员将满足老年人的需求放在首位，急老年人所急，想老年人所想，全心全意为老年人服务。

（3）养老护理员在工作中需要经常与老年人及其家属沟通，这就要求养老护理员具备良好的__________。

（4）养老护理员还要有__________，对于老年人的指责、抱怨，能够首先从自身找原因，及时改进自己的工作方式。

（5）__________又称劳动安全，以防止职工在职业活动过程中发生各种伤亡事故为目的。

（6）养老护理员应时刻牢记，__________是预防感染最简单、有效的措施，并认真落实。

2. 选择题

（1）养老护理员胜任并且做好养老护理工作的前提，是要树立正确的世界观、人生观、价值观，以乐观、积极的心态面对工作，并且具备自我调节负面情绪的能力。这说明一名优秀的养老护理员需要有（　　）。

A．奉献精神　　B．健康的心理

C．豁达的胸襟　　D．娴熟的护理技能

（2）（　　）不属于操作风险的范畴。

A．养老护理员在上岗前未按要求规范穿戴工作服、工作帽、口罩、手套

B．养老护理员处理完老年人的排泄物脱去手套后未立即洗手

C．养老护理员不小心被锐器刺伤后未发觉，继续为老年人服务

D．老年人言辞激烈地质问甚至辱骂养老护理员

（3）下列不属于生物风险防护措施的是（　　）。

A．戴好口罩和手套　　B．远离危险区域

C．进行人工呼吸时使用呼吸面罩　　D．处理动脉损伤出血时戴防护眼罩

3. 判断题

（1）养老护理员应具备较强的观察能力，善于捕捉有用的信息。（　　）

（2）老年人如果故意刁难、辱骂养老护理员，养老护理员应向老年人解释，必要时报告领导，由领导出面解决。（　　）

（3）在护理患有传染性疾病的老年人时，应做好隔离和防护措施，并及时对使用过的物品进行清洁和消毒。（　　）

4. 简答题

（1）养老护理员的职业守则包括哪些内容？

（2）常见的养老护理风险有哪些？

（3）简述提高安全防护能力的方法。

学习成果评价

请进行学习成果评价，并将评价结果填入表 2-5 中。

表 2-5　学习成果评价表

班级		组号		日期	
姓名		学号		指导教师	
项目名称	养老护理员的职业素养与安全				
评价项目	评价内容	分值	自我评分	教师评分	
理论知识（40%）	养老护理员的职业守则	10			
	养老护理员的素质要求	10			
	职业安全的概念和常见的养老护理风险与应对	10			
	养老护理安全防护	10			
实践技能（40%）	能够认真贯彻养老护理员的职业守则	10			
	能够按照养老护理员的职业要求严格要求自己	10			
	能够根据具体情况准确分析出护理工作中可能遇到的风险	10			
	能够运用养老护理安全防护知识解决工作中遇到的安全问题	10			
综合素养（20%）	积极参加教学活动，主动学习、思考、讨论	10			
	具备爱岗敬业、无私奉献精神	5			
	具有安全意识，工作细心，作业规范	5			
合计		100			
自我评价					
教师评价					

项目三 老年人服务礼仪与沟通

项目引言

护理人员要想为老年人提供优质、贴心的服务，仅仅依靠专业技能和知识是远远不够的，还需要掌握服务礼仪与沟通技巧。护理人员掌握服务礼仪与沟通技巧，有利于增强老年人对护理人员的信任感，使护理人员更好地理解老年人的需求，进而提高服务质量。

本项目将介绍老年人服务礼仪、老年人服务沟通技巧等内容。

知识目标

- 了解老年人服务礼仪的特点。
- 掌握形象礼仪、称呼礼仪和介绍礼仪。
- 熟悉不同养老模式下的服务礼仪。
- 掌握沟通原则、语言沟通技巧和非语言沟通技巧。
- 了解与特殊老年人沟通的技巧。

素质目标

- 通过学习老年人服务礼仪的相关知识，坚持内外兼修，不断提高自己的礼仪修养。
- 通过学习老年人服务沟通技巧的相关知识，感受语言的力量，不断提高语言修养。

任务一　掌握老年人服务礼仪

任务导入

社会福利院开展养老服务礼仪培训

为进一步强化养老护理服务意识，提高养老服务质量，某社会福利院组织开展了养老服务礼仪培训活动。

该社会福利院院长首先介绍了养老服务从业人员的仪容礼仪、体态礼仪、沟通礼仪、岗位礼仪等知识，并且通过演示、互动等方式，详细阐述了服务礼仪在实践中的具体运用；然后介绍了语言表达方式、服务态度和护理人员的站姿、走姿、蹲姿、坐姿等知识，重点强调了礼仪细节在养老服务中的重要性。院长通过生动的语言和鲜活的事例，使护理人员对老年人服务礼仪有了更深刻的认识，调动了护理人员学习服务礼仪知识的积极性和主动性。

参与此次培训的护理人员纷纷表示要不断提高自身修养，在今后的工作中做到“微笑在脸上，文明用语在嘴上，娴熟动作在手上，仪表整洁在身上”，以优雅的姿态和良好的职业礼仪充分展现新时代养老护理人员的风采。

（资料来源：王力波，《社会福利院开展养老服务礼仪培训》，广安市人民政府网，2023 年 4 月 18 日）

思考：

（1）什么是老年人服务礼仪？

（2）仪容礼仪、着装礼仪和体态礼仪具体包括哪些内容？

礼仪是礼节、礼貌及其规范、仪式的总称。老年人服务礼仪是指护理人员在为老年人服务的过程中形成的礼仪，包括护理人员的形象礼仪、称呼礼仪、介绍礼仪等。

一、老年人服务礼仪的特点

老年人服务礼仪具有规范性、可操作性、限定性等特点。

（1）规范性。规范性是指护理人员在服务老年人的过程中应遵守的基本礼仪规范，包括仪容规范、着装规范、体态规范、称呼规范、介绍规范等。例如，护理人员应保持面部洁净，不留怪异发型；男性护理人员不留长发，不蓄长胡须，女性护理人员可化淡妆，但不可浓妆艳抹。又如，护理人员在与老年人沟通时，应目视对方、耐心倾听并及时回应。

（2）可操作性。护理人员根据老年人服务礼仪，可以在为老年人提供服务的实践活动

中表现得更加文明、得体、规范，更好地为老年人提供服务，因此老年人服务礼仪具有可操作性。

（3）限定性。老年人服务礼仪适用于老年服务行业，护理人员在工作中必须按老年人服务礼仪的要求行事。护理人员一旦离开了老年服务行业，可以不用遵守老年人服务礼仪。

二、形象礼仪

形象是护理人员精神面貌的外在表现，在一定程度上能够反映出护理人员的内在气质、文化水平、专业程度。老年人对护理人员的第一印象通常来自护理人员的仪容、着装、仪态等个人形象。护理人员应努力学习仪容礼仪、着装礼仪、体态礼仪方面的知识，以塑造良好的职业形象，给老年人留下良好的印象。

（一）仪容礼仪

仪容通常是指人的容貌，是个人形象的重要组成部分。仪容礼仪的首要要求是仪容美。仪容美包括自然美、修饰美和内在美。其中，自然美是指仪容的先天条件好；修饰美是指按照某种规范，结合个人条件对仪容进行必要的修饰，从而塑造出的个人形象；内在美是指通过提高个人的内在修养培养高雅的气质，从而为仪容增色。

真正意义上的仪容美，应该是自然美、修饰美和内在美的高度统一。自然美受制于个人的先天条件，较难改变。内在美是仪容美的最高境界，需要在不断努力学习中持续提升。修饰美是最容易实现的，护理人员在学习礼仪知识的过程中应重点关注。要做到修饰美，自然要重视仪容修饰。仪容修饰主要包括头发修饰和面容修饰。

1．头发修饰

头发整洁、发型得体是对护理人员的基本要求。护理人员应保持头发干净，一般以1～2天洗发一次为宜。头皮屑较多者，最好每天都洗发。护理人员的发型应得体，并且符合岗位要求。男性护理人员的头发长度应适中，以前不覆额、侧不掩耳、后不及领为宜；女性护理人员的长发应盘于脑后，短发应拢于耳后，刘海不遮眉毛。

2．面容修饰

护理人员应保持干净、清爽的面容和得体的妆容（见图3-1）。下面主要介绍脸部、眼部、耳朵、鼻子、口腔部位的清洁要求。

图3-1　护理人员得体的妆容

（1）脸部。护理人员应保持脸部清洁，勤洗脸，及时清除脸部的油脂、汗渍和其他不洁之物；应选择适合自己的洁面产品，以减少脸部皮肤问题。

（2）眼部。护理人员在与他人交流的过程中需要保持眼神交流，因此眼部修饰十分重要。眼部修饰的重点在于清洁，即及时清理眼角的分泌物。佩戴眼镜的护理人员还要经常擦拭或清洗镜片。

（3）耳朵。护理人员应保持耳朵干净，及时清除外耳道的分泌物。

（4）鼻子。护理人员应保持鼻腔干净，定期修剪鼻毛，在工作过程中，不能当众挖鼻孔、擤鼻涕。

（5）口腔。护理人员应保持口腔干净、口气清新，做到勤刷牙，及时清除口腔异物。

（二）着装礼仪

护理人员的着装不仅是其形象的写照，而且反映了其所在机构的服务水平和管理水平。下面介绍关于工作服和鞋子的要求。

1. 工作服

（1）身着工作服。护理人员的工作服是其职业和身份的象征，护理人员在工作期间身着工作服既是其自律严谨、忠于职守的体现，又有利于老年人及其家属辨认。

（2）佩戴胸牌。护理人员在工作期间应佩戴载有姓名、照片、职务等信息的胸牌，这样既有利于约束护理人员的行为，又方便他人辨认。护理人员应将胸牌戴在上衣左侧胸口合适的位置。胸牌损坏或信息模糊不清时应及时更换。

（3）工作服合身、平整、清洁。护理人员应身着大小、长短适宜的工作服，并且在穿工作服时，用手将衣领、腰带、袖口、裤脚整理平整。工作期间，护理人员应确保工作服无污渍，若不小心将工作服弄脏了，应及时更换。

2. 鞋子

护理人员在工作中需要经常走动。为了不影响老年人休息，同时减轻护理人员的劳累程度，护理人员应穿软底、平跟（或坡跟）、防滑的鞋子，不宜穿高跟鞋或其他走路时会发出声响的鞋子。此外，鞋子的颜色应与工作服相协调。

（三）体态礼仪

体态是指人的身体呈现的各种姿态，包括站姿、走姿、蹲姿、坐姿等。良好的体态能彰显护理人员的气质与风度，体现其端庄、自信的一面。

1. 站姿

站姿是人最基本的姿态，也是其他姿态的基础。良好的站姿能给人以自信大方、精力充沛、积极向上的印象。护理人员在站立时应做到头部端正，颈部挺直，尽量使脊柱与地面保持垂直，不耸肩，不含胸驼背，不撅臀，不弯膝，注意收颌、立腰、收腹、夹腿、提臀，尽量提高身体的重心，从而给人挺拔、自信、优美之感。

此外，护理人员还应根据服务对象的姿态和服务内容来调整站姿。例如，护理人员在与

坐着的老年人沟通时，上身应适当向老年人倾斜，如图 3-2 所示。

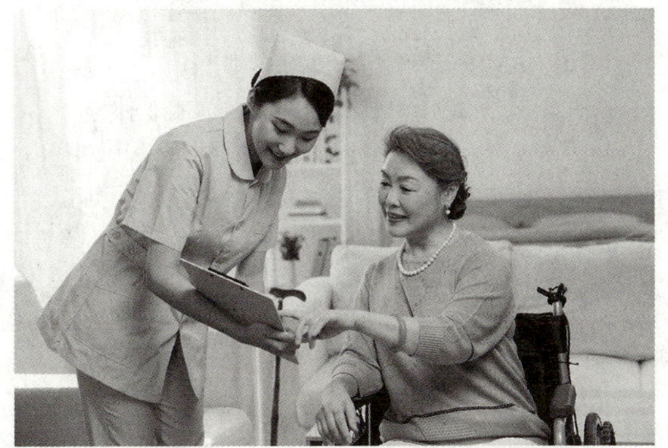

图 3-2　与坐轮椅的老年人沟通时的站姿

2. 走姿

走姿最能体现一个人的精神面貌，协调稳健、轻盈敏捷的走姿能够给人留下朝气蓬勃、积极向上的印象。走姿的基本要求是从容、平稳、大方。护理人员的走姿主要有标准走姿（见图 3-3）和快行走姿两种。

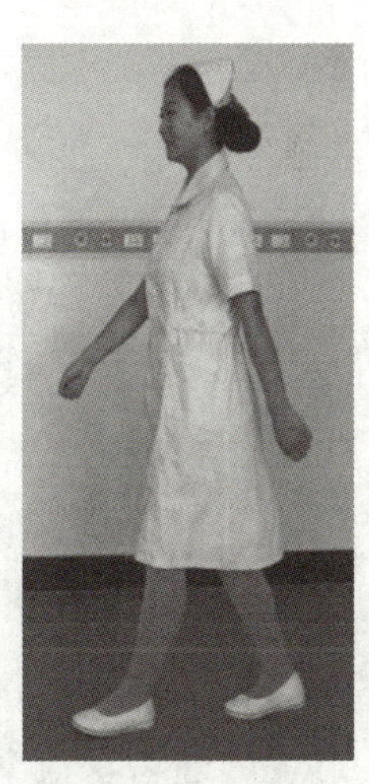

图 3-3　标准走姿

（1）标准走姿。护理人员的上身基本保持标准的站立姿势，挺胸收腹，腰背挺直，面带微笑，双臂以肩关节为轴，前后自然摆动，肘关节略弯曲，掌心向内，手指自然弯曲，起步时身体稍向前倾，重心落在前脚掌，膝盖伸直，脚尖向正前方伸出。此外，在行走过程中，护理人员还要注意步态自然、步幅适中、步速均匀。

（2）快行走姿。护理人员经常需要处理一些紧急事务，为了赶时间，在室内、走廊等不宜奔跑的场所可以快走。快走时，护理人员应保持上身平稳、步态自然、步幅适中、步履轻快有序，能够给人一种矫健、轻快、从容不迫的动态美。

小贴士

护理人员在走路时不能出现内八字步、外八字步、含胸驼背、鞋摩擦地面发出声响、左顾右盼、摇头晃脑、手插口袋或背手行走等情况。

3. 蹲姿

护理人员在拾物或整理鞋袜时会使用蹲姿。蹲姿的基本要求是上身端正、双腿摆好、蹲速适中。护理人员常用单膝点地式蹲姿（见图 3-4），即双腿一蹲一跪，左（右）膝点地，臀部坐在左（右）脚跟上，左（右）脚尖着地，右（左）脚全脚着地，右（左）小腿与地面基本垂直，双腿尽量并拢。

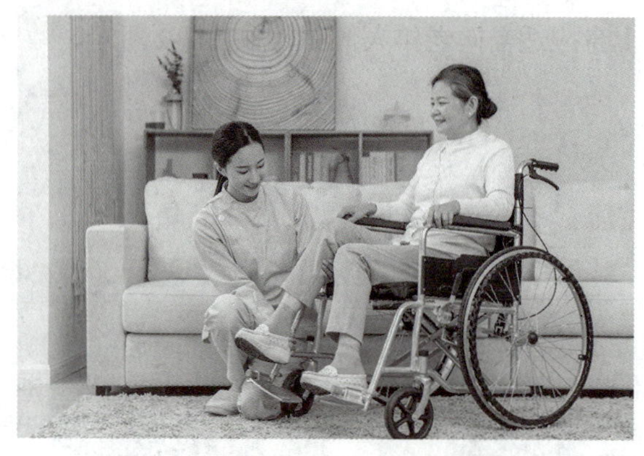

图 3-4　单膝点地式蹲姿

4. 坐姿

端正的坐姿能够给人一种自信、友好、稳重的感觉。护理人员坐姿的基本要求是庄重、大方、自然、稳重。常见的坐姿有正坐式、双腿斜放式、前伸后屈式和双脚交叉式，如图 3-5 所示。

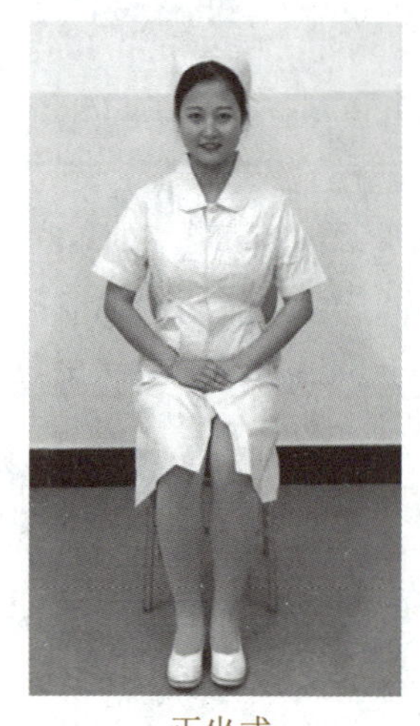

正坐式

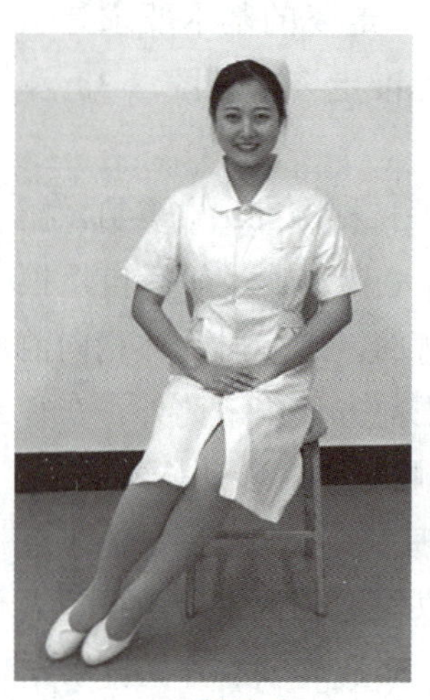

双腿斜放式

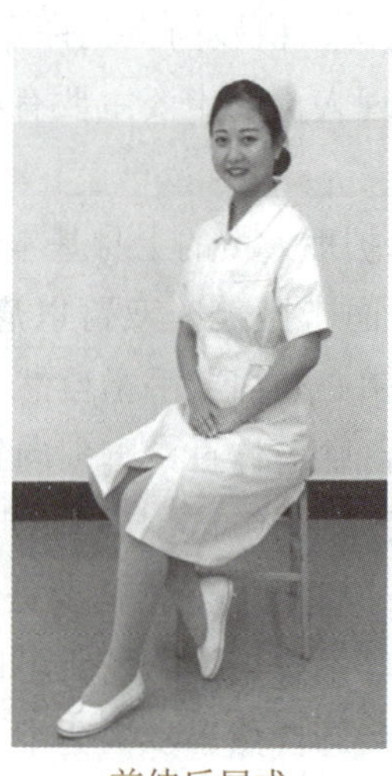

前伸后屈式

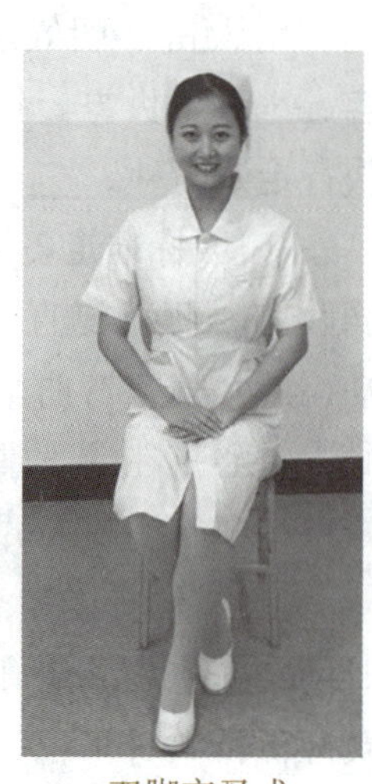

双脚交叉式

图 3-5　几种常见的坐姿

护理人员在坐下或站起时动作幅度不能过大，以免发出响声；坐下后，上身应挺直，不能靠在椅背上，不能抖动双腿或一条腿搭在另一条腿上。此外，护理人员还应注意不能不经邀请随意落座，更不能随便坐在老年人的床铺上或斜靠在老年人的床边。

三、称呼礼仪

称呼礼仪是指称呼他人时应遵守的礼仪。护理人员在服务老年人时应使用合适的称呼，给老年人留下良好的印象。护理人员在称呼老年人时应遵循尊重、恰当、真诚原则。

（1）尊重。尊重他人是个人素质的外在体现，有利于建立融洽、和谐的人际关系。在为老年人提供护理服务时，护理人员应尊称对方为“爷爷”“奶奶”；若知道老年人的姓氏，

护理人员可在尊称前冠以姓氏，如“姜爷爷”“徐奶奶”等。同时，护理人员不能直呼老年人的姓名，更不能给老年人起外号。

（2）恰当。恰当的称呼可以使对方心情愉悦，有利于彼此更好地沟通。护理人员应根据老年人的性别、职业等基本信息和语言习惯、文化层次、生活所在地的风俗等因素选择恰当的称呼。例如，在为退休教师提供服务时，可称其为“×老师”；在为退休医生提供服务时，可称其为“×医生”。

（3）真诚。真诚是保持良好人际关系的关键和核心，护理人员在称呼老年人时态度要诚恳，表情要自然，以表达自己真诚的心意。

四、介绍礼仪

护理人员在向老年人介绍自己时，要注意遵守介绍礼仪，具体应做到以下几点：

（1）把握时机。介绍自己时要把握时机，最好是在老年人独处时向其介绍自己。如果老年人正与他人交谈、忙于其他事务或心情欠佳，则不应贸然上前介绍自己。

（2）讲究态度。介绍自己时应真诚、友善、亲切，做到语气自然、语速正常、语音清晰，从而展现出自信大方、彬彬有礼的风采。

（3）言简意赅。介绍自己时应力求言简意赅。如果介绍时间过长，会显得自己太啰唆或讲话内容没有重点，容易让对方失去耐心甚至产生反感。

课堂活动

小张毕业后顺利进入某养老院并担任护理员一职。今天是小张上班的第一天，主管向他交代了基本注意事项后，就带他去认识他需要照护的老年人。如果你是小张，你会如何向该老年人介绍自己？

五、不同养老模式下的服务礼仪

我国主要的养老模式

目前，我国的养老模式主要有居家养老、社区养老和机构养老三种。无论在哪种模式下，护理人员在工作中均应遵守服务礼仪。下面根据上述三种养老模式，介绍居家养老上门服务礼仪、社区养老服务礼仪和机构养老服务礼仪。

（一）居家养老上门服务礼仪

1. 入户礼仪

入户礼仪是指护理人员在进入老年人的住所时应遵守的礼仪。为了避免出现失礼行为，护理人员在入户前应做好以下工作：① 护理人员在接到工作任务后，首先应了解老年人的基本信息，包括姓名、性别、年龄、有无疾病、文化程度、需要提供的服务、提供服务的时间等；② 护理人员应提前与老年人或其家属联系，确认上门服务的时间；③ 提前做好交通路线规划，尽量准时到达，若不能准时到达，则应提前打电话告知对方。

护理人员在进入老年人住所时应做到：① 进门前先敲门（见图 3-6）或按门铃，在得到对方允许前禁止入内；② 在对方开门后，做简单的自我介绍并出示工作牌；③ 对方准许进入后，穿上鞋套或更换拖鞋进入，并随手关门。

图 3-6　护理人员正在敲门

2．生活照护礼仪

在提供服务前，护理人员应向老年人及其家属简要介绍自己所提供的服务，并且在自己的能力与职责范围内尽量满足老年人的需求。若老年人的需求超越自己的能力和职责范围，护理人员应委婉拒绝并表示歉意。

在提供服务的过程中，护理人员应尽量做到：① 不处理私事，若有紧急事情需要处理，应在征得老年人及其家属同意后尽快处理，并且在处理结束后，对老年人及其家属表示歉意；② 严格按照服务流程提供服务，不可为了避免麻烦而省略某些环节；③ 提供护理服务时动作要轻柔，以免伤到老年人；④ 若损坏老年人家中的物品，应立即道歉并赔偿。

护理人员在服务结束后，应将用过的物品放回原处。未经老年人及其家属允许，不能擅自扔掉老年人家中的任何物品。

3．告别礼仪

服务结束后，护理人员先应确认老年人的精神状态和身体状况良好，再与老年人及其家属告别。若为失智老年人提供服务，只有当老年人的家属在服务现场时，护理人员才能离开。

同步案例

专业的服务赢得老年人的认可

在北京市东城区东直门南大街的一个老旧小区内，助浴师小陈轻车熟路地走上 4 楼，按照约定的时间前往张爷爷家为张爷爷提供助浴服务。张爷爷今年 80 岁，长期卧床，生活

不能自理，在过去的4年里，一直由小陈上门帮助张爷爷洗澡。

小陈穿上鞋套进入张爷爷家中后，一边向张爷爷问好，一边打开随身携带的工具包，从中拿出血压检测仪、血氧检测仪、体温计等仪器，为张爷爷检查身体。确认各项指标均正常后，小陈才正式开始助浴工作。

“先在床上铺上塑料隔层，再将防水气垫放在隔层上，一个特制浴缸就做好了。”在10多年的工作生涯中，小陈总结出了一套详细的服务流程，将洗澡动作划分为若干个明确的步骤。“洗澡时，应从脚部开始往上洗，使老年人逐渐适应水温，避免引发血管问题。”小陈说。待老年人适应水温后，小陈按照从双臂到双腿，从前胸到后背，从洗头到泡脚的顺序帮老年人清洗身体，整套流程一般持续一个半小时。

据小陈介绍，他所在的公司在收到老年人的助浴需求信息后，首先会安排专业医生对老年人进行两次身体评估，助浴师在提供助浴服务时也要再次检测老年人的血压、脉搏、血氧、体温等，判断老年人是否适合洗澡。

帮老年人洗澡是一个技术活，并且有一定风险，需要非常细心且有耐心。刚入行时，小陈也感受到了这份工作带来的挑战，但是他始终保持认真负责的工作态度，在实践中不断提高自己的专业技能。现在，他已经得到了许多老年人及其家属的认可。

（资料来源：刘小燕、赵黎浩，《失能老人洗澡难，“助浴师”应运而生》，新华网，2022年4月29日）

（二）社区养老服务礼仪

社区养老是指以家庭为核心，以社区为依托，以老年人日间照料、生活护理、家政服务和精神慰藉为主要内容，以上门服务和社区日托为主要形式的养老模式。社区养老的特点在于老年人住在自己家里，在继续得到家人照顾的同时，也能享受到社区服务机构的护理人员提供的上门服务。

社区服务机构为老年人提供的基本服务有助餐服务、休闲娱乐服务、午休服务、协助如厕服务等。护理人员在为老年人提供社区养老服务时，除了要遵守上文所介绍的居家养老上门服务礼仪外，还应遵守以下礼仪：

（1）助餐服务礼仪。就餐前，护理人员应洗净自己的双手，并提醒老年人或为老年人洗净双手，为其安排就餐位置，将餐具、餐巾纸放在老年人易于取用的位置。老年人在用餐过程中如果张望或出现其他异常反应，护理人员应立即询问老年人；筷子、勺子等餐具掉在地上后，护理人员应及时换上干净的餐具。护理人员不得因老年人用餐时间长、不小心将饭菜撒在餐桌上而嘲笑甚至辱骂对方。老年人用餐完毕后，护理人员应及时清理餐具，打扫就餐区域。

（2）休闲娱乐服务礼仪。老年人参加比较剧烈的活动（如打乒乓球，见图3-7）时，护理人员应在活动开始前，耐心地指导老年人先进行热身运动，不得因老年人反应慢、动作不标准而嘲笑老年人。活动过程中，护理人员应时刻关注老年人的身体状况和情绪变化，若老年人的身体状况和情绪不佳，则应及时劝导老年人终止活动。

图 3-7　正在打乒乓球的老年人

（3）午休服务礼仪。护理人员应根据天气情况调节休息区域的温度。为了营造安静的休息环境，护理人员可采用轻轻呼唤或轻摇的方式唤醒老年人，不可大声叫唤或非常用力地摇老年人。

（4）协助如厕服务礼仪。护理人员应及时提醒或协助老年人如厕。老年人独自如厕时，护理人员应叮嘱老年人不要反锁卫生间的门并守候在卫生间门外，以便随时为其提供服务。协助老年人如厕时，护理人员的目光应避开老年人的隐私部位。

（三）机构养老服务礼仪

养老机构主要岗位的工作人员应遵守的服务礼仪如下。

1．前台接待人员

（1）来访者进门时，前台接待人员应主动起身，面带微笑地问候对方，如“您好，欢迎光临××养老机构”。明确来访者的来意后，前台接待人员应有针对性地为其提供服务。当较多来访者相继抵达时，前台接待人员应按照来访者到达的先后顺序为其提供服务，在为等候较久的来访者服务时，首先应表示歉意，如“不好意思，让您久等了，接下来将由我为您服务。”

（2）前台接待人员如果一时满足不了来访者提出的要求，则应向来访者表示歉意并解释原因。若来访者对此不理解并且情绪激动，前台接待人员首先应安抚来访者，待其情绪稳定后再耐心向其解释，切记不可顶撞、讽刺来访者。

（3）来访者离开时，前台接待人员应提醒其带好随身物品，然后目送对方离开。

2．护理人员

（1）护理人员在进入老年人的房间时应轻轻敲门，同时自报身份并说明来意，在得到老年人的允许后再进入房间。以连敲三下为宜，敲门的力度应适中。夜间服务除外。

（2）护理人员在为老年人服务时应面带微笑、动作温和，使用礼貌用语，严格按照流程进行操作，同时注意保护老年人的隐私。护理人员在夜间为老年人服务时动作应轻缓，脚

步应轻盈，不可大声说话。

（3）护理人员在离开老年人的房间时，应礼貌告知老年人并轻关房门。夜间服务除外。

3．餐厅服务人员

（1）餐厅服务人员应佩戴专用的工作帽、口罩、手套等，不能佩戴任何饰品。

（2）餐厅服务人员应主动为行动不便的老年人找座，为其介绍当日菜品，将饭菜及餐具准备齐全后送至老年人的餐桌前。对于需要提供助餐服务的老年人，餐厅服务人员应将准备好的餐食、餐具放在指定位置后及时通知护理人员，由护理人员协助老年人进食。

4．保洁人员

（1）保洁人员应合理安排清洁时间，避免打扰老年人休息。

（2）保洁人员在清洁公共区域时，应在醒目位置摆放告示牌。若遇行人走近，保洁人员应暂停操作，靠一侧站立并微笑问候，同时提醒其注意安全，待行人离开后再继续工作。

（3）保洁人员在清扫老年人的房间时，不应随意挪动老年人的私人物品；若必须挪动，则应征得老年人的同意。保洁人员在清扫卫生间、浴室时应先敲门，确保卫生间、浴室内无人后再进行清扫。保洁人员如果发现房间存在安全隐患，应及时处理；若自己不能处理，则应告知老年人注意并及时上报。

（4）保洁人员应将清洁设备、工具等摆放在固定位置，不乱堆乱放。

5．安保人员

（1）安保人员在坐岗值班时若有人来访，应立即起立并向其问好。

（2）家属前来探望老年人时，安保人员应协助老年人的家属填写探视登记表。若需要为老年人的家属引路，安保人员应走在其左前方，与其保持 2～3 步的距离；遇到台阶或需要拐弯时，安保人员应回头提醒对方，如“请小心台阶”“前方请左拐”等；到达目的地后，安保人员应礼貌道别。

（3）如果老年人要求外出，安保人员应礼貌地要求老年人出示相关证件和外出凭证。

（4）若发现老年人做出危险或不文明行为，安保人员应礼貌劝阻。

任务实施

1．任务描述

朱奶奶前不久刚做完心脏搭桥手术，出院后入住某养老院。该养老院的管理人员安排护理人员小琴照护朱奶奶。某天早晨，养老院的管理人员到朱奶奶的房间查房，小琴由于起床晚了，没时间换工作服，就穿着便装在朱奶奶的房间接待他。管理人员向小琴询问朱奶奶的情况，小琴说：“朱奶奶表现得很好，不像隔壁房间的张爷爷那样无理取闹，让人难以应对。”同时，小琴还不忘以肯定、鼓励的眼神看向朱奶奶。和小琴沟通一段时间后，管理人员对小琴的表现表示了肯定和赞赏，但也提醒小琴要注意在工作中穿工作服。

管理人员走后，小琴坐在朱奶奶的床头和朱奶奶聊天。朱奶奶说："你真漂亮，很有活力。"受到朱奶奶的夸赞，小琴甚是高兴。此后，小琴在工作期间经常穿着便装，偶尔还会穿连衣裙。管理人员虽然多次提醒小琴要穿工作服，但是小琴仍然我行我素。小琴认为只要自己工作细心，对老年人足够关心就可以了，不一定非要穿工作服。工作中，小琴有时小跑着在不同老年人的房间穿梭，有时悠闲地哼着小曲在走廊里散步，还会给熟悉的老年人起各种昵称和外号。

请你根据本任务所学知识，分析小琴在工作中的哪些行为不符合礼仪规范。

2．任务目的

通过分析小琴的行为，强化礼仪意识，掌握形象礼仪、称呼礼仪等内容，不断提高自己的服务水平。

3．实施过程

（1）3～5 人一组，根据任务描述和本任务所学知识讨论表 3-1 中的问题。小组成员经讨论达成一致意见后填写表 3-1。

表 3-1　问题与答案

问题		答案
着装方面	工作期间一定要穿工作服吗？为什么？	
	小琴如果穿工作服，需要注意哪些问题？	
体态礼仪	小琴在体态礼仪方面存在哪些问题？怎样改进？	
称呼礼仪	小琴在称呼礼仪方面存在哪些问题？怎样改进？	
补充与修改：		

（2）每组选出一人讲解本组的任务实施成果，并解答其他小组成员提出的问题。

（3）任务实施结束后，小组成员根据其他小组的讲解和任务实施过程中遇到的问题，对自己组所填写的内容进行必要的补充与修改。

4．任务评价

教师根据任务的完成情况，按表 3-2 中的内容为各组打分并进行评价。

表 3-2　任务评价表

评价内容	分值	教师评分	教师评价
积极、认真地参与任务实施环节	15		
内容填写详细、完整，字迹工整	30		
答案正确、详细，给出的意见合理	40		
能正确回答其他同学提出的问题	15		
总计	100		

任务二　掌握老年人服务沟通技巧

任务导入

“90 后”护理人员用青春守护老年人的夕阳岁月

小娟 27 岁，是一位优秀的“90 后”护理人员。在成为护理人员之前，小娟主修护理专业，并考取了护士执业证书，毕业后在某医院从事护理工作。三年前，小娟离开了工作多年的医院，投身养老护理行业。

护理人员在工作中的一言一行都是技术活。在工作中，护理人员除了要细心、耐心、有责任心外，还需要掌握与老年人及其家属沟通的技巧。小娟对做好护理工作信心满满，并且能够热情地为老年人服务，但是由于没有掌握与老年人及其家属沟通的技巧，在工作中有些力不从心。于是，小娟虚心向前辈们请教、学习，一次次反复练习沟通技巧，现在工作越来越得心应手了。

谈及如何让老年人配合护理人员的工作，小娟说：“老年人配合护理人员的前提是护理人员关心老年人、尊重老年人，从心底真正接纳老年人，真诚地对待老年人，从老年人的需求出发，设身处地地为老年人着想。例如，有些老年人不愿意梳洗，总是找借口一拖再拖，这时我会说您梳洗后，我带您出去玩一会儿，或者说您儿子要来看望您，我帮您梳洗打扮后，咱们一起去迎接他。”

除了跟老年人沟通，小娟还充当了老年人与老年人家属间沟通的桥梁。小娟说：“一些老年人因生理机能逐渐衰退，心理也发生了一些变化，时常与家属发生摩擦。这时，我会主动开导老年人，也会给老年人的家属做思想工作，引导家属多理解和包容老年人。”

其实，小娟在刚投身养老护理行业时，老年人的家属对小娟并不信任。“她这么年轻，能照顾好老年人吗？”“护理工作又脏又累，她一个小姑娘，吃得了这苦吗？”“她能耐心地对待老年人吗？”……工作多年后，小娟用自己的实际行动打消了老年人家属对自己的质疑，赢得了对方的信任。

（资料来源：周聪，《“90 后”养老护理员徐美娟：用青春时光守护夕阳岁月丨南粤家政典型人物》，腾讯新闻，2023 年 9 月 11 日）

思考：

（1）护理人员在工作中应遵循哪些沟通原则？

（2）护理人员与老年人沟通时，应掌握哪些语言沟通技巧？

一、沟通原则

沟通是人与人之间传递信息、沟通思想、交流情感的过程。护理人员在与老年人及其家属沟通时，应遵循尊重、真诚、共情原则。

（一）尊重

老年人对国家、社会和家庭做出了贡献，理应受到尊重。护理人员应以端正的态度、得体的语言为老年人营造舒适的沟通环境。护理人员在与老年人沟通时，具体应做到以下几点：

（1）有同理心，不指责、嘲笑老年人，不贬抑老年人的人格。

（2）有极大的耐心。大多数老年人都有不同程度的听力下降（见图 3-8）、反应迟缓、理解能力变差等情况，护理人员在与老年人沟通时，应视情况将内容多复述几遍。

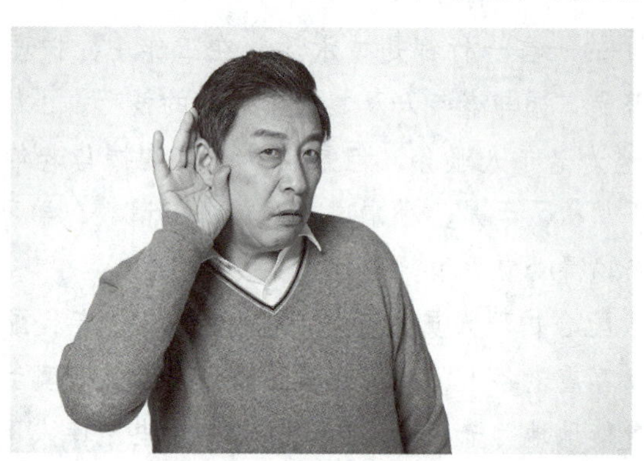

图 3-8　听力下降的老年人

（3）关心老年人，尊重老年人的观点、意见、喜好，不把自己的意愿强加给老年人。

（4）尊重老年人的隐私，尽量不谈论隐私话题和其他老年人不愿意提及的话题。例如，护理人员如果当着其他人的面询问老年人是否存在尿失禁、大便失禁等情况，老年人可能会认为自己的人格受到了侵犯。

（二）真诚

护理人员真诚地对待老年人，从心底接纳老年人，能够使老年人产生安全感，进而获得

老年人的信任。具体来说，护理人员应做到：① 充分信任老年人，坚信老年人具有自我提高的意愿和潜力，鼓励老年人利用自身的力量改变现状；② 关爱老年人，鼓励老年人充分表达自己的内心感受，并且在倾听时做到感同身受；③ 对老年人做得好的方面给予肯定，对老年人做得不好的方面给予鼓励和必要的帮助。

（三）共情

共情是指感受、理解和分享他人情绪状态的能力。护理人员设身处地地理解老年人，准确把握老年人的真实病情和心境，能够使老年人感受到被理解、被接纳，从而产生愉快、满足的情绪。护理人员在与老年人沟通时做到适时共情，不仅有助于协助老年人进行自我表达、自我探索和自我了解，还能够增进护理人员对老年人的了解，对维护良好的护患关系具有积极的促进作用。

要达到共情，护理人员需要做到以下两点：① 站在老年人的立场用心感受老年人的感受；② 根据老年人的语言和非语言行为推断出其内心感受，并用语言准确地表达出来。

二、语言沟通技巧

语言是人们交流思想、表达感情、传递信息的重要工具。护理人员只有掌握语言沟通技巧，才能更好地与老年人沟通。

（一）倾听与表达

1. 倾听

倾听即认真聆听。护理人员只有认真聆听老年人的讲话内容，才能从中获取真实、准确、有效的信息，进而做出正确的判断和决策，以满足老年人的需求。此外，护理人员认真聆听老年人的讲话，还可以使老年人感受到自己被关注、被尊重，有利于拉近与老年人的关系。

与老年人沟通过程中，护理人员应做到以下几点：

（1）倾听时应专心，适时用肢体语言（如点头）暗示对方“我在倾听”。

（2）合理分析老年人想要表达的意思，当老年人不能清楚明白地表达自己的想法时，护理人员可以通过提问的方式协助老年人表达。

（3）站在老年人的立场思考问题，体会其内心感受，接纳其思维方式，理解其想法。

（4）在倾听过程中保持冷静、理智，不随意评价，不断章取义，不盲目下结论，在掌握完整的信息并对信息进行核实和分析后再下结论。

2. 表达

与老年人沟通时，护理人员应选择合适的表达方式和话题。

（1）选择合适的表达方式。老年人的听力下降、反应速度较慢，护理人员在与老年人沟通时，应做到吐字清晰、语气温和、语速放慢，必要时可增大音量。此外，在与老年人沟通时，护理人员尽量不要使用网络流行语，避免使用复杂的语句。

（2）选择合适的话题。护理人员在与老年人沟通时，应选择老年人感兴趣的话题，如老年人的人生经历、曾经从事的工作、老年人的家乡、老年人的子女等，以激发老年人沟通的欲望。

（二）赞美与批评

1. 赞美

每个人都渴望被认可、被尊重，而赞美就是对他人认可和尊重的表现。护理人员在合适的时间、合适的场合真诚地赞美老年人，可在一定程度上满足老年人的自我实现需求，使其心情愉悦。值得注意的是，赞美一定要发自内心，虚假的奉承不仅不能营造良好的沟通氛围，还有可能引起老年人反感。

2. 批评

若老年人做出一些危险行为，如扒窗户、用明火取暖、上下楼梯时打闹等，护理人员应对其进行批评教育。批评是一门艺术，如果运用得好，可以使老年人感受到善意和温暖；如果运用得不好，会使老年人产生负面情绪，不利于沟通。

护理人员应掌握以下批评技巧：① 批评前先做铺垫（如适当表扬老年人的优点）；② 婉转地批评，尽量不要直截了当地正面批评；③ 注意批评的场合，不应在众人面前批评；④ 批评后应给出正确的解决方法和建议。

（三）说服与拒绝

1. 说服

说服是指通过言语和非言语交谈，有意识地影响他人行为，使之发生态度改变的一种沟通方式。大多数老年人习惯于墨守成规，说服老年人做出改变，尤其是改掉不良的习惯，这对护理人员来说是一项极具挑战性的任务。护理人员在说服老年人时做到以下几点，可以提高沟通成功的概率：

（1）注重平时与老年人培养感情，建立信任。

（2）提前了解老年人的性格、爱好，明确说服老年人的角度、理由和方式。

（3）认真聆听老年人的讲话内容，在获取有效信息后，择机引导老年人做出改变。

（4）结合典型案例进行阐述，动之以情，晓之以理。

（5）在沟通过程中合理运用肢体语言，如握住老年人的手，营造轻松、舒适的沟通氛围。

徐爷爷性格内向，不喜欢与人交往，但是特别喜欢看电视，有时候整个下午都在看电视。最近一次体检时，医生明确告知护理人员小夏，应减少徐爷爷看电视的时间。如果你是小夏，你将如何说服徐爷爷？

3 人一组进行讨论，教师随机选择几名学生回答。

2. 拒绝

拒绝老年人时，护理人员既要委婉地说出“不”，又要让老年人心甘情愿地接受，禁止使用训斥、指责、强迫等手段。护理人员应掌握以下拒绝技巧：

（1）采取拖延时间的办法，如“我考虑一下，明天答复您”。这样做既可以保住对方的面子，又可以让对方有被重视的感觉。

（2）借用他人的身份来拒绝，如“王奶奶，您想要换房间的事情，我昨天向院长申请了，但是院长没同意。原因是……”。

（3）拒绝后，主动提出补偿措施。

三、非语言沟通技巧

非语言沟通是指通过声音、视觉、嗅觉、触觉等多种渠道传递信息的沟通，主要包括面部表情和身体动作。面部表情能直观地展示人们的心理状态，护理人员一定要合理运用面部表情，尤其是目光和笑容。

（一）目光

目光是面部表情的核心，能够生动地反映一个人的心理活动。护理人员目光坦诚、亲切、友善、有神，更容易得到老年人的信任。护理人员与老年人沟通时，应注意做到注视的方式适当、注视的部位恰当、注视的时长适宜。

（1）注视的方式适当。护理人员在与老年人沟通时，最好采用平视或仰视（见图 3-9）方式注视老年人。采用平视方式能够表达礼貌和诚恳之意，有助于获得老年人的好感；采用仰视方式能够表达对老年人的尊敬和信任。

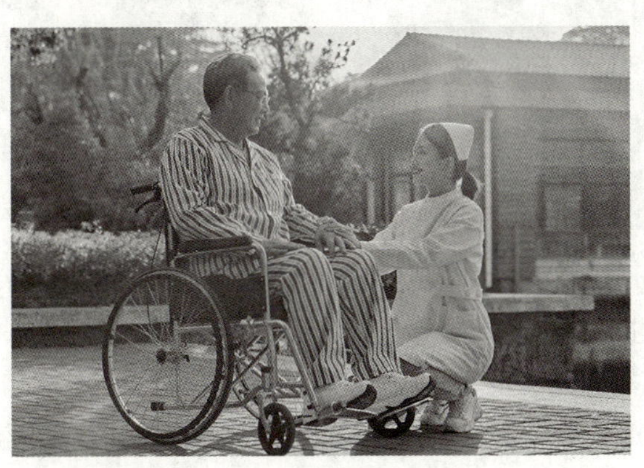

图 3-9　护理人员仰视老年人

（2）注视的部位恰当。护理人员可根据不同情况注视不同部位：① 当问候老年人、听老年人诉说、征求老年人的意见或与老年人道别时，要注视其眼睛；② 与老年人沟通时间较长时，应注视对方的面部；③ 与老年人相距较远且双方都站立时，一般应注视其全身；④ 工作中必须接触老年人身体的某一部位时，应多注视该部位。

（3）注视的时长适宜。一般情况下，护理人员与老年人目光接触的时长宜占与老年人沟通时长的 30%～60%，以示友好和重视。护理人员与老年人目光接触的时长如果少于与老年人沟通时长的 30%，容易使老年人觉得自己被轻视；如果超过与老年人沟通时长的 60%，容易使老年人觉得不自在，甚至产生被挑衅的感觉。

（二）笑容

笑容是一种传递快乐、表达友好情感的面部表情，是人际沟通中的润滑剂，有助于减少沟通障碍，营造良好的沟通氛围。护理人员在工作中应面带笑容，以体现良好的修养和宽广的胸怀。

1. 笑容的基本类型

合乎礼仪的笑容主要有以下三种：

（1）含笑（见图 3-10）：不出声、不露齿，只是面带笑意，以示友好。

（2）微笑（见图 3-11）：嘴角略微上翘，唇部略呈弧形，牙齿半露，面带笑意。

（3）轻笑（见图 3-12）：嘴巴微微张开，嘴角上扬，上齿显露，但不发出笑声，以示欣喜、愉快。

图 3-10　含笑

图 3-11　微笑

图 3-12　轻笑

2. 展现笑容时的注意事项

护理人员在展现笑容时，应注意以下事项：

（1）把握时机。护理人员宜在与老年人目光接触的瞬间展现笑容，以示友好。

（2）区分场合。不同的笑容可以表达不同的态度和情感，并且产生不同的影响。护理人员应在不同场合展现不同的笑容，但不是所有场合都适合展现笑容。例如，当老年人受伤时，护理人员不宜露出笑容，而应神情严肃，表示同情。

（3）保持自然。人们在违背自己意志的情况下所露出的笑容会显得不自然。护理人员在展现笑容时应发自内心，做到表里如一。

（4）保持协调。护理人员应将笑容与举止、谈吐相结合，使各方面相得益彰，从而形成统一、和谐的美。

3．展现笑容时的禁忌

护理人员在展现笑容时，应避免以下情况：

（1）假笑：皮笑肉不笑。这种笑会给对方一种虚伪的感觉。

（2）冷笑：含有讽刺、不满意、无可奈何、不屑、不以为然等意味或怒意的笑。这种笑会使对方产生敌意。

（3）怪笑：笑得怪声怪气。这种笑多含恐吓、嘲讽之意，会使对方反感。

（4）窃笑：偷偷地笑。这种笑多含洋洋自得、幸灾乐祸之意，容易招致对方不满。

（5）怯笑：笑时以手掌遮掩嘴巴，不敢与对方进行目光交流。这种笑多含害羞之意，容易给对方留下不自信的印象。

四、与特殊老年人沟通的技巧

下面以失智老年人和临终老年人为例，介绍护理人员与老年人沟通时可能会遇到的障碍与沟通技巧。

（一）与失智老年人沟通的技巧

根据失智症的病程，可将失智症分为以下三个阶段。护理人员与处于不同阶段的失智老年人沟通时，应使用不同的沟通技巧。

与失智老年人沟通的非语言技巧

1．第一阶段：早期失智症

处于这一阶段的老年人，其沟通能力较好，但是接收信息、思考问题所需的时间较长，并且在沟通过程中经常会更换话题，会出现短暂的记忆缺失，如忘记熟悉的人名、地名和刚发生的事情。

护理人员在与处于这一阶段的失智老年人沟通时，应掌握以下技巧：① 换位思考，体会其感受；② 该阶段的失智老年人有强烈的沟通欲望，护理人员应尽量选择一些老年人感兴趣的话题与其交谈，给予其充分表达的机会；③ 不要询问失智老年人已经忘记的事情；④ 若在沟通过程中发现失智老年人出现焦虑、烦躁等负面情绪，护理人员应及时安抚；⑤ 应有耐心，给失智老年人充足的反应时间。

2．第二阶段：中期失智症

处于这一阶段的失智老年人，其沟通能力进一步降低，主要表现为：① 不能说出实物的名称而用代词替代，如用“那”“它”来替代“花瓶”“遥控器”等；② 要求护理人员复述的频率提高；③ 经常不能理解护理人员说的话，不能按照护理人员的口头指示完成相应动作，而是需要护理人员进行引导；④ 所说的话与自己想要表达的内容毫无关联；⑤ 主动谈话越发困难。

护理人员在与处于这一阶段的失智老年人沟通时，应掌握以下技巧：① 不强求失智老年人说出具体的实物；② 必要时可通过提示、重复等方式协助失智老年人表达；③ 降低语速，必要时使用手势；④ 结合动作、语境等分析、推测老年人想要表达的意思；⑤ 主动、热情地与失智老年人交谈，充分挖掘其尚存的沟通能力。

3. 第三阶段：晚期失智症

处于这一阶段的老年人，其语言组织能力基本丧失，只能说简单的几个字或说话含糊不清，所述内容无连贯性，几乎不能通过语言与他人沟通。

护理人员在与处于这一阶段的老年人沟通时，应掌握以下技巧：① 有足够的耐心，给老年人充足的时间反应、思考；② 尽量使用简短的句子；③ 多使用非语言沟通技巧；④ 推测老年人想要表达的意思，然后提供几个选项让其选择。

（二）与临终老年人沟通的技巧

临终老年人往往身体虚弱、体力衰竭、声音低沉、语速缓慢，或经常重复同一句话，或声音时断时续甚至语无伦次，有的临终老年人在临终时已经完全无法用语言来表达自己的想法和需求。护理人员可以通过观察临终老年人的表情、体态、姿势等非语言行为来了解他们的想法和需求，从而提供有针对性的护理服务，以减轻他们在生理和心理上的痛苦。

与临终老年人沟通时，护理人员应掌握以下技巧：

（1）护理人员应真诚、坦率、有耐心，既要维护临终老年人的知情权，又要避免临终老年人产生较大的情绪波动。在与临终老年人谈论病情时，护理人员应注意与其家属保持口径一致。

（2）护理人员应主动关心、体贴临终老年人，经常鼓励、安慰、陪伴临终老年人，认真聆听临终老年人述说其内心感受，避免在临终老年人面前提及令其不开心的话题。

为临终老年人送去温暖

小张是长沙市某福利院的一名养老护理员，从业以来，一直坚持“以老年人为中心，为老年人提供优质的护理服务”的信念不动摇。

刘爷爷是小张接触的第一位老年人，他身患多种疾病，性格孤僻，不太喜欢与人交流。起初，刘爷爷对小张所提供的护理服务有强烈的抵触情绪，但是小张并没有因此而退缩。小张细心地照顾刘爷爷，定期给刘爷爷洗澡、理发、剪指甲、更换床单和被罩。有时刘爷爷不配合治疗、闹脾气，甚至向小张吐口水，小张依旧不急不躁，耐心地开导刘爷爷。

通过细心观察，小张发现刘爷爷喜欢喝牛奶，于是每次打完针后，便将牛奶热好喂给刘爷爷喝，用这种方式帮助刘爷爷平复情绪。为了拉近与刘爷爷的距离，了解刘爷爷的精神状态，小张每天都会坐在床边陪伴刘爷爷，给他读报刊，和他聊家常。渐渐地，刘爷爷接受了小张，也会主动配合小张的护理工作。

护理后期，刘爷爷身体逐渐虚弱，每天必须通过药物、呼吸机维持生命，照顾的难度逐渐增大。在病情的影响下，刘爷爷会一直冒汗，一天要换四五次衣服。小张不厌其烦地帮刘爷爷更换衣服，只为刘爷爷能更舒服些。

急病人之所急，想家属之所想。小张是这样说的，也是这样做的。

蔡奶奶是一位肺腺癌晚期患者。刚入院时，蔡奶奶的家属要求护理人员不要将蔡奶奶的病情如实告知蔡奶奶，然而随着病情的恶化，蔡奶奶出现了明显的焦虑情绪。为了缓解蔡奶奶的焦虑情绪，小张对蔡奶奶进行了心理评估，并且叫来了蔡奶奶的家属，通过对蔡奶奶进行心理疏导，在小张和同事的引导和陪同下，蔡奶奶的家属将病情告知了蔡奶奶。蔡奶奶坦然接受，最终无痛苦、有尊严地走完了人生最后一程。

“我虽然不能延长老年人的生命，但能陪伴他们走完人生旅途的最后一程，我认为很有意义。”小张说。护理人员在工作中应尽心尽力，多些爱心、耐心与诚心，以高度的责任心和良好的服务态度为老年人提供优质的服务。

（资料来源：杨佳俊，《为临终老人送去温暖关怀》，《湖南日报》，2021 年 12 月 6 日）

任务实施

1. 任务描述

黄爷爷 80 岁，小学文化水平，入住养老院 3 年，最近检查出患有轻度糖尿病和慢性胃炎。医生嘱咐黄爷爷每天要定时服药，但是黄爷爷总是不按时吃药或不知道每种药物的服用方法。

请你根据本任务所学知识分析以下内容，然后进行情景演练：

（1）护理人员与黄爷爷沟通时应遵循哪些沟通原则。

（2）护理人员与黄爷爷沟通时可采用哪些沟通技巧。

（3）假如由你照护黄爷爷，你会如何说服黄爷爷遵医嘱服药。

2. 任务目的

通过说服黄爷爷遵医嘱服药，掌握老年人服务沟通技巧，不断提高自己的沟通能力。

3. 实施过程

（1）根据任务描述和本任务所学知识填写表 3-3。填写完成后，3 人一组，交叉检查所填写的答案并进行讨论，然后对自己所填写的答案进行必要的补充与修改。

表 3-3　问题与答案

问题	答案
护理人员与黄爷爷沟通时应遵循哪些沟通原则	
护理人员与黄爷爷沟通时可采用哪些沟通技巧	

续表

问题	答案
假如由你照护黄爷爷，你会如何说服黄爷爷遵医嘱服药	
补充与修改：	

（2）3 人一组，1 人扮演黄爷爷，1 人扮演护理人员，1 人扮演记录员，采用情景模拟的方式说服黄爷爷遵医嘱服药，记录员负责录制情景模拟过程。

（3）记录员在课堂上播放自己录制的视频，护理人员结合视频讲解说服黄爷爷遵医嘱服药的过程，教师和其他小组成员进行提问或点评。

4. 任务评价

教师根据任务的完成情况，按表 3-4 中的内容为各组打分并进行评价。

表 3-4　任务评价表

评价内容	分值	教师评分	教师评价
积极、认真地参与任务实施环节	10		
内容填写详细、完整，字迹工整	10		
答案正确，给出的建议合理	30		
模拟过程贴合实际，护理工作到位	40		
能正确回答其他同学提出的问题	10		
总计	100		

学习成果检测

1. 填空题

（1）老年人服务礼仪具有________、________、限定性等特点。

（2）护理人员应保持______、______的面容和得体的妆容。

（3）在工作期间，护理人员应身着______，并将______戴在上衣左侧胸口合适的位置。

（4）护理人员在走路时应步态______、步幅______、步速______。

（5）蹲姿的基本要求是上身______、双腿______、蹲速______。护理人员常用______蹲姿。

（6）护理人员在与老年人及其家属沟通时，应遵循______、______、______原则。

（7）老年人的听力下降、反应速度较慢，护理人员在与老年人沟通时，应做到吐字______、语气______、语速______，必要时可增大音量。

（8）护理人员在与老年人沟通时，最好采用______或______方式注视老年人。

2. 选择题

（1）（　　）坐姿不属于护理人员常用的坐姿。

A．前伸后屈式　　B．双脚交叉式

C．双腿斜放式　　D．架腿式

（2）老年人做出一些危险行为后，护理人员如果要批评老年人，下列做法错误的是（　　）。

A．批评前先做铺垫　　B．直截了当地批评

C．不在众人面前批评　　D．批评后应给出正确的解决方法和建议

（3）下列选项中不属于护理人员合乎礼仪的笑容的是（　　）。

A．含笑　　B．轻笑　　C．微笑　　D．窃笑

3. 判断题

（1）仪容通常是指人的容貌，是个人形象的重要组成部分。（　　）

（2）护理人员只要工作细心、对老年人足够关心，在工作期间可以不穿工作服。（　　）

（3）护理人员在与坐着的老年人沟通时，应始终保持标准站立姿势。（　　）

（4）护理人员经常需要处理一些紧急事务，为了争取更多时间，可以在走廊上奔跑。（　　）

（5）老年人独自如厕时，护理人员应叮嘱老年人不要反锁卫生间的门并守候在卫生间门外，以便随时为其提供服务。（　　）

（6）护理人员在任何场合都应展现笑容。（　　）

（7）失智老年人如果处于晚期失智症阶段，护理人员应更多地使用非语言沟通技巧与其沟通。（　　）

4. 简答题

（1）简述体态礼仪的基本要求。

（2）若要为居家老年人提供上门服务，护理人员在入户前应做好哪些准备工作，才能避免出现失礼行为？在进入老年人住所时应遵守哪些礼仪？

（3）护理人员应怎样拒绝老年人的不合理要求？

学习成果评价

请进行学习成果评价，并将评价结果填入表 3-5 中。

表 3-5　学习成果评价表

<table>
<tr><td>班级</td><td></td><td>组号</td><td></td><td>日期</td><td></td></tr>
<tr><td>姓名</td><td></td><td>学号</td><td></td><td>指导教师</td><td></td></tr>
<tr><td>项目名称</td><td colspan="5">老年人服务礼仪与沟通</td></tr>
<tr><td>评价项目</td><td colspan="2">评价内容</td><td>满分</td><td>自我评分</td><td>教师评分</td></tr>
<tr><td rowspan="5">理论知识
（35%）</td><td colspan="2">老年人服务礼仪的特点</td><td>5</td><td></td><td></td></tr>
<tr><td colspan="2">形象礼仪、称呼礼仪和介绍礼仪</td><td>10</td><td></td><td></td></tr>
<tr><td colspan="2">不同养老模式下的服务礼仪</td><td>5</td><td></td><td></td></tr>
<tr><td colspan="2">沟通原则、语言沟通技巧和非语言技巧</td><td>10</td><td></td><td></td></tr>
<tr><td colspan="2">与特殊老年人沟通的技巧</td><td>5</td><td></td><td></td></tr>
<tr><td rowspan="3">实践技能
（45%）</td><td colspan="2">能够运用仪容礼仪、着装礼仪、仪态礼仪塑造良好的职业形象</td><td>15</td><td></td><td></td></tr>
<tr><td colspan="2">能够正确运用称呼礼仪和介绍礼仪</td><td>15</td><td></td><td></td></tr>
<tr><td colspan="2">能够合理地运用语言沟通技巧和非语言沟通技巧与老年人进行沟通</td><td>15</td><td></td><td></td></tr>
<tr><td rowspan="3">综合素养
（20%）</td><td colspan="2">积极参加教学活动，主动学习、思考、讨论</td><td>10</td><td></td><td></td></tr>
<tr><td colspan="2">坚持内外兼修，不断提高自己的礼仪修养</td><td>5</td><td></td><td></td></tr>
<tr><td colspan="2">感受语言的力量，不断提高语言修养</td><td>5</td><td></td><td></td></tr>
<tr><td colspan="3">合计</td><td>100</td><td></td><td></td></tr>
<tr><td>自我评价</td><td colspan="5"></td></tr>
<tr><td>教师评价</td><td colspan="5"></td></tr>
</table>

项目四
老年人生活照料

项目引言

老年人受身体机能衰退或疾病的影响，日常生活自理能力有所减弱，需要他人照料。老年人生活照料主要包括饮食照料、睡眠照料、卫生照料、排泄照料和安全出行照料。护理人员应掌握老年人生活照料的基本技能，以便更好地为老年人提供服务。

本项目将介绍老年人饮食照料、睡眠照料、卫生照料、排泄照料和安全出行照料等内容。

知识目标

- 了解老年人所需的七大营养素和老年人的膳食平衡、饮食种类。
- 掌握协助老年人进食、饮水的操作流程与为鼻饲老年人提供进食服务的相关操作。
- 了解老年人的睡眠特点、睡眠障碍的表现、出现睡眠障碍的原因，掌握帮助老年人克服睡眠障碍的途径。
- 掌握为老年人清洗口腔、洗脸、清洗身体、整理床单和清洗个人物品的操作流程。
- 了解老年人的排泄特点和影响老年人排泄的因素，掌握便秘老年人和尿潴留老年人的照料方法。
- 掌握协助老年人使用手杖、腋拐、框架式助行器和轮椅出行的操作流程和注意事项。

素质目标

- 通过学习老年人排泄照料的相关知识，接纳、尊重、帮助老年人，维护老年人的尊严。
- 通过学习老年人睡眠照料的相关知识，呵护老年人的心理健康，帮助老年人保持积极的心态。

任务一　老年人饮食照料

任务导入

李奶奶把“养生食物”当饭吃导致重度营养不良

2023 年 8 月，李奶奶因支气管扩张在武汉市某医院住院治疗，她异常消瘦的身体引起医生的注意。李奶奶体重只有 22 千克，这对身高为 1.45 米的她来说是极不正常的。“正常情况下，成年人的体重指数小于 18.5 就属于消瘦，而李奶奶的体重指数仅为 10.46，这说明她已经重度营养不良。”医生说。

医生向李奶奶询问其日常的饮食情况后，得知李奶奶平时非常注意养生，为了调养身体，只要听到别人说哪种食物好、能养生，李奶奶就会买回来尝试。最近几年，李奶奶平常主要吃水煮枸杞、沙棘、魔芋制品，或是将薏米、花生、百合、莲子等制成糊状后食用，偶尔会吃一点鸡蛋、面条。由于长期保持这种饮食习惯，李奶奶现在只要吃一点荤菜，就会感到身体不适。

针对上述情况，医生对李奶奶说：“您的饮食结构非常不平衡，魔芋、枸杞、沙棘等食物虽然能够带来饱腹感，但是无法满足老年人对蛋白质、维生素、脂类等营养素的需求。长期保持这种不良的饮食习惯非但不能养生，反而会严重损害您的身体健康。”医生建议李奶奶改变饮食习惯，恢复正常的饮食结构，逐步增加肉类、蛋类、果蔬等食物的摄入量。

（资料来源：刘璇，《老太把“养生食物”当饭吃导致重度营养不良》，中国经济网，2023 年 9 月 4 日）

思考：

（1）老年人所需的营养素有哪些？李奶奶长期缺乏哪些营养素？

（2）老年人应如何保持膳食平衡？

一、老年人所需的七大营养素

营养素是指能在体内消化吸收和代谢，用以供给能量，构成和修补身体组织及调节生理功能的物质。人体必需的营养素有蛋白质、脂类、糖类、维生素、矿物质、水和膳食纤维七大类。下面简要介绍老年人对这七大营养素的需求。

（一）摄入适量的优质蛋白质

蛋白质是生物体的主要组成物质之一，是生命活动的基础，具有构成和修复组织、调节

生理功能、为机体提供能量等作用。蛋白质种类繁多、结构复杂。老年人因体内极易缺乏蛋白质，需要注意补充蛋白质，但是摄入过量的蛋白质容易加重老年人胃肠、肝脏、肾脏的负担，对健康不利，因此老年人应摄入适量的优质蛋白质。

富含优质蛋白质的食物主要有鱼类、畜禽类、蛋类、奶类、大豆类、坚果（见图4-1）等。

图4-1　坚果

小贴士

一般老年人（65～79岁老年人）平均每日应摄入120～150克动物性食物（其中包括40～50克鱼类，40～50克畜禽类，40～50克蛋类），300～400毫升牛奶或蛋白质含量相当的奶制品，15克大豆或蛋白质含量相当的大豆制品。

（二）减少脂类的摄入量

脂类是脂肪和类似脂肪物质的统称，具有为人体储存并供给能量、供给人体必需脂肪酸、保护内脏、维持体温、增加饱腹感等功能。

随着年龄的增长，老年人对脂类的消化和利用能力下降，因此应减少脂类的摄入量。老年人如果过量摄入脂类，尤其是过量摄入饱和脂肪酸，就容易引发高血压、高脂血症、冠心病、脑卒中等多种疾病。

老年人应多吃富含不饱和脂肪酸的食物，如坚果、三文鱼（见图4-2）等，少吃动物内脏、动物皮、动物油等饱和脂肪酸含量高的食物。

图4-2　三文鱼

（三）控制糖类的摄入

糖类也称碳水化合物，是自然界中含量最多的有机物。人体内的糖类具有构成细胞和组织、维持脑细胞的正常功能，以及为机体提供能量、解毒等功能。糖类可分为单糖、双糖和多糖三种。单糖包括葡萄糖、果糖等，易溶于水；双糖包括蔗糖、麦芽糖、乳糖等，可水解；多糖包括淀粉、糖原、纤维素等，大多不溶于水。

随着年龄的增长，老年人的胰腺对血糖的调节功能逐渐下降，摄入过多的单糖和双糖容易造成血糖值异常升高。因此，老年人在日常生活中要控制糖类的摄入，尤其要控制单糖和双糖的摄入。

（四）保证维生素摄入足量

维生素是机体生长和代谢所必需的微量有机物，包括脂溶性维生素（如维生素 A、维生素 D、维生素 E、维生素 K 等）和水溶性维生素（如 B 族维生素和维生素 C）。维生素一般不能在体内合成，只能通过食物或维生素制剂来补充。人体每日对维生素的需求量很小，普通人群通过日常饮食就可以摄入充足的维生素。老年人应均衡饮食，以保证机体摄入的维生素种类齐全、数量充足。

（五）注意补充矿物质

矿物质是构成人体组织和维持正常生理功能必需的各种元素的总称，包括钙、镁、钾、铁、锌等。矿物质不能在体内合成，只能从食物和水中摄取。老年人如果缺乏矿物质，就容易诱发各种疾病，如骨质疏松、贫血等，因此在日常膳食中应注意补充矿物质。

为什么老年人体内容易缺乏维生素和矿物质

老年人体内容易缺乏维生素和矿物质的原因主要有以下几个：

（1）老年人基础代谢率和运动量下降，对能量的需求降低，食物摄入量减少，因此摄入的维生素和矿物质自然也会减少。

（2）随着年龄的增长，老年人消化功能减弱，对维生素和矿物质的吸收利用能力下降。

（3）一些经济条件差或购物不便的独居老年人饮食结构单一，对蔬菜水果的摄入量不足，容易缺乏维生素和矿物质。

（4）对患有慢性疾病的老年人来说，长期服用药物可能会影响其对维生素和矿物质的吸收。

（资料来源：《为什么老年人更容易缺乏维生素和矿物质？》，北京市人民政府官网，2016 年 7 月 20 日）

（六）保证足够的饮水量

人体的许多生理活动都需要水的参与才能进行。随着年龄的增长，老年人的新陈代谢能力逐渐下降，体内毒素的排出速度越来越慢。因此，老年人必须补充充足的水分，以加快新陈代谢，保证体内毒素的正常排出。老年人每日的饮水量以 1 500～1 700 毫升为宜。

（七）摄入丰富的膳食纤维

膳食纤维不能被人体小肠的酶类水解，难以消化吸收，但是能够促进肠道蠕动，改善肠道菌群环境，在预防老年人便秘、调节餐后血糖、促进胆固醇代谢、减少热量摄入等方面发挥着积极作用。富含膳食纤维的食物有粗粮（见图 4-3）、蔬菜、水果、坚果等。老年人应多食用这些食物，以摄入丰富的膳食纤维。

图 4-3 粗粮

食物中所含的能量通常以热量单位卡路里来表示，所以食物中所含的能量常被称为食物的热量。食物的热量主要来自食物中的三大产能营养素（蛋白质、脂类、糖类），维生素、矿物质、水、膳食纤维和食物的其他成分（如色素、防腐剂等）都不会影响食物的热量。

二、老年人的膳食平衡和饮食种类

（一）老年人膳食平衡

《中国老年人膳食指南（2022）》是《中国居民膳食指南（2022）》的重要组成部分，是在一般人群膳食指南基础上，根据老年人的特点提出的补充建议，包括一般老年人膳食指南和高龄老年人膳食指南（适用于 80 岁及以上人群）两部分。

1. 一般老年人膳食指南

一般老年人膳食指南的内容主要包括：① 在成年人平衡膳食的基础上，应为一般老年人提供更加丰富多样的食物，特别是易于消化、吸收且富含优质蛋白质的动物性食物和大豆类制品；② 鼓励老年人多和家人或朋友一起进餐，保持良好的食欲；③ 鼓励老年人积极、主动参与家庭和社会活动，特别是户外活动；④ 定期带老年人去医疗机构体检，进行营养评估，并根据测评结果合理选择食物。

2. 高龄老年人膳食指南

高龄老年人膳食指南的内容主要包括：① 鼓励高龄老年人多食用鱼类、畜禽类、蛋类、奶类、大豆类等营养价值和生物利用率（即营养素在体内被吸收和利用的程度）高的食物，同时搭配适量的蔬菜和水果；② 精细烹制食物，使食物质地细软、易消化，适合高龄老年人进食；③ 鼓励高龄老年人采用多种方式进食；④ 协助高龄老年人经常监测体重，陪同体重过轻或体重明显下降的高龄老年人进行营养评估，并根据评估结果合理补充营养。

课堂活动

3 人一组，讨论蛋白质、脂类、糖类、维生素、矿物质、水和膳食纤维七大营养素对人体的功能，并举例说明老年人应如何保持膳食平衡，确保这七大营养素供给充足。

（二）老年人的饮食种类

老年人的饮食可分为普通饮食、软质饮食、半流质饮食、流质饮食四类。

（1）普通饮食。普通饮食适合咀嚼功能和消化功能正常、无饮食限制的老年人。老年人的普通饮食应搭配合理、营养均衡、易于消化。

（2）软质饮食。常见的软质饮食有面条、软米饭、肉糜等。软质饮食的膳食纤维含量少，便于咀嚼、吞咽，容易消化吸收，适合咀嚼不便、消化不良、低热或处于疾病恢复期的老年人。

（3）半流质饮食。常见的半流质饮食有粥、鸡蛋羹、豆腐脑、果泥等。与软质饮食相比，半流质饮食中的膳食纤维含量更少，更易消化吸收。半流质饮食适合咀嚼困难或患有胃肠炎和其他消化系统疾病等不能正常饮食的老年人。

（4）流质饮食。常见的流质饮食有牛奶、豆浆、米汤、鸡汤、果汁等。流质饮食呈液体状，适合患有口腔疾病、食道疾病、进食困难的老年人或通过管饲进食的老年人。流质饮食所含热量及营养素不足，不宜长期食用。

三、协助老年人进食、饮水

老年人在进食、饮水时可采用坐位或半卧位。坐位包括轮椅坐位和床上坐位，适用于进食和饮水基本能够自理、体弱但不需要辅助设备就可以保持独立坐姿的老年人。半卧位适用于病情危重的老年人。老年人采用半卧位进食、饮水时，需要将上身抬高 30°～45°。

（一）协助老年人进食

护理人员协助老年人进食的操作流程如下。

1. 服务前的准备

（1）准备食物、餐具、毛巾及饭兜等物品。

（2）协助有需要的老年人戴上义齿（即假牙）。

（3）协助有需要的老年人在餐前服药。

（4）协助老年人围饭兜或在老年人的下颌及胸前围上毛巾。

2. 与老年人沟通

（1）向老年人介绍食物。

（2）询问老年人有无特殊需求。

3. 协助进食

根据老年人的身体状况协助老年人调整体位并进食。协助老年人进食的方法、操作要点和注意事项如表 4-1 所示。

表 4-1　协助老年人进食的方法、操作要点和注意事项

<table>
<tr><th>进食的方法</th><th>操作要点</th><th>注意事项</th></tr>
<tr><td>协助老年人自主进食</td><td>① 指导老年人上身坐直并稍向前倾，头稍向下垂
② 叮嘱老年人小口进食，细嚼慢咽，不要让老年人边进食边讲话</td><td rowspan="3">① 对于咀嚼困难或吞咽困难的老年人，应事先帮助其将食物打成糊状
② 喂食时，动作应轻缓，不宜喂过于光滑或带黏性的食物（如椰果、汤圆等），应交替喂食固体食物和流质食物
③ 进食过程中，如果老年人出现呛咳、噎食等异常情况，要及时处理，必要时应通知医务人员
④ 进食结束后，叮嘱老年人保持进食体位 20～30 分钟</td></tr>
<tr><td>协助有视力障碍的老年人进食</td><td>① 剔除食物中的骨头等不可食用的部分
② 将盛有食物的餐具放在餐桌（板）上
③ 协助老年人确认每种食物的具体位置
④ 将餐具递给老年人，并叮嘱其细嚼慢咽，小心进食</td></tr>
<tr><td>喂食</td><td>① 用手接触碗壁，确认食物温度是否适宜
② 用汤匙喂食，每次喂 1/3 汤匙的食物
③ 确认老年人完全咽下后，再喂下一汤匙</td></tr>
</table>

4. 整理

（1）撤下餐具。

（2）协助老年人摘下义齿、漱口、洗手。

（3）为在床上进食的老年人撤去餐桌（板），整理床单位。

（4）根据需要记录老年人的饮食情况。

如何协助老年人饮水

（二）协助老年人饮水

护理人员协助老年人饮水的操作流程如下。

1. 服务前的准备

（1）准备水杯（内盛 38～40℃的温开水）、吸管、汤匙、毛巾等物品。

（2）在老年人的下颌及胸前围上毛巾。

2. 协助饮水

根据老年人的身体状况协助老年人调整体位并饮水。协助老年人饮水的方法、操作要点

和注意事项如表 4-2 所示。

表 4-2　协助老年人饮水的方法、操作要点和注意事项

饮水的方法	操作要点	注意事项
协助老年人自主饮水	① 叮嘱老年人上身坐直并稍向前倾，小口饮水 ② 将装有温开水的水杯（水不宜装得过满）递给老年人，确认其拿稳水杯后再松手 ③ 看护老年人自主饮水	① 应将开水晾成温开水后，再递给老年人或给其喂水，以免烫伤老年人 ② 对于饮水不能自理的老年人，应每日定时、分次给其喂水 ③ 如果老年人在饮水时发生呛咳，应叮嘱老年人暂停饮水，如有异常，应及时通知医务人员 ④ 叮嘱老年人饮水后最好不要立即躺下，以免发生呛咳
用汤匙喂水	① 手持汤匙，舀 1/2～2/3 汤匙水，将汤匙紧贴老年人的唇部，缓慢抬手，让水流入老年人口中 ② 确定老年人将水咽下后，再喂下一汤匙	

3．整理

（1）用毛巾擦干老年人嘴角的水痕。

（2）清洗饮水用具并将其放回原处。

（3）根据需要记录老年人的饮水情况。

四、为鼻饲老年人提供进食服务

鼻饲是指当老年人不能经口进食时，将特制的鼻胃管从老年人的鼻腔插入胃内，使流质食物、水或药液通过鼻胃管进入消化系统的方式。鼻饲的主要目的是保证老年人摄入足够的营养素，以维持生命。

（一）鼻饲用品

常见的鼻饲用品有鼻胃管（见图 4-4）和灌注器（见图 4-5）。鼻胃管是从鼻腔经食管留置于胃内的导管。成人鼻胃管的长度一般为 100～120 厘米，插管长度一般为 45～55 厘米。鼻胃管上通常标有刻度。

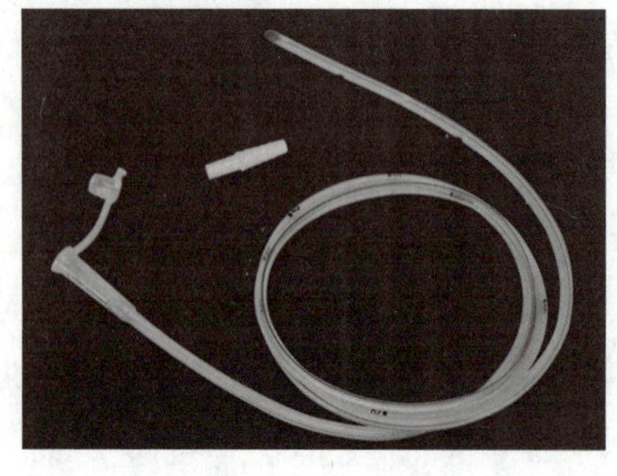

图 4-4　鼻胃管

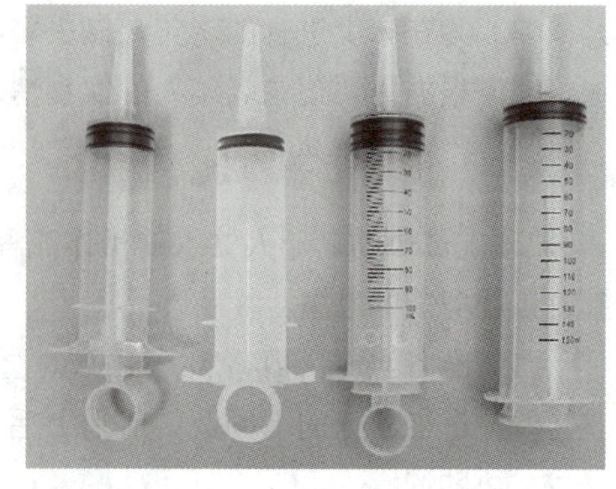

图 4-5　灌注器

灌注器是用来将流质食物、水、药液注入鼻胃管内的工具，有不同的款式和容量。进行鼻饲时，护理人员应将灌注器插入鼻胃管末端，使其紧密相连。

（二）判断鼻胃管是否插入胃内的方法

为了确保老年人进食安全，在鼻饲前，护理人员必须判断鼻胃管是否插入老年人的胃内。常用的判断方法有抽吸胃液法、气过水声法和气泡溢出法三种。

1. 抽吸胃液法

如图 4-6（a）所示，护理人员将灌注器连接在鼻胃管末端并进行抽吸，观察是否有胃液或食物残渣被抽出。若有，则证明鼻胃管已经插入胃内。

2. 气过水声法

如图 4-6（b）所示，护理人员将灌注器连接在鼻胃管末端，然后向鼻胃管内注射 10～20 毫升空气，同时在胃区用听诊器听是否有气过水声。若有，则证明鼻胃管已经插入胃内。

气过水声是腹部特有的一种听诊音，表现为断断续续的咕噜声，咕噜声音调高亢且连续出现，就像气泡在水中穿行时发出的声音。

3. 气泡溢出法

如图 4-6（c）所示，护理人员将鼻胃管末端放入盛满水的容器中，观察水中有无气泡溢出。若无大量气泡溢出，则证明鼻胃管已经插入胃内；若有大量气泡溢出，则表明鼻胃管误入气管。

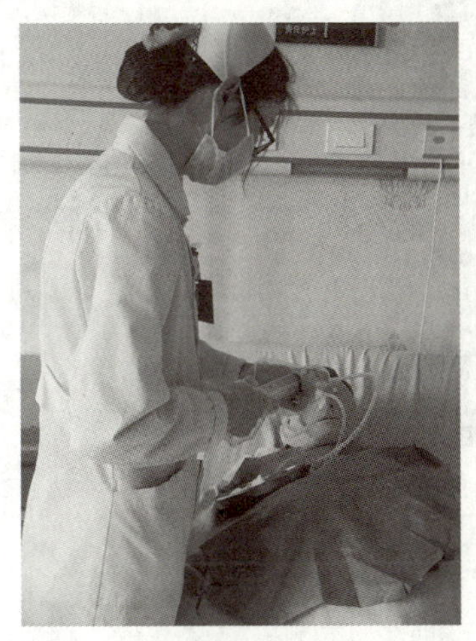

（a）抽吸胃液法

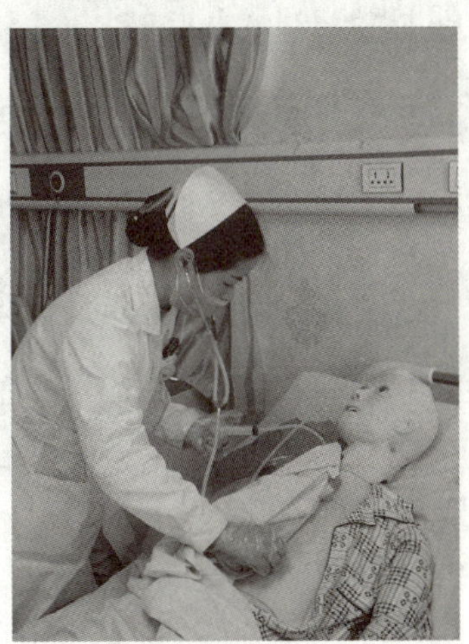

（b）气过水声法

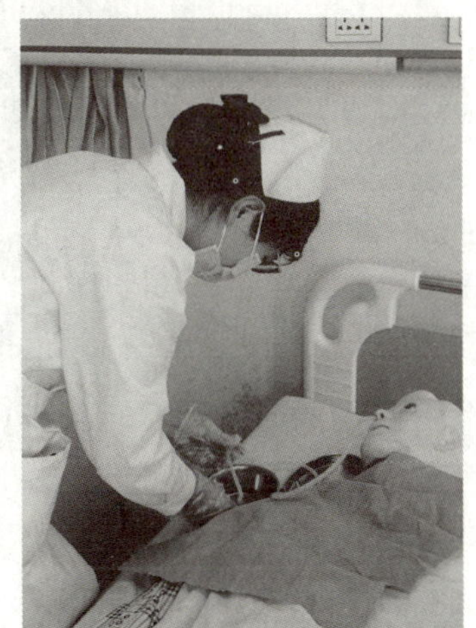

（c）气泡溢出法

图 4-6　判断鼻胃管是否插入胃内的方法

（三）为老年人进行鼻饲的操作流程

护理人员为老年人进行鼻饲的操作流程如下。

1. 服务前的准备

（1）确保室内温度、湿度适宜，环境整洁，无异味。

（2）护理人员衣着整洁，双手干净。

（3）准备灌注器、温开水（38～40℃）、温热的鼻饲饮食（38～40℃）、水杯、毛巾、无菌纱布等物品。

2. 与老年人沟通

（1）核对床号、姓名、鼻饲饮食的种类和用量，提醒老年人准备进食。

（2）询问老年人在鼻饲前有无特殊需求。

3. 协助调整体位

（1）协助老年人调整体位，使其呈坐位或半卧位。

（2）在老年人的下颌及胸前围上毛巾。

4. 检查鼻胃管

（1）检查鼻胃管的外观是否干净，刻度标记有无移位，如发现鼻胃管异常，应及时通知医务人员处理。

（2）判断鼻胃管是否已经插入胃内。若未插入胃内，应及时通知医务人员处理。

5. 进行鼻饲

（1）手持灌注器，从水杯中抽取 20 毫升的温开水，然后将灌注器与鼻胃管末端连接并向鼻胃管内缓慢推注温开水（见图 4-7），确认鼻胃管通畅后断开连接，盖好鼻胃管末端的盖帽。

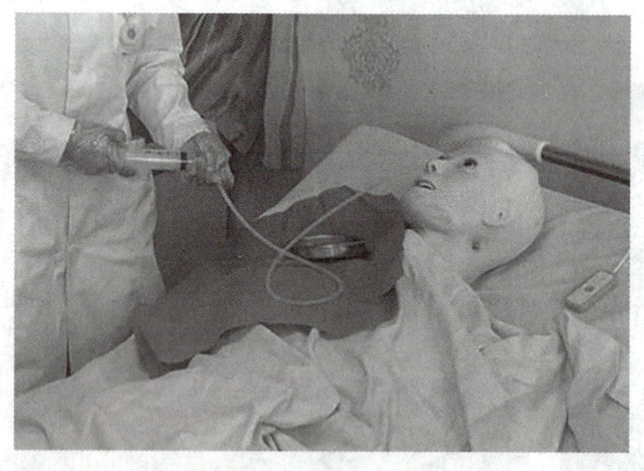

图 4-7　推注温开水

向鼻胃管内缓慢推注温开水除了可以确认鼻胃管是否通畅外，还可以起到润滑管腔、刺激胃液分泌的作用。

（2）抽取50毫升的鼻饲饮食，在水杯中轻轻冲洗灌注器表面，以清除鼻饲饮食残渣，然后打开鼻胃管末端的盖帽，连接灌注器，以每分钟10～13毫升的速度缓慢推注鼻饲饮食，推注完毕后立即盖好盖帽。重复上述操作，直至鼻饲饮食全部推注完成。推注过程中注意观察并询问老年人有无不适感。

（3）喂食完毕后，抽取30～50毫升的温开水并将其缓慢推入鼻胃管内，以清洗鼻胃管内壁的食物残渣，防止食物堵塞鼻胃管。冲净干净后，盖好鼻胃管末端的盖帽。

（4）叮嘱老年人保持进食体位30分钟。30分钟后，协助老年人调整至舒适的体位。

6. 整理并记录

（1）取下毛巾，整理床单位。

（2）清洗用品。将灌注器在流水下清洗干净，消毒后放入碗内，上面覆盖无菌纱布备用。

（3）准确记录鼻饲时间、鼻饲量和老年人鼻饲后的反应。重点记录老年人在鼻饲后有无腹胀、腹泻、恶心、呕吐等不适症状。

任务实施

1. 任务描述

83岁的胡奶奶患有白内障，几乎失明，并且左侧肢体活动不便，需要卧床休息。胡奶奶喜欢吃排骨，今天养老院的食堂做了红烧排骨，胡奶奶十分开心。

请你根据本任务所学知识分析以下内容，然后进行情景演练：

（1）为保证膳食平衡，胡奶奶应怎样饮食。

（2）护理人员应怎样协助胡奶奶进食。

（3）胡奶奶在进食过程中可能发生的情况与护理人员应采取的措施。

2. 任务目的

通过为胡奶奶喂饭，了解老年人所需的七大营养素，体悟膳食平衡的重要性，提高自己的老年人饮食照料能力。

3. 实施过程

（1）根据任务描述和本任务所学知识填写表4-3。填写完成后，3人一组，交叉检查所填写的答案并进行讨论，然后对自己所填写的答案进行必要的补充与修改。

表4-3　问题与答案

问题	答案
为保证膳食平衡，胡奶奶应怎样饮食	
护理人员应怎样协助胡奶奶进食	

续表

问题	答案
胡奶奶在进食过程中可能发生的情况与护理人员应采取的措施	
补充与修改：	

（2）3 人一组，1 人扮演胡奶奶，1 人扮演护理人员，1 人扮演记录员，采用情景模拟的方式协助胡奶奶进食，记录员负责录制情景模拟过程。

（3）记录员在课堂上播放自己录制的视频，护理人员结合视频讲解协助胡奶奶进食的过程，教师和其他小组成员进行提问或点评。

4. 任务评价

教师根据任务的完成情况，按表 4-4 中的内容为各组打分并进行评价。

表 4-4　任务评价表

评价内容	分值	教师评分	教师评价
积极、认真地参与任务实施环节	10		
内容填写详细、完整，字迹工整	10		
思考全面，所采取的措施合理	30		
模拟过程贴合实际，护理工作到位	40		
能正确回答其他同学提出的问题	10		
总计	100		

任务二　老年人睡眠照料

任务导入

老年人应警惕睡眠障碍

一个晚上要醒五六次，迷迷糊糊、似睡非睡直到天亮；或者总在半夜两三点醒来，醒来后再也睡不着……很多人在步入老年期后，都会出现睡眠困扰。人们普遍认为“人越老，觉越少”，睡不着只是年纪大了的一种表现。“偶尔睡不着不要紧，一旦严重影响日常生活，就要当心了。”江苏省中医院老年医学科滕主任提醒道，“老年人如果经常出

现入睡困难（入睡时间超过 30 分钟）、早醒、睡眠质量下降和睡眠时长明显缩短等现象，并伴有日间功能障碍和睡眠感缺失，很可能是患上了睡眠障碍。”

滕主任介绍说，睡眠障碍在老年人中十分常见。老年人易患睡眠障碍的主要原因如下：

（1）生物钟发生改变。随着年龄的增长，老年人体内的生长激素和褪黑素分泌减少，老年人的睡眠模式也会有所改变，并且大部分老年人的生物钟会提前，他们很多在傍晚六七点时会有睡意，而在凌晨三四点就会醒来。

（2）疾病或药物的影响。老年人身体器官的功能逐渐退化，使老年人容易遭受各种疾病（如冠心病、偏头痛等）的侵袭，这些疾病引起的身体不适会导致老年人出现睡眠障碍。此外，老年人如果长期服用一些含有激素的药物，也会导致失眠。

（3）夜尿增多。老年人的泌尿系统功能下降，容易出现夜尿增多的现象，从而影响睡眠。

（4）其他因素。睡眠环境不好、过度思念子女、精神压力过大等，都会导致老年人的睡眠出现问题。

（资料来源：杨彦，《人越老，觉越少?老年人小心中招睡眠障碍》，《扬子晚报》，2021 年 1 月 10 日）

思考：

（1）老年人的睡眠有何特点？老年人睡眠障碍的表现有哪些？

（2）除了上文提到的原因，老年人出现睡眠障碍的原因还有哪些？

（3）护理人员应如何帮助老年人克服睡眠障碍？

一、老年人的睡眠特点

随着年龄的增长，老年人的睡眠呈现出以下特点：

（1）睡眠时长缩短。老年人的身体、心理状况不同，其睡眠时长也不同。一般来说，老年人的睡眠时长总体呈缩短趋势，60～80 岁的健康老年人每日的总睡眠时长为 6～7 小时。

（2）浅睡期延长。年龄越大的老年人，其浅睡期越长，深睡期越短。

浅睡期是指大脑未充分休息的时间段，深睡期是指大脑处于充分休息状态的时间段。深睡期对稳定情绪、平衡心态、恢复精力极为重要。

（3）睡眠中易惊醒。与年轻人相比，老年人的大脑调控睡眠的功能减弱，再加上声、光、温度等外界因素的干扰和自身疾病的影响，所以老年人在睡眠中容易惊醒。

（4）早睡早起。老年人体力下降，很容易感到疲劳，通常有早睡的习惯；又因为睡眠时长缩短，老年人的起床时间也提前了。

课堂活动

结合自己的所见所闻和所学知识，谈谈你对“前三十年睡不醒，后三十年睡不着”这句话的理解。

二、老年人睡眠障碍的表现

睡眠障碍是指睡眠—觉醒过程中表现出来的各种功能障碍。睡眠障碍虽然不会直接威胁老年人的生命，但是会影响老年人的精神状态，同时会增加老年人患病（如心脑血管疾病、糖尿病、肿瘤等）的风险。

老年人睡眠障碍的表现主要如下：

（1）睡眠不足。许多老年人存在睡眠时长大幅缩短、睡眠质量不佳等问题，导致日间精力不足、易疲劳，甚至出现认知障碍。

（2）睡眠过度。有些老年人由于脑供血不足等，会出现睡眠过度的情况，长期处于渴望睡眠的状态，多表现为白天嗜睡，夜间易醒。

（3）入睡困难。入睡时长超过 30 分钟，即为入睡困难（见图 4-8）。

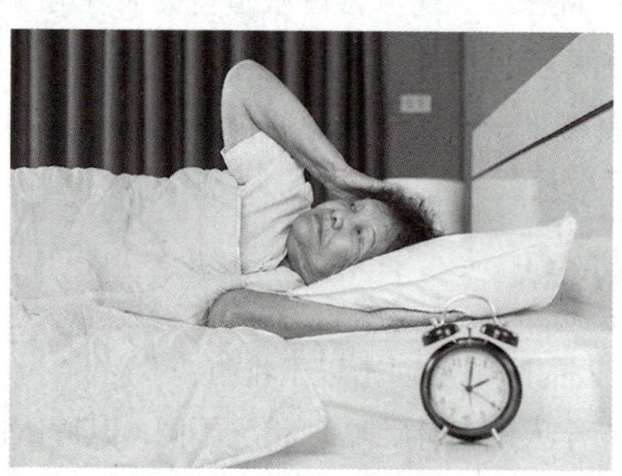

图 4-8　入睡困难的老年人

（4）早醒。早晨醒来的时间比平时提前 30 分钟甚至更久。

（5）睡眠中断。夜间醒来的次数增多。

（6）多梦。睡眠中经常做梦，醒来后感觉头昏、疲惫。

三、老年人出现睡眠障碍的原因

老年人出现睡眠障碍的原因可分为生理原因、疾病原因、心理原因、环境原因。

（一）生理原因

（1）随着年龄的增长，老年人调节昼夜节律的能力逐渐下降，易出现睡眠时长缩短、

睡眠中断、早醒等情况。

（2）老年人因生理变化引起的颈部肌肉松弛、肥胖等会导致在睡眠中途呼吸道不畅通，出现打鼾、憋醒等症状，从而严重影响老年人的睡眠质量。

（二）疾病原因

（1）有些老年人由于患病不能自己调整或变换身体的位置，长时间保持一种姿势，易造成肌肉疲劳而难以入睡。

（2）老年人因病服用的一些药物（如含激素的药物、作用于中枢神经系统的降压药等）可能诱发睡眠障碍。

（3）老年人因病引起的疼痛、恶心、咳嗽、多尿等可能诱发睡眠障碍。

（4）老年人因病留置的输液导管、引流管等易造成牵拉，使老年人产生不适感，进而影响睡眠。

（三）心理原因

（1）情绪状态。老年人如果长期被负面情绪包围，可能导致无法放松身心，难以进入睡眠状态。

（2）心理适应不良。老年人在面对重大生活事件（如退休、失去亲人、确诊患有严重疾病）时，可能会出现心理适应不良，进而影响睡眠。

（3）不良睡眠习惯。老年人卧床时间过长、睡眠时间不规律、睡前观看情节紧张或易使人兴奋的视频等，都有可能影响睡眠。

（四）环境原因

室内的光线、温度、湿度、噪声及床铺的舒适度等，都有可能导致老年人出现睡眠障碍。此外，入住养老机构的老年人通常多人同居一室，使得老年人的睡眠易受同寝室其他老年人的影响。

四、帮助老年人克服睡眠障碍的途径

（一）帮助老年人养成良好的睡眠习惯

护理人员可以从以下几个方面入手，帮助老年人养成良好的睡眠习惯：

（1）叮嘱老年人每日按时起床、就寝。

（2）叮嘱老年人在入睡前勿观看情节刺激的电视节目，以免情绪激动，难以入睡。

（3）叮嘱老年人在入睡前少饮水，协助其排空大小便，以减少其夜间醒来的次数。

（二）帮助老年人合理安排活动

护理人员应鼓励老年人白天多参加室外活动，如散步、打太极拳（见图 4-9）等，尽量减少卧床时间。同时，护理人员还应叮嘱老年人在睡前一小时内不要进行剧烈运动，或者帮助老年人进行有利于放松身心的活动，如背部按摩、做睡前保健操、冥想等。

图 4-9　打太极拳

（三）帮助老年人进行放松训练

在入睡之前进行放松训练可以提高睡眠质量，使老年人更容易入睡。下面介绍两种操作简单、效果明显的放松训练法。

（1）呼吸松弛训练法。护理人员引导老年人躺在床上、沙发上或坐在椅子上，让其在吸气时腹部慢慢鼓起，在呼气时腹部慢慢凹下，体会腹部起伏的感觉。进行呼吸松弛训练时，护理人员要指导老年人尽可能放慢呼气和吸气的速度，在呼气和吸气转换时稍加停顿。

（2）想象松弛训练法。护理人员指导老年人在入睡前想象轻松、愉快的生活情境。例如，让老年人想象自己躺在和煦的阳光下，在风光迷人、空气清新的环境中感受大自然带来的情趣。

（四）营造良好的睡眠环境

良好的睡眠环境有助于老年人提高睡眠质量，减少睡眠障碍的发生。护理人员可以从以下几个方面为老年人营造良好的睡眠环境：① 保持温度和湿度适宜；② 在老年人入睡前，对其卧室进行通风换气；③ 为老年人营造安静的入睡环境；④ 床铺高低应与老年人的身高相适应，床垫应符合要求，被子、床单应柔软舒适，枕头的软硬、高度适宜。

老年人良好睡眠环境的具体要求

（五）提高老年人的心理健康水平

护理人员应重视老年人的心理健康问题，了解老年人经常担忧哪些事情，尝试找出导致老年人睡眠障碍的原因。若发现老年人的睡眠障碍是负面情绪导致的，护理人员应积极与老年人沟通，帮助其消除负面情绪，改善睡眠质量。此外，护理人员还应帮助老年人消除对睡眠障碍的焦虑，让他们明白睡眠障碍对老年人来说十分常见，睡眠障碍是可以通过采取合理的措施来改善的，焦虑会使睡眠障碍的程度加深。

任务实施

1. 任务描述

刘爷爷今年 82 岁，患有冠心病和风湿性关节炎，于一个月前入住养老院，目前居住在三人间。护理人员发现刘爷爷白天总是无精打采，经常坐在轮椅上打瞌睡，于是询问刘爷爷是否出现了睡眠障碍。刘爷爷说他在入住养老院前，躺在床上很快就能睡着，但是入住养老院后，躺在床上辗转反侧，总是想着生活中的烦心事，即使睡着了，也经常做噩梦。由于晚上总是睡不好觉，刘爷爷变得急躁、焦虑，一躺在床上就开始紧张，总担心自己睡不着。

请你根据本任务所学知识分析以下内容，然后进行情景演练：

（1）老年人的睡眠具有哪些特点？

（2）刘爷爷表现出了哪些睡眠障碍？

（3）刘爷爷出现睡眠障碍的原因有哪些？

（4）如何帮助刘爷爷克服睡眠障碍？

2. 任务目的

通过帮助刘爷爷克服睡眠障碍，了解老年人的睡眠特点、睡眠障碍的表现和出现睡眠障碍的原因，掌握帮助老年人克服睡眠障碍的途径。

3. 实施过程

（1）根据任务描述和本任务所学知识填写表 4-5。填写完成后，3 人一组，交叉检查所填写的答案并进行讨论，对自己所填写的答案进行必要的补充与修改。

表 4-5　问题与答案

问题	答案
老年人的睡眠具有哪些特点	
刘爷爷表现出了哪些睡眠障碍	
刘爷爷出现睡眠障碍的原因有哪些	
如何帮助刘爷爷克服睡眠障碍	
补充与修改：	

（2）3 人一组，1 人扮演刘爷爷，1 人扮演护理人员，1 人扮演记录员，采用情景模拟的方式帮助刘爷爷克服睡眠障碍，记录员负责录制情景模拟过程。

（3）记录员在课堂上播放自己录制的视频，护理人员结合视频讲解帮助刘爷爷克服睡眠障碍的过程，教师和其他小组成员进行提问或点评。

4. 任务评价

教师根据任务的完成情况，按表 4-6 中的内容为各组打分并进行评价。

表 4-6　任务评价表

评价内容	分值	教师评分	教师评价
积极、认真地参与任务实施环节	10		
内容填写详细、完整，字迹工整	10		
思考全面，克服睡眠障碍的措施合理	30		
模拟过程贴合实际，护理工作到位	40		
能正确回答其他同学提出的问题	10		
总计	100		

任务三　老年人卫生照料

任务导入

协助老年人做好个人卫生

张奶奶是一位年近 80 岁的老年人，由于患有严重的阿尔茨海默病，日常生活需要护理人员小李的协助。每天早晨，小李都会协助张奶奶穿衣服、排便。排便后，小李会扶着张奶奶坐在窗前的沙发上，她自己则快速准备好毛巾、洗脸水、刷牙水并挤好牙膏，然后扶着张奶奶来到洗漱间。

小李微笑着对张奶奶说：“奶奶，现在要开始刷牙了。这是您的牙刷。”小李将挤好牙膏的牙刷递给张奶奶后，叮嘱张奶奶先将身体前倾，张嘴，再用牙刷刷牙。小李还一边指导张奶奶刷牙，一边夸赞张奶奶。张奶奶刷完牙后，小李用毛巾帮张奶奶擦去嘴角的水痕。小李柔和的语气和亲切的笑容让张奶奶感觉很温暖。

刷牙后，小李又指导张奶奶洗脸。为了能够得到张奶奶的配合，小李对张奶奶说：“奶奶，现在该洗脸了。洗脸后擦上油，我帮您梳一个最好看的发型，您就是咱们养老院里最靓的奶奶了。”听小李这么一说，张奶奶兴奋地连连说：“好！好！”

清洁是每一位老年人的基本需要，是保持和促进老年人健康的重要保证。“协助老年人做好个人卫生，不仅能够预防疾病，还能够增强老年人的自尊心和自信心。”小李说。

思考：

（1）护理人员具体应怎样为老年人清洗口腔？

（2）护理人员具体应怎样为老年人洗脸？

（3）除了刷牙、洗脸，护理人员还应为生活不能自理的老年人提供哪些卫生照料服务？

一、为老年人清洗口腔

随着年龄的增长，老年人口腔组织发生退行性改变，加上唾液分泌减少，口腔的自洁功能减弱，容易出现口腔问题。为了让老年人能够保持牙齿清洁卫生、口气清新，护理人员应协助老年人做好口腔清洁工作。

一般来说，护理人员需要为生活不能自理的老年人清洗口腔。清洗口腔的具体操作流程如下。

（一）服务前的准备

（1）确保室内环境整洁，温度、湿度适宜。

（2）护理人员衣着整洁，洗净双手。

（3）准备毛巾、床边桌（见图 4-10）、脸盆、水杯、牙刷、牙膏等，必要时备润唇膏。

（4）如果老年人佩戴义齿，还应准备纱布、用于盛放义齿的水杯、义齿清洁剂等。

图 4-10 床边桌

小贴士

义齿不仅能够帮助老年人恢复因牙齿缺损而失去的咀嚼、发音等功能，还有助于老年人保持良好的个人形象。老年人最常使用的义齿是覆盖义齿。覆盖义齿是指基托覆盖并支持在牙根或牙冠上的一种全口义齿或可摘局部义齿，如图 4-11 所示。

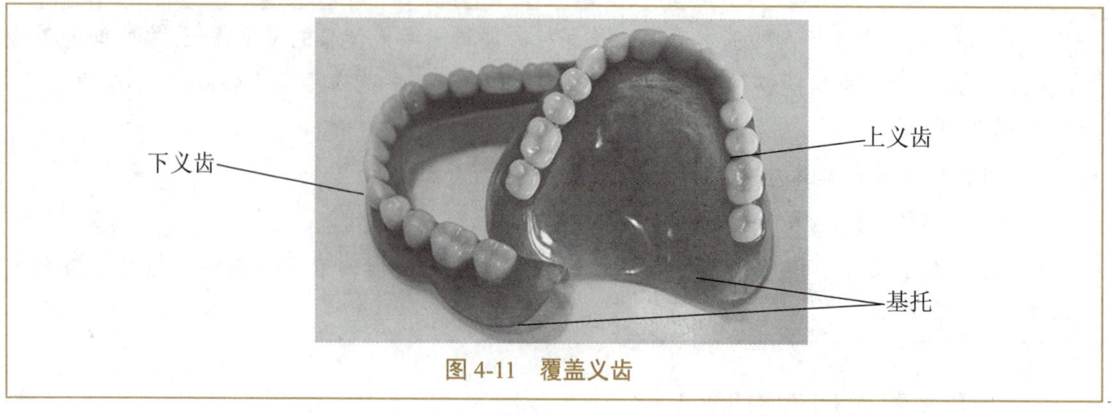

图 4-11　覆盖义齿

（二）与老年人沟通

（1）提醒老年人准备刷牙。如果老年人佩戴义齿，还应告知老年人准备摘义齿，并取得老年人的配合。

（2）询问老年人有无特殊需求，并根据需要提供帮助。

（三）摘取并清洗义齿

在摘取义齿时，应提醒老年人张嘴，然后将纱布垫在手上，轻轻向外拉义齿的基托。摘取上义齿时，应轻轻向外下方拉上义齿；摘取下义齿时，应轻轻向外上方拉下义齿。取下义齿后，手持牙刷在流动的清水下刷洗义齿。刷洗时，应将义齿的各个面均刷至无污渍附着为止。

将盛放义齿的水杯洗净，然后按比例将清水和义齿清洁剂倒入水杯中，再将义齿放入水杯中浸泡（见图 4-12）。

图 4-12　将义齿放入水杯中浸泡

（四）刷牙

（1）协助老年人坐好，将毛巾围在老年人的下颌及胸前。

（2）放稳床边桌，调整好高度，将脸盆放在桌上。

（3）在水杯中倒入适量清水，在牙刷上挤上约黄豆粒大小的牙膏。

（4）叮嘱老年人身体前倾，护理人员持牙刷帮助老年人刷牙。

（5）将牙齿的每个角落刷干净，按照上牙从上往下刷、下牙从下往上刷、螺旋式刷洗咬合面的规律刷牙。

（6）协助老年人漱口。

（7）取毛巾擦干老年人嘴角的水痕。若老年人嘴唇干裂，可为其涂抹润唇膏。

（五）戴上义齿

将浸泡好的义齿放在流动的清水下冲洗干净后，再为老年人佩戴。为老年人佩戴义齿时，应提醒老年人张嘴，然后将纱布垫在手上，拿稳义齿，将义齿放入老年人的口中，并轻推义齿基托，将其戴稳。提醒老年人上下咬合数次，直至义齿与口腔完全贴合。

（六）整理

（1）撤下床边桌，并将其放回原处备用。

（2）携其他用品至洗漱间，倾倒污水。

（3）清洗毛巾、脸盆、水杯及牙刷，将毛巾悬挂晾干。

（4）洗净双手。

二、为老年人洗脸

为老年人洗脸，不仅可以使老年人面部皮肤保持清洁，还可以促进老年人面部的血液循环，延缓皮肤衰老。护理人员为生活不能自理的老年人洗脸的具体操作流程如下。

（一）服务前的准备

准备脸盆（内盛有40～45℃的温水）、毛巾、洁面用品（如洗面奶）、润肤膏等。

（二）与老年人沟通

提醒老年人准备洗脸，并取得老年人的配合。

（三）清洗

（1）将毛巾围在老年人的胸前。

（2）用温水润湿老年人的面部。

（3）取少量洁面用品在掌心搓出泡沫，然后用手分别揉搓老年人的脸颊、额头、鼻子、下颌、耳后等部位。

（4）用湿毛巾将老年人面部的泡沫擦洗干净。

（5）将毛巾拧干后，用毛巾擦拭老年人面部的水痕。

（6）在老年人的面部均匀地涂抹润肤膏。

（四）整理

（1）清洗毛巾，晾干备用。

（2）整理其他用品，并将其放回原处备用。

护理人员每天应至少为老年人洗脸两次。为老年人洗脸时，应注意不要有遗漏部位；如果老年人面部有皮疹或伤口，应注意避开。

三、为老年人清洗身体

（一）协助老年人淋浴

对于自理、半自理老年人，护理人员可协助其淋浴，具体操作流程如下。

1．服务前的准备

（1）关闭门窗，将室内温度调至 24～26℃。

（2）准备洁面用品、洁身用品、洗发用品、毛巾、浴巾、润肤膏、干净衣物、吹风机等。

（3）在浴室内放置洗澡椅（见图 4-13）和防滑垫。

（4）穿上防水衣裤、防滑拖鞋，洗净双手。

如何协助老年人淋浴

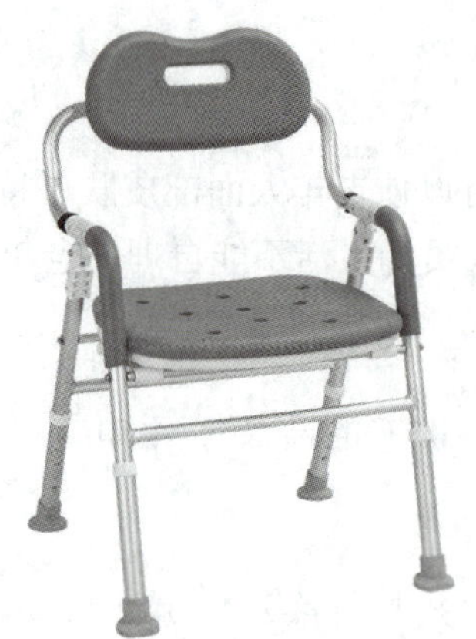

图 4-13　洗澡椅

2．与老年人沟通

（1）提醒老年人准备淋浴，并取得老年人的配合。

（2）询问老年人有无特殊需求，并根据需要提供帮助。

3．协助老年人进入浴室

（1）采取搀扶或轮椅运送的方式将老年人送至浴室。

（2）协助老年人脱去衣物，并在洗澡椅上坐稳。

4．调节水温

避开老年人的身体，将水温调至 40℃左右，然后让老年人用健侧肢体感受水温是否适宜，并根据其感受小幅度调节水温。

5．清洗全身

护理人员可按照以下步骤协助老年人清洗全身：

（1）润湿老年人的面部后，取少量洁面用品在掌心并搓出泡沫，然后用手为老年人清洗面部，再用毛巾将老年人面部的泡沫擦洗干净。

（2）手持花洒，从双脚开始，由下向上逐个部位依次淋湿老年人的身体，然后取适量洁身用品（如沐浴露）在掌心，并将掌心中的洁身用品依次涂抹在老年人的颈部、耳后、上肢、胸部、背部、腹部、臀部、会阴、下肢和双足，接着轻轻搓洗老年人身体的每个部位，最后用花洒将其全身的泡沫冲洗干净。

（3）提醒老年人双手握住洗澡椅的扶手，身体紧靠椅背，头稍向后仰并闭上眼睛。护理人员手持花洒淋湿老年人的头发，取适量洗发用品在掌心搓出泡沫后，再用双手揉搓老年

人的头发，按摩其头皮，最后将泡沫冲洗干净。

（4）将地面上的泡沫冲洗干净，关闭淋浴器的开关。

6．擦干与更衣

（1）用毛巾擦干老年人的面部，用浴巾擦干老年人的身体后将其包裹起来。若发现老年人的皮肤较干燥，可为其涂抹润肤膏。

（2）协助老年人穿上干净的衣物。

（3）用吹风机吹干老年人的头发。

7．整理

（1）搀扶或用轮椅运送老年人返回房间。

（2）整理洗浴用品。

（3）开窗通风，擦干浴室地面。

（4）清洗毛巾、浴巾和老年人换下的衣物，并将其悬挂晾干。

（二）为老年人擦浴

对于长期卧床的老年人，护理人员应经常为其擦浴，具体操作流程如下。

1．服务前的准备

（1）关闭门窗，将室内温度调至 24～26℃。

（2）准备脸盆、毛巾、洁面用品、洁身用品、防水布、一次性橡胶手套、干净衣物等。

（3）护理人员衣着整洁，洗净双手。

2．与老年人沟通

（1）提醒老年人准备擦浴，并取得老年人的配合。

（2）询问老年人有无特殊需求，并根据需要提供帮助。

3．擦洗全身

（1）协助老年人脱去衣物，盖好被子，在脸盆中倒入 45～50℃的温水。

（2）擦洗面部。将毛巾分别铺在枕头上和老年人胸前的被子上后，重新拿一条毛巾将其浸湿、拧干并十字对折，用毛巾的 4 个角分别擦拭老年人双眼的大眼角和小眼角。擦拭后清洗毛巾，将毛巾拧至半干并包裹在手上，在毛巾上涂抹洁面用品，再用毛巾分别擦拭老年人的脸颊、额头、鼻子、下颌、耳后及颈部，最后清洗毛巾并拧干，用毛巾擦干老年人的面部。

（3）将毛巾浸湿后拧至半干并包裹在手上，在毛巾上涂抹洁身用品，按照上肢、胸部、腹部、背部、臀部、会阴、下肢、双足的顺序依次擦拭老年人的身体。在擦拭过程中，应将身体的一部分擦拭干净后，再擦拭另一部分，同时注意将未擦拭部分用被子盖好，以免老年人着凉。

为老年人擦浴时，最好准备一个专门用于清洗会阴的盆子，以免交叉感染。

4. 整理

（1）开窗通风。

（2）携用品至洗漱间，倾倒污水，刷净脸盆，放回原处备用。

（3）清洗毛巾、浴巾和老年人换下的脏衣物，并将其悬挂晾干。

（4）洗净双手。

四、为老年人整理床单位

护理人员应每天为老年人整理床单位，具体操作流程如下。

（一）服务前的准备

（1）护理人员保持衣着整洁。

（2）准备扫床车 1 辆、床刷 1 把、刷套数个、盆 2 个（分别用于盛装干净的和使用过的刷套）。

（二）与老年人沟通

告知老年人将为其整理床单位，并取得老年人的配合。

（三）为老年人整理床单位

（1）协助老年人离开房间，叠好被子并将其放置在床旁的椅子上，将枕头放在被子上。

（2）取床刷并套上干净的刷套，如图 4-14 所示。

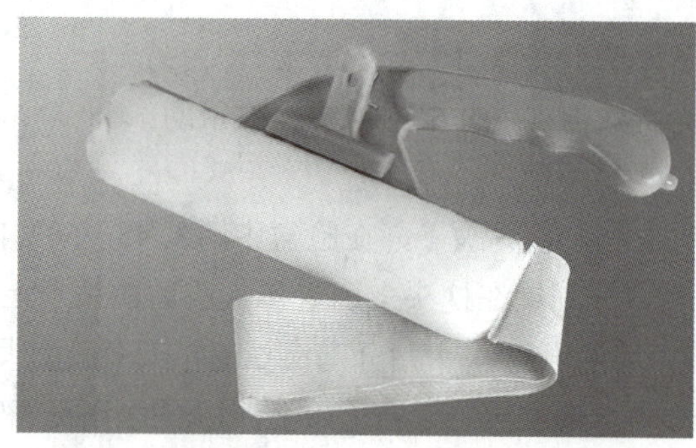

图 4-14　套上刷套的床刷

（3）用床刷从床头扫至床尾，注意每一刷要覆盖前一刷的 1/3。撤下刷套，并将其放入盆中。

（4）依次将每一侧的床单打开、拉平后，将边缘反折于床垫下，使床单紧绷、平整。

（5）将枕头拍松后放置在床头，将叠好的被子放置在床尾。

（四）整理

（1）将盆刷净，将刷套洗净后晾干备用。

（2）将其他用品放回原处备用。

五、为老年人清洗个人物品

护理人员为老年人清洗个人物品的操作流程如下。

（一）服务前的准备

（1）准备肥皂、刷子、消毒剂等。

（2）护理人员衣着整洁，戴好口罩。

（二）与老年人沟通

告知老年人将为其清洗个人物品，并取得老年人的配合。

（三）清洗

（1）将老年人的梳子、剃须刀、脸盆、刷牙杯等物品刷洗干净后晾干。

（2）将老年人的衣服、被子洗净后，悬挂在阳光下晾晒3～6小时，以达到杀菌的目的。

（3）将老年人的餐具、水杯等洗净后，放入消毒柜中消毒。

（4）将老年人的体温计、便盆等洗净后，用 75%的酒精溶液浸泡体温计，用稀释后的消毒剂浸泡便盆。

（四）整理

（1）将老年人的个人物品放回原处。

（2）将肥皂、刷子、消毒剂等用品放回原处备用。

任务实施

1. 任务描述

杨奶奶今年80岁，一个月前摔了一跤，导致小腿胫骨骨折，经治疗后，需要卧床休息一段时间。

请你根据本任务所学知识分析以下内容，然后进行情景演练：

（1）护理人员应从哪些方面对杨奶奶进行卫生照料。

（2）护理人员应怎样为杨奶奶清洗口腔。

（3）护理人员应怎样为杨奶奶洗脸。

（4）护理人员应怎样为杨奶奶清洗身体。

2. 任务目的

通过对杨奶奶进行卫生照料，掌握为老年人洗脸、清洗口腔、清洗身体的流程和方法，提高自己的实操能力。

3．实施过程

（1）根据任务描述和本任务所学知识填写表 4-7。填写完成后，3 人一组，交叉检查所填写的答案并进行讨论，然后对自己所填写的答案进行必要的补充与修改。

表 4-7　问题与答案

问题	答案
护理人员应从哪些方面对杨奶奶进行卫生照料	
护理人员应怎样为杨奶奶清洗口腔	
护理人员应怎样为杨奶奶洗脸	
护理人员应怎样为杨奶奶清洗身体	
补充与修改：	

（2）3 人一组，1 人扮演杨奶奶，1 人扮演护理人员，1 人扮演记录员，采用情景模拟的方式对杨奶奶进行卫生照料，记录员负责录制情景模拟过程。

（3）记录员在课堂上播放自己录制的视频，护理人员结合视频讲解对杨奶奶进行卫生照料的过程，教师和其他小组成员进行提问或点评。

4．任务评价

教师根据任务的完成情况，按表 4-8 中的内容为各组打分并进行评价。

表 4-8　任务评价表

评价内容	分值	教师评分	教师评价
积极、认真地参与任务实施环节	10		
内容填写详细、完整，字迹工整	10		
思考全面，操作流程清楚、正确	30		
模拟过程贴合实际，护理工作到位	40		
能正确回答其他同学提出的问题	10		
总计	100		

任务四　老年人排泄照料

任务导入

护理人员帮陈奶奶人工取便

住在某养老院的陈奶奶中风偏瘫已有半年多。由于长期卧床，运动量减少，肠胃蠕动变慢，陈奶奶经常会便秘。有一次，陈奶奶连续十几天未排便，小腹胀得很大，用药后也没有明显缓解。看到陈奶奶难受的样子，护理人员小陈决定用手帮她抠出粪便。

小陈俯下身来，一边轻声跟陈奶奶聊天，一边用戴着手套的食指在肛门边缘轻轻按揉，使粪便易于排出。“陈奶奶，您不要紧张，我帮您掏出来就舒服了。”经过半小时的努力，小陈一点一点把干结的大便从陈奶奶肛门里抠了出来。家属知道后特别感动，说：“我们家属都很难做到这件事，太感谢小陈了。”

思考：

（1）老年人的排泄有哪些特点？

（2）护理人员小陈采用何种方法帮助陈奶奶解决便秘？

一、老年人的排泄特点

排泄是指人体将新陈代谢产生的废物排出体外的过程。人体的排泄途径有皮肤排泄、呼吸道排泄、消化道排泄、泌尿道排泄等，其中消化道排泄和泌尿道排泄是两种主要的排泄途径，即排大便和排尿液。随着年龄的增长，老年人在排泄方面呈现出以下特点。

（一）容易便秘或大便失禁

老年人的消化功能逐渐减退，各种消化液分泌减少，胃肠动力不足，加之老年人胃结肠反射减弱，直肠敏感性下降，因此，老年人十分容易便秘。此外，老年人肛门括约肌的张力下降，容易大便失禁，即肛门不自主地排出粪便。

（二）夜间排尿次数增多或尿失禁

老年人的膀胱容量减少，加上夜间平卧后肾小球滤过率增加，使得原尿增多，进而增加了老年人的夜间排尿次数。

尿失禁是指因膀胱不能维持其控制排尿的功能，尿液不自主流出的现象。老年人常因前列腺增生、尿道括约肌老化或泌尿系统炎症而出现尿失禁情况。

二、影响老年人排泄的因素

影响老年人排泄的因素主要有生理因素、疾病和药物因素、心理因素、环境因素、天气因素和其他因素。

（1）生理因素。老年人的肾脏、膀胱、尿道、大肠、肛门等与排泄有关的器官发生退行性改变，导致其控制排泄的能力减弱。

（2）疾病和药物因素。老年人所患的某些疾病（如帕金森病、尿道炎、结肠癌等）或服用的某些药物都有可能影响其排泄功能。

（3）心理因素。老年人恐惧、沮丧时，身体活动量减少，容易出现便秘或排尿困难；老年人紧张、生气时，肠道敏感性会提高，肠胃蠕动加快，容易导致腹泻。

（4）环境因素。嘈杂、脏乱、狭小的排便环境会使老年人感到不适，进而影响其正常排便；安静、整洁、隐蔽的排便环境会使老年人感到放松，有助于老年人正常排便。因此，护理人员应注意保持老年人排便环境干净、舒适。在使用便盆协助卧床老年人排便时，应注意使用屏风遮挡，以创造独立、私密的排便空间。

（5）天气因素。天气炎热时，老年人出汗较多，体内水分减少，排尿次数和排尿量减少；天气寒冷时，老年人排尿次数和排尿量增多。

（6）其他因素。老年人的运动量、饮食习惯、个人排泄习惯等也会影响其排泄。例如，老年人运动量减少，会使肠道蠕动缓慢，容易引起便秘。又如，老年人摄入的纤维素和水分不足时，也容易便秘。

三、对便秘老年人的照料

便秘是指排便次数减少（每周少于三次）、排便不畅、粪便量少且坚硬的现象。老年人的便秘发病率较高，约有三分之一的老年人患有不同程度的便秘，生活质量受到严重影响。

改善老年人便秘的方法有改变饮食结构（如多吃粗粮、多饮水等）、养成定时排便的习惯、适当增加运动量、口服泻药、使用开塞露通便法和人工取便法等。下面主要介绍开塞露通便法和人工取便法。

（一）开塞露通便法

护理人员使用开塞露通便法帮助老年人排便的操作流程如下。

1. 服务前的准备

（1）保持室内温度、湿度适宜。

（2）准备开塞露（见图 4-15）、卫生纸、一次性护理垫等。

（3）护理人员衣着整洁，戴好口罩和手套，关闭门窗或拉开屏风进行遮挡。

图 4-15　开塞露

2. 与老年人沟通

提醒老年人准备使用开塞露，并取得老年人的配合。

3. 摆放体位

（1）在床上适宜位置铺好一次性护理垫。

（2）帮老年人（或由老年人自己）脱下裤子至大腿部，暴露臀部。

（3）协助老年人背向护理人员取左侧卧位，臀部靠近床边且位于一次性护理垫上。

4. 肛注开塞露

（1）取下开塞露的盖子后，左手持卫生纸分开老年人的臀部，暴露肛门，右手轻捏开塞露球部，挤出少量药液，润滑开塞露细管部分和肛门。

（2）将开塞露细管部分插入肛门，并将药液全部挤入直肠内。

（3）右手撤去开塞露的外壳，左手持卫生纸按压肛门几分钟。

（4）叮嘱老年人保持体位 5～10 分钟，待老年人有明显便意时，及时协助老年人如厕。

护理人员使用开塞露通便法帮助老年人排便时，需要注意以下事项：

（1）应确保产品在有效期内且密封良好。

（2）应确保老年人的臀部位于一次性护理垫上。

（3）禁止对过敏体质的老年人私自使用开塞露。

（4）若老年人患有痔疮，护理人员应充分润滑肛门后再操作，且操作过程中动作应轻柔。

（5）应叮嘱老年人尽可能使药液在体内多保留一段时间。

5. 整理

（1）将开塞露外壳、卫生纸、一次性护理垫等垃圾放入垃圾桶内。

（2）洗净双手，整理床单位，并开窗通风。

（3）记录开塞露的使用时间和用量、老年人的排便次数和排便量。

（二）人工取便法

如何使用人工取便法

人工取便法是指用手指取出滞留在直肠内的粪便的方法。老年人患顽固性便秘且使用各种通便方法仍无法排出粪便时，护理人员可采用人工取便法为其解除便秘困扰。

护理人员使用人工取便法帮助老年人通便的操作流程如下。

1. 服务前的准备

（1）保持室内温度、湿度适宜。

（2）准备一次性护理垫、便盆、一次性无菌医用手套、润滑液、卫生纸、盆、毛巾等。

（3）护理人员衣着整洁，戴好口罩，关闭门窗或拉开屏风进行遮挡。

2. 与老年人沟通

提醒老年人准备人工取便，并取得老年人的配合。

3. 摆放体位

（1）在床上适宜位置铺好一次性护理垫。

（2）帮老年人（或由老年人自己）脱下裤子至大腿部，暴露臀部。

（3）协助老年人背向护理人员取左侧卧位，臀部靠近床边且位于一次性护理垫上。

（4）将便盆放在靠近臀部的一次性护理垫上。

4. 人工取便

（1）戴好一次性无菌医用手套，在右手食指上涂抹润滑液。

（2）用左手分开老年人的臀部，暴露肛门；用右手食指轻轻按压肛门边缘，叮嘱老年人深呼吸，待肛门松弛后缓慢地将食指伸入直肠。

（3）由浅入深地将可触及的粪便沿着直肠内壁一侧轻轻掏出，放入便盆中。

（4）取便结束后脱去手套，用卫生纸擦净老年人的肛门。

（5）在盆中倒入适量温水，用毛巾擦洗肛门后，拧干毛巾热敷肛门处并轻轻按摩，以减轻肛门周围的疼痛感。

护理人员为老年人人工取便时，需要注意以下事项：

（1）操作前应修剪指甲，以免划伤肛门和直肠黏膜。

（2）操作前，应评估老年人的健康状况，仔细询问和观察老年人有无痔疮、肛裂等情况；操作时，动作应轻柔。

（3）不能使用任何器械取便。

（4）若粪块较大，可用手指将粪块捣碎后，再慢慢掏出。

（5）操作过程中，应随时观察老年人的反应，如出现面色苍白、出冷汗等情况，应立即停止操作，必要时告知医务人员。

5. 整理

（1）撤下用品，协助老年人（或由老年人自己）穿好裤子，并整理床单位。

（2）观察并记录老年人的粪便情况，如有异常及时向医务人员报告。

（3）倾倒、冲洗便盆后，然后将其消毒、晾干。

（4）洗净双手，开窗通风。

四、对尿潴留老年人的照料

尿潴留是指尿液在膀胱内积聚而不能排出的现象，临床表现为下腹胀痛、排尿困难等。尿潴留可能令肾功能受损，甚至导致肾功能衰竭。

护理人员诱导尿潴留老年人排尿的操作步骤如下。

（一）服务前的准备

（1）保持室内温度、湿度适宜。

（2）准备热水袋、尿壶、盆等。

（3）护理人员衣着整洁，戴好口罩，关闭门窗或拉开屏风进行遮挡。

（二）与老年人沟通

提醒老年人准备进行诱导排尿，并取得老年人的配合。

（三）诱导排尿

1. 自理、半自理老年人

（1）将热水袋（水温在 50℃以内）放在老年人的下腹部或用手按摩其下腹部，刺激膀胱肌肉收缩，促进排尿。

（2）当老年人有尿意时，协助老年人进入卫生间，尝试排尿。

（3）若老年人仍排尿困难，护理人员可打开水龙头，让老年人听流水声，或用温水冲洗老年人的会阴，诱导其排尿。

2. 卧床老年人

（1）护理人员放下近侧护栏，并检查对侧护栏是否拉起且牢固。

（2）掀开被子，协助老年人脱下裤子，露出下腹部和会阴。

（3）热敷或按摩老年人的下腹部。当老年人有尿意时，用尿壶协助老年人排尿。若老年人仍排尿困难，可用盆盛适量温水后冲洗老年人的会阴或在旁边制造流水声，诱导其排尿。

（四）整理

（1）老年人排尿结束后，用卫生纸擦干其会阴，协助老年人穿好裤子，盖好被子，整理床单位。

（2）撤下尿壶、盆等并洗净，将其晾干后备用。

（3）洗净双手，开窗通风。

同步案例

大小便智能护理机器人解决护理难题

很多失能老年人，特别是大小便失禁老年人，他们或由于无法像正常人一样生活，产生自卑、无能、自责等情绪而向他人大发脾气；或由于无法接受自己丧失生活自理能力的事实，产生郁闷情绪而不愿与他人交流；或由于担心给照护者添麻烦，而刻意减少食量来控制排便次数，令人心疼……

在"智慧养老"潮流的推动下，一种针对失能老年人的大小便智能护理机器人（见图 4-16）应运而生。从外观上看，大小便智能护理机器人由一个与小型行李箱差不多大的主机和一根"吸管"构成。该机器人可以自动识别大小便并启动相应的工作程序，将排泄物自动抽走并除臭，然后进行温水冲洗、暖风烘干、消毒杀菌等一系列操作。它解决了日常护理中气味大、难清洁、易感染等痛点，不仅能减轻失能老年人的痛苦，降低护理人员的工作强度，同时还维护了失能老年人的尊严，是护理模式的重大创新与升级。

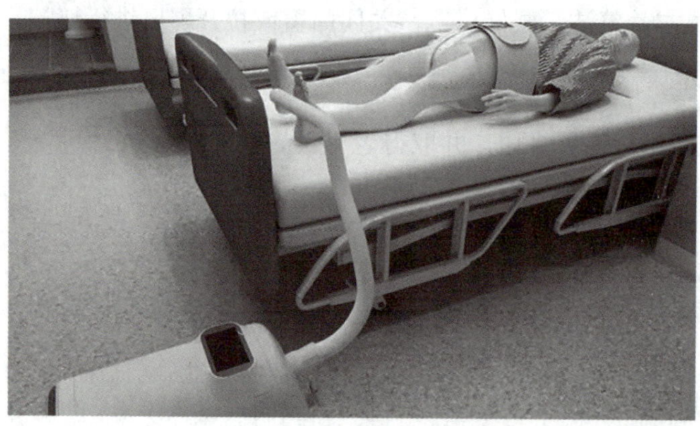

图 4-16　大小便智能护理机器人

（资料来源：李然，《以智能护理助力国家老龄事业发展》，光明网，2022 年 3 月 11 日）

任务实施

1. 任务描述

胡爷爷，85 岁，长期受便秘困扰。为了能够养成良好的排便习惯，胡爷爷每天早晨起来都会尝试排便，但是很少能成功排便。目前，胡爷爷已有 3 天没有排便了，他感觉腹部不适，有时甚至会感到疼痛。便秘情况加重导致胡爷爷食欲减退，睡眠质量下降。

请你运用本任务所学知识，分析以下内容：

（1）老年人在排泄方面具有哪些特点。

（2）影响老年人排泄的因素有哪些。

（3）你会使用哪种方法帮助胡爷爷排便。

（4）你认为胡爷爷怎样做才能改善便秘情况。

2．任务目的

通过帮助胡爷爷排便，了解老年人的排泄特点和影响老年人排泄的因素，掌握帮助老年人解决便秘问题的方法。

3．实施过程

（1）根据任务描述和本任务所学知识填写表 4-9。填写完成后，3 人一组，交叉检查所填写的答案并进行讨论，然后对自己所填写的答案进行必要的补充与修改。

表 4-9　问题与答案

问题	答案
老年人在排泄方面具有哪些特点	
影响老年人排泄的因素有哪些	
使用哪种方法帮助胡爷爷排大便	
胡爷爷怎样做才能改善便秘情况	
补充与修改：	

（2）每组选出一人讲解本组的任务实施成果，并解答其他小组成员提出的问题。教师还可以根据任务情景设置问题，然后组织学生进行讨论。

4．任务评价

教师根据任务的完成情况，按表 4-10 中的内容为各组打分并进行评价。

表 4-10　任务评价表

评价内容	分值	教师评分	教师评价
积极、认真地参与任务实施环节	15		
内容填写详细、完整，字迹工整	30		
思考全面，给出的改善意见合理	40		
能正确回答其他同学提出的问题	15		
总计	100		

任务五　老年人安全出行照料

任务导入

上海市浦东新区举办"南码头杯"养老护理技能比赛

2021 年 7 月 29 日，上海市浦东新区"南码头杯"养老护理技能比赛圆满落下帷幕。本次技能比赛全面对标市级养老护理技能操作要求，涵盖了中级、高级养老护理专业内容，从多个方面考查选手们的技能水平，拓展养老服务行业高素质人才的成长路径，也给立志长期从事养老服务工作的护理人员吃了一颗"强心丸"。

赛场上，护理人员确定环境明亮，确认地面平整、无积水，检查手杖是否完好并将其调节至合适的高度，然后和老年人进行简单沟通，再帮助老年人穿好防滑鞋。老年人在行走时，护理人员站在老年人的患侧，托住患侧上肢。上楼梯时，护理人员紧随老年人身后，指导老年人先移动手杖，后将患侧下肢上移至上一级台阶，在台阶上站稳后，再将健侧下肢移至上一级台阶……

这是本次养老护理技能比赛项目之一——指导老年人使用手杖。护理人员协助老年人上、下 10 级台阶后，搀扶老年人坐到椅子上，整个护理过程才算完成。协助老年人上、下台阶看似简单，却包含多个动作的规范指导，体现了养老护理工作的专业化。

（资料来源：钱培坚，《上海浦东工会举办"南码头杯"养老护理技能比武》，中工网，2021 年 7 月 29 日）

思考：

（1）老年人常用的助行工具有哪些？

（2）如何指导老年人使用手杖行走？

一、协助老年人使用手杖行走

手杖是一种有一个或几个支脚、一个手柄，没有前臂支撑，用于辅助老年人行走的工具。常见的手杖有单脚手杖、三脚手杖、带座手杖等，如图 4-17 所示。一般来说，手杖适合轻度下肢运动障碍、仅需轻微辅助即可正常行走的老年人使用。

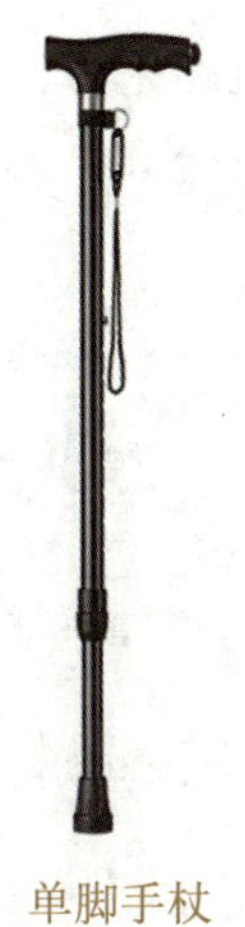

单脚手杖

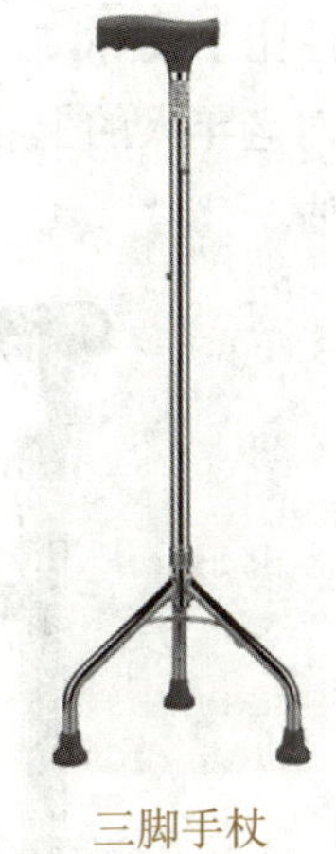

三脚手杖

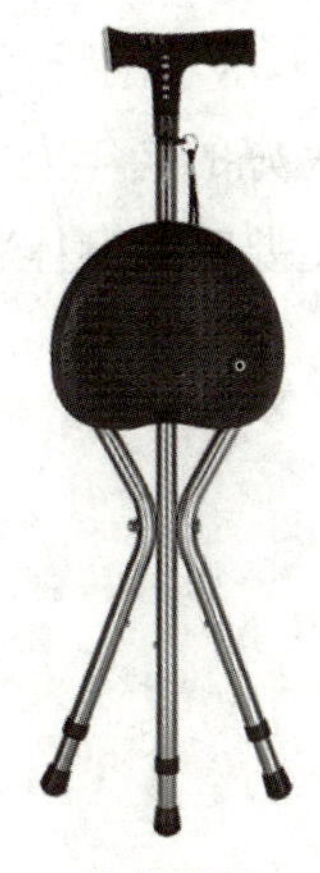

带座手杖

图 4-17　常见的手杖

（一）协助老年人使用手杖行走的操作流程

当老年人出现步态不稳的情况时，护理人员应帮助老年人选择合适的手杖，并协助老年人正确使用手杖。护理人员协助老年人使用手杖行走的操作流程如下：

（1）协助老年人坐好。

（2）为老年人穿好防滑平底鞋。

（3）根据老年人的身高调节手杖的高度，然后将手杖递给老年人，叮嘱其用健侧上肢持握。

（4）站在老年人的患侧，将一只手从后方伸入老年人的腋窝下，用手掌托住老年人的胳膊，用另一只手扶住老年人的另一条胳膊，协助老年人站立。

（5）叮嘱老年人站稳，将重心移到健侧下肢上，将手杖向前移动约一步的距离，然后迈出患侧下肢，站稳后，再将健侧下肢向前移，使两脚平齐并站稳。

（二）协助老年人使用手杖行走的注意事项

护理人员协助老年人使用手杖行走时，应注意以下事项：

（1）随时询问老年人有无不适感，必要时协助老年人坐下休息。

（2）叮嘱老年人无论向哪一个方向移动，都应先移动手杖，调整好重心后再移动脚。

（3）如果老年人身体的一侧留有中长导管，应尽量避免在同侧使用手杖。

（4）根据老年人的身体情况，逐渐增加行走的时间和距离。

（5）若道路不平整，应搀扶老年人行走或让老年人乘坐轮椅，不应让老年人独自使用手杖。

二、协助老年人使用腋拐行走

腋拐是一种由人体的腋下部位和手共同支撑的杖类助行工具。常见的腋拐有普通腋拐和单杆腋拐，如图 4-18 所示。腋拐的稳定性比手杖好，适合下肢肌肉无力、关节变形或下肢骨折但上肢功能完好的老年人使用。腋拐对老年人的上肢力量要求较高，老年人在使用腋拐前，护理人员一定要对其身体状况进行评估。

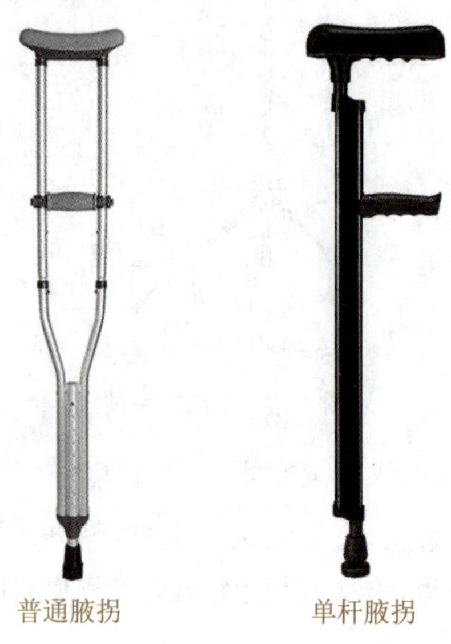

图 4-18　常见的腋拐

（一）协助老年人使用腋拐行走的操作流程

腋拐既可以单侧使用，也可以双侧使用。下面以双侧使用为例，介绍护理人员协助老年人使用腋拐行走的操作流程。

1. 行走前的准备工作

（1）协助老年人坐好，为老年人穿好防滑鞋。

（2）根据老年人的身高将腋拐调至合适的高度。

（3）协助老年人站立，将腋拐分别放于老年人的两个腋窝下，确保腋拐下端位于老年人小脚趾前方 12～20 厘米处。

2. 选择合适的步行方法

放置好腋拐后，护理人员还需要协助老年人选择合适的步行方法。使用腋拐行走的步行方法主要有四点步行法、三点步行法、两点步行法等。

（1）四点步行法。使用该方法行走的要领为：① 移动健侧腋拐；② 前移重心，移动患侧下肢；③ 移动患侧腋拐；④ 前移重心，移动健侧下肢。

（2）三点步行法。使用该方法行走的要领为：① 移动双拐；② 移动患侧下肢；③ 移动健侧下肢。

（3）两点步行法。使用该方法行走的要领为：① 将右侧腋拐与左脚同时向前方移动；② 将左侧腋拐与右脚同时向前方移动。

四点步行法与两点步行法适用于两侧下肢均可支撑身体部分重量的老年人，但是使用两

点步行法比使用四点步行法行走速度快。三点步行法适用于患侧下肢完全不能支撑身体重量，但健侧下肢可完全支撑身体重量的老年人。

（二）协助老年人使用腋拐行走的注意事项

护理人员在协助老年人使用腋拐行走时，应注意以下事项：

（1）老年人初次使用腋拐时，应为其寻找合适的支撑角度，以免擦伤皮肤。

（2）应依据老年人下肢损伤的部位和程度、老年人手臂的力量、老年人身体的平衡能力等为老年人选择合适的步行方法。

（3）在老年人没有熟练使用腋拐之前，护理人员应在老年人患侧伴行，以免其跌倒摔伤。

课堂活动

徐爷爷今年 71 岁，身体硬朗，但在三个月前不慎摔了一跤，导致左侧小腿胫骨骨折。卧床休息三个月后，医生建议徐爷爷使用腋拐进行简单的步行训练。

2 人一组，一人扮演徐爷爷，一人扮演护理人员，模拟护理人员协助徐爷爷使用腋拐步行的操作流程。

三、协助老年人使用框架式助行器行走

（一）框架式助行器的分类

框架式助行器具有重量轻、支撑面积大、稳定性好、使用方便等优点，适用于下肢肌力弱、行走时稳定性差但具有良好判断能力和较好视力的老年人。

框架式助行器主要有固定式助行器、四轮助行器和两轮助行器三种。

1．固定式助行器

固定式助行器（见图 4-19）具有移动性好、稳定性强、移动速度慢等特点，适用于下肢肌力弱、平衡感较差但上肢力量较强的老年人。老年人在使用固定式助行器时，必须抬起框架向前放，然后移动身体。

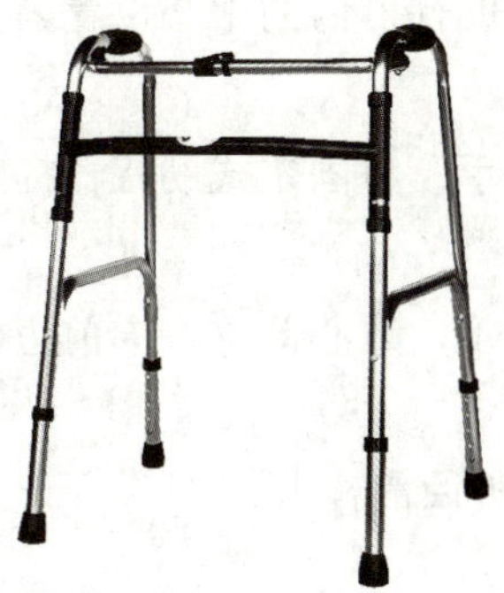

图 4-19　固定式助行器

2. 四轮助行器

四轮助行器（见图 4-20）适用于下肢肌力弱、手部和腕部力量弱的老年人。四轮助行器设有供老年人休息的座位。四轮助行器使用方便，但是如果用力的方向错误或推动时用力过猛，容易导致使用者摔倒。

3. 两轮助行器

两轮助行器（见图 4-21）结合了固定式助行器和四轮助行器的优点，既有较强的稳定性，也方便移动，适用于下肢肌力弱、平衡感较差且上肢肌力不强的老年人。老年人使用时，先用带轮子的部分将助行器前移，然后固定住助行器，再移动身体。

图 4-20　四轮助行器

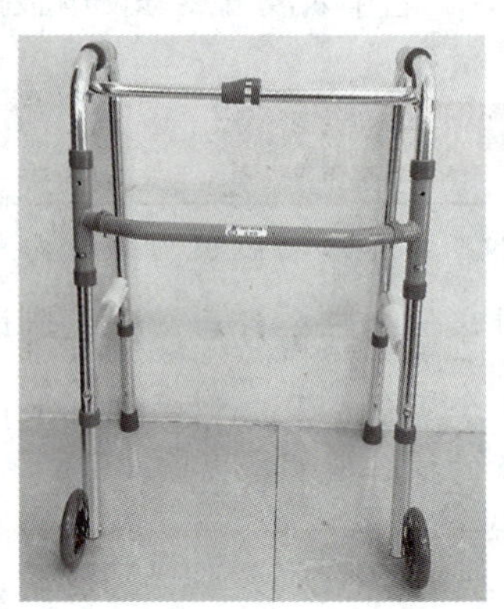

图 4-21　两轮助行器

（二）协助老年人使用框架式助行器行走的操作流程

如何协助老年人使用框架式助行器行走

虽然框架式助行器的种类不同，但是使用它们行走的操作流程基本相同。下面以固定式助行器为例，介绍护理人员协助老年人使用框架式助行器行走的操作流程。

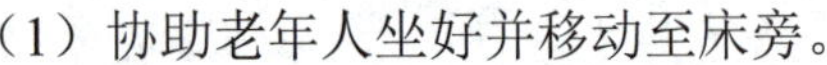

（1）协助老年人坐好并移动至床旁。

（2）为老年人穿好防滑平底鞋。

（3）根据老年人的身高将固定式助行器调整至合适的高度。

（4）将固定式助行器放在老年人的正前方。

（5）协助老年人站在固定式助行器内的中心位置，并叮嘱老年人放松双肩、双手紧握左右两侧的扶手。

（6）指导老年人双手握紧扶手，将固定式助行器提起并向前移动约一步距离，再将其放置平稳。

（7）叮嘱老年人双手握紧扶手，重心前移，向前迈出患侧下肢，站稳后再将健侧下肢向前移动，使之与患侧下肢平行。

（8）重复此步骤，协助老年人向前行走。

（三）协助老年人使用框架式助行器行走的注意事项

下面以固定式助行器为例，介绍护理人员在协助老年人使用框架式助行器行走时的注意事项。

（1）固定式助行器的高度以老年人双手紧握扶手、小臂与大臂之间的角度为 15°～30°时的高度为宜。

（2）提醒老年人在迈出任何一只脚时，都要保持固定式助行器不动。

（3）提醒老年人向前跨步时，步幅不宜过大，以免因重心不稳而跌倒。

（4）提醒老年人在坐下和起身时不要倚靠在固定式助行器上，以免跌倒。

（5）在老年人没有熟练使用固定式助行器之前，护理人员应在老年人患侧伴行，以免老年人跌倒。

（6）每日定量锻炼，循序渐进地增加运动量，避免老年人过度劳累。

四、协助老年人使用轮椅出行

老年人可以借助轮椅锻炼身体，参与社会活动，从而扩大活动范围，增强对生活的信心。

（一）轮椅的结构

轮椅（见图 4-22）主要由轮椅架、车轮、制动装置、座椅系统等组成。轮椅架多为薄壁钢管，表面镀铬、烤漆或喷塑；车轮包括一对大轮和一对小轮，大轮上装有手轮，使用者可用双手驱动手轮，使轮椅前进、后退或转向；轮椅的制动装置为手刹，用于驻车；座椅系统由椅面、靠背、脚踏板等组成。

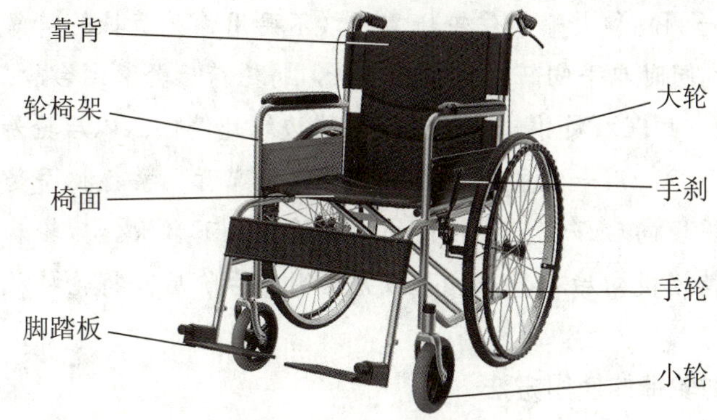

图 4-22　轮椅

（二）协助老年人使用轮椅出行的操作流程

护理人员协助老年人使用轮椅出行的操作流程如下：

（1）协助老年人坐好并移动至床边，为老年人穿好鞋袜。

（2）将轮椅推至床边，拉紧手刹，固定轮椅。

（3）协助老年人站立，并平稳地坐到轮椅上，叮嘱老年人尽量向后靠，并为其系好安全带。

（4）放下脚踏板，协助老年人将双脚放在脚踏板上。

（5）松开手刹，推动轮椅前行。

（三）协助老年人使用轮椅出行的注意事项

护理人员在协助老年人使用轮椅出行时，应注意以下事项：

（1）推轮椅前，应先与老年人沟通，告知老年人前进的方向、注意事项等。

（2）在后方推轮椅时，应尽量使老年人的身体向后靠，这样既稳定，又省力。

（3）推轮椅时，应确保轮椅平稳移动，避免突然加速、减速或改变方向而使老年人感到不适。

（4）用轮椅推着老年人外出时，应随时观察并询问老年人的身体状况，老年人如有不适，应立即停下来休息。

特殊情况下轮椅的使用方法

一、上下台阶时轮椅的使用方法

（1）上台阶时，护理人员将轮椅推至台阶前（以脚踏板贴近台阶边缘为准），叮嘱老年人抓紧扶手，自己则用脚踩轮椅后方的助倾杆，同时将把手向下压，使前轮慢慢抬起并平稳地滚上台阶。然后，护理人员慢慢向前推轮椅，使轮椅的后轮贴紧台阶边缘。此时，护理人员用一侧髋和大腿抵住轮椅靠背（不要用膝关节抵轮椅靠背，以免弄疼老年人）并向前发力，同时双手向斜上方推抬轮椅，将轮椅后轮滚到台阶上。

（2）下台阶时，护理人员推轮椅倒退至台阶边缘处停住，以后轮着地点不超过台阶边缘为准，双腿成弓步，用一侧的髋和大腿抵住轮椅靠背，紧握把手稳住轮椅，将轮椅慢慢向后拉，身体缓慢向后移动，使轮椅的后轮缓慢滚下台阶。后轮着地后，保持前轮翘起的状态，将轮椅慢慢向后拉，等脚踏板完全离开台阶后，将轮椅放平，使四个轮子着地。

二、乘坐电梯时轮椅的使用方法

进电梯时，护理人员应背对电梯门，通过拉轮椅的把手使轮椅进入电梯。轮椅进入电梯后，护理人员应及时拉紧手刹。出电梯时，护理人员应背对电梯门，通过拉轮椅的把手将轮椅挪出电梯。

任务实施

1. 任务描述

鲁爷爷今年 70 岁，退休前在某大学教书。鲁爷爷身体平衡能力较差，右腿膝关节疼痛，行走困难。一周后是该校 68 周年校庆，学校邀请鲁爷爷作为嘉宾上台演讲。

请你根据本任务所学知识分析以下内容，然后进行情景演练：

（1）你会推荐鲁爷爷选用哪种助行器出行并说明推荐的理由。

（2）你会如何协助鲁爷爷正确使用所选的助行器走上演讲台。

（3）协助鲁爷爷使用助行器时需要注意哪些事项。

2. 任务目的

通过协助鲁爷爷出行，了解手杖、腋拐、框架式助行器和轮椅的功能和区别，掌握使用助行器行走的操作流程和需要注意的事项。

3. 实施过程

（1）根据任务描述和本任务所学知识填写表 4-11。填写完成后，3 人一组，交叉检查所填写的答案并进行讨论，然后对自己所填写的答案进行必要的补充与修改。

表 4-11　问题与答案

问题	答案
推荐鲁爷爷选用哪种助行器出行？说明理由	
如何协助鲁爷爷正确使用所选的助行器走上演讲台	
协助鲁爷爷使用助行器时需要注意哪些事项	
补充与修改：	

（2）3 人一组，1 人扮演鲁爷爷，1 人扮演护理人员，1 人扮演记录员，采用情景模拟的方式协助鲁爷爷走上演讲台，记录员负责录制情景模拟过程。

（3）记录员在课堂上播放自己录制的视频，护理人员结合视频讲解协助鲁爷爷走上演讲台的过程，教师和其他小组成员进行提问或点评。

4. 任务评价

教师根据任务的完成情况，按表 4-12 中的内容为各组打分并进行评价。

表 4-12　任务评价表

评价内容	分值	教师评分	教师评价
积极、认真地参与任务实施环节	10		
内容填写详细、完整，字迹工整	10		
思考全面，操作流程正确	30		
模拟过程贴合实际，护理工作到位	40		
能正确回答其他同学提出的问题	10		
总计	100		

学习成果检测

1. 填空题

（1）人体必需的营养素有_______、_______、_______、_______、矿物质、水和膳食纤维七大类。

（2）________也称碳水化合物，是自然界中含量最多的有机物。人体内的糖类具有构成细胞和组织、维持脑细胞的正常功能，以及为机体提供能量、解毒等功能。

（3）__________不能被人体小肠的酶类水解，难以消化吸收，但是能够促进肠道蠕动，改善肠道菌群环境，在预防老年人便秘、调节餐后血糖、促进胆固醇代谢、减少热量摄入等方面发挥着积极作用。

（4）老年人的饮食可分为________饮食、________饮食、________饮食、________饮食四类。其中，________饮食适合患有口腔或食道疾病、进食困难的老年人或通过管饲进食的老年人。

（5）喂食时，护理人员动作应_______，不宜喂过于光滑或带黏性的食物，应_______喂食固体食物和流质食物。

（6）为老年人清洁身体时，应_______老年人的身体，将水温调至 40℃左右，然后让老年人用__________感受水温是否适宜，并根据其感受小幅度调节水温。

（7）________是指尿液在膀胱内积聚而不能排出的现象，临床表现为下腹胀痛、排尿困难等。

（8）护理人员协助老年人使用手杖行走时，应站在老年人的______侧，将一只手从后方伸入老年人的________下，用手掌托住老年人的胳膊，用另一只手扶住老年人的另一条胳膊，协助老年人站立。

2. 选择题

（1）下列说法错误的是（　　）。

A. 老年人不应食用过量的蛋白质，否则容易加重胃肠、肝脏、肾脏的负担

B. 老年人应多食用富含不饱和脂肪酸的食物，少食用饱和脂肪酸含量高的食物

C. 维生素一般不能在体内合成，只能通过食物或维生素制剂来补充

D. 矿物质在体内可以自行产生、合成

（2）为准确判断鼻胃管是否插入老年人的胃内，护理人员用灌注器连接鼻胃管末端并进行抽吸，观察是否有胃液或食物残渣被抽出的操作方法称为（　　）。

A. 抽吸胃液法　　B. 气过水声法

C. 气泡溢出法　　D. 以上选项都不对

（3）老年人在恐惧、沮丧时，身体活动量减少，容易造成便秘或排尿困难。这说明（　　）会影响老年人排便。

A. 生理因素　　B. 疾病和药物因素

C. 心理因素　　D. 环境因素

（4）老年人患顽固性便秘且使用各种通便方法仍无法排出粪便时，护理人员可（　　）为其解除便秘困扰。

A. 改变老年人的饮食结构　　B. 引导老年人养成定时排便的习惯

C. 使用开塞露通便法　　D. 使用人工取便法

（5）若老年人下肢肌肉无力、关节变形或下肢骨折但上肢完好，则应使用（　　）出行。

A. 手杖　　B. 腋拐

C. 固定式助行器　　D. 四轮助行器

3. 判断题

（1）老年人在日常生活中应控制糖类的摄入，多糖可水解，因此要控制多糖的摄入。（　　）

（2）为老年人进行鼻饲时，护理人员手持灌注器，从水杯中抽取 20 毫升的温开水，然后将灌注器与鼻胃管连接并向鼻胃管内缓慢推注温开水，主要是为了确认鼻胃管是否插入胃内。（　　）

（3）对于老年人使用的体温计和便盆，护理人员应用热水将其洗净后晾干。（　　）

（4）护理人员指导老年人在入睡前想象轻松、愉快的生活情境，有利于老年人快速入眠。（　　）

（5）老年人在使用框架式助行器行走时，护理人员应叮嘱老年人双手握紧扶手，重心前移，向前迈出健侧下肢，站稳后再将患侧下肢向前移动，使之与健侧下肢平行。（　　）

（6）推轮椅前，应先与老年人沟通，告知老年人前进的方向、注意事项等。（　　）

4. 简答题

（1）对于可以自主进食的老年人，护理人员应如何协助其进食？

（2）护理人员在协助老年人饮水时需要注意哪些事项？

（3）老年人出现睡眠障碍的原因有哪些？

（4）护理人员应如何诱导卧床的尿潴留老年人排尿？

（5）简述协助老年人使用框架式助行器行走的操作流程。

学习成果评价

请进行学习成果评价，并将评价结果填入表4-13中。

表4-13 学习成果评价表

班级		组号		日期	
姓名		学号		指导教师	
项目名称	老年人生活照料				
评价项目	评价内容	满分	自我评分	教师评分	
理论知识（30%）	老年人所需的七大营养素和老年人的膳食平衡、饮食种类	3			
	协助老年人进食、饮水操作流程与为鼻饲老年人提供进食服务	3			
	老年人的睡眠特点、睡眠障碍的表现、出现睡眠障碍的原因与帮助老年人克服睡眠障碍的途径	6			
	为老年人清洗口腔、洗脸、清洗身体、整理床单位和清洗个人物品	6			
	老年人的排泄特点、影响老年人排泄的因素、便秘老年人和尿潴留老年人的照料方法	6			
	协助老年人使用手杖、腋拐、框架式助行器和轮椅出行的操作流程和注意事项	6			
实践技能（50%）	能够协助老年人进食、饮水，为鼻饲老年人提供进食服务，帮助老年人克服睡眠障碍	20			
	能够为老年人清洗口腔、洗脸、清洗身体、整理床单位与清洗个人物品	10			
	能够为便秘和尿潴留老年人提供大便和小便排泄服务	10			
	能够协助老年人使用手杖、腋拐、框架式助行器和轮椅出行	10			

续表

评价项目	评价内容	满分	自我评分	教师评分
综合素养（20%）	积极参加教学活动，主动学习、思考、讨论	10		
	接纳、尊重、帮助老年人，维护老年人的尊严	5		
	呵护老年人的心理健康，帮助老年人保持积极的心态	5		
合计		100		
自我评价				
教师评价				

项目五 老年人心理护理

项目引言

随着年龄的增长，老年人的器官功能下降、神经系统退化，再加上社交环境、家庭环境、经济条件的改变和不良生活习惯的影响，老年人患上抑郁障碍、焦虑障碍、疑病症、离退休综合征、空巢综合征和高血压、冠心病等疾病的概率增大。对于患有这类疾病的老年人，除了药物治疗外，心理护理也必不可少。

本项目将介绍老年人心理健康的特点、影响因素，老年人心理护理的原则、程序、方法，对患有常见心理疾病老年人的心理护理，对患有常见身体疾病老年人的心理护理，对临终老年人的心理护理等内容。

知识目标

- 了解心理健康老年人的特点与影响老年人心理健康的因素。
- 熟悉老年人心理护理的原则、程序和方法。
- 熟悉对患有抑郁障碍、焦虑障碍、疑病症、离退休综合征、空巢综合征的老年人的心理护理。
- 熟悉对患有高血压、冠心病、阿尔茨海默病、消化性溃疡的老年人的心理护理。
- 了解临终老年人的心理变化，熟悉临终老年人心理护理的目的和措施。

素质目标

- 通过学习常见心理疾病和身体疾病老年人的心理护理知识，关心老年人，理解老年人的需求，在情感上给予老年人支持。
- 通过学习临终老年人心理护理知识，培养崇高的职业道德和高度的责任心、同情心，彰显人道主义精神。

任务一　认识老年人心理护理

任务导入

护理人员帮助王爷爷解开心结

由于子女工作繁忙，无暇照顾王爷爷，王爷爷决定在一家养老院安度晚年。刚入住养老院时，王爷爷每天都会在休闲区的长凳上静坐很长时间，很少和其他人交流，经常茶饭不思，导致身体迅速消瘦。

护理人员十分担心王爷爷的身体健康状况，多次与王爷爷沟通，鼓励王爷爷积极参加养老院组织的各种团体活动，但是王爷爷不乐意，还是独来独往，偶尔会拿着老伴生前的照片端详。与王爷爷的子女沟通后，护理人员得知王爷爷在丧偶前性格开朗随和，丧偶后受到了巨大打击，性情才变得孤僻。

明白王爷爷是因丧偶而产生了心理问题后，护理人员为王爷爷制订了详细的心理护理方案，并且在心理护理实施阶段使用心理疏导法、认知疗法、音乐疗法对王爷爷进行心理护理，逐渐解开了王爷爷的心结。经过一段时间的心理护理后，王爷爷逐渐变得开朗起来，脸上的笑容变多了，胃口也变好了，身体状况也在逐渐好转。

思考：

（1）心理健康老年人有哪些特点？

（2）影响老年人心理健康的因素有哪些？

（3）老年人心理护理的方法有哪些？

一、老年人心理健康

心理健康是指有利于个体身心发展，工作、学习有效率，维持良好生活质量的适宜的心理状态。心理健康是健康的重要组成部分，没有心理健康就没有整体健康。老年人保持健康的心理状态对其身体健康、家庭和谐、生活幸福等具有重要意义。

（一）心理健康老年人的特点

心理健康老年人主要具有以下 5 个方面的特点：

（1）认知功能基本正常。认知功能包括感知觉能力、记忆力、思维能力等。认知功能基本正常主要是指老年人各项认知功能不低于同龄人的平均水准。认知功能基本正常的老年人对事物能做出正确识别和准确判断，不会产生错觉、幻觉；回忆往事时，不会遗漏重大事

件；分析问题时，不会出现逻辑混乱；回答问题时，不会答非所问。

（2）有健全的人格。人格是指个体内在的心理生理系统的动力组织和由此决定的独特的思维、情感和行为模式。心理健康的老年人具有清醒的自我意识，能客观地评价自己的性格和能力，对自己的人生做出合理的评价；能看到自己的优点，接受自己的缺点，不会对自己过于严苛；对自己的老年生活有合理的规划；能肯定自己存在的价值。

（3）能保持良好的人际关系。心理健康的老年人乐于与人交往，有稳定且广泛的人际关系；尊重他人，接受他人与自己的差异；与他人和平共处，正确处理人际关系冲突；能得到家人的理解和尊重，与老伴、子女、孙子、孙女等感情融洽。

（4）有良好的适应能力。心理健康的老年人能以积极的处事态度主动和外界保持联系，与社会广泛接触，能较快接受和适应社会环境、自然环境的变化。

（5）情绪良好。心理健康的老年人善于从生活中寻找乐趣，能经常保持愉快的心情，并且具有较强的情绪调节能力。例如，面对生活中的变故（如亲人去世），心理健康的老年人能够积极调整心态，尽快摆脱负面情绪的影响，不会在负面情绪中越陷越深。

课堂活动

2～3 人一组，讨论自己熟悉的老年人（包括但不限于爷爷、奶奶、外公、外婆）的心理健康状况，并说明理由。

（二）影响老年人心理健康的因素

一般来说，影响老年人心理健康的因素包括心理因素、生理因素、家庭因素、社会因素。

1. 心理因素

常见的影响老年人心理健康的心理因素包括情绪、性格、思想观念等。

（1）情绪。剧烈的情绪波动或持续的负面情绪会损害老年人的身心健康，而稳定、正面的情绪会使老年人感到平静、愉悦，有利于其身心健康。

（2）性格。性格对老年人的情绪、行为、思想等都有重要影响，不同性格的老年人对挫折的承受能力不同。例如，性格开朗、乐观的老年人能够保持稳定、愉悦的情绪，承受挫折的能力较强，而性格敏感、孤僻、悲观的老年人经常会出现紧张、失落、焦虑等情绪，并且承受挫折的能力较差。

（3）思想观念。老年人对事物的看法、评价、态度等是影响其情绪、心理状态和行为方式的重要因素。

2. 生理因素

常见的影响老年人心理健康的生理因素包括身体健康状况、遗传因素等。

（1）身体健康状况。老年人由于身体机能衰退，可能会出现体力下降、记忆力衰退、睡眠时间缩短、疾病增多、自理能力下降等问题，容易产生负面情绪，从而影响心理健康。

（2）遗传因素。老年人的心理健康受遗传因素影响。例如，老年人的亲属患精神疾病，则该老年人患同类疾病的概率明显高于其他老年人。

3. 家庭因素

常见的影响老年人心理健康的家庭因素包括婚姻状况、子女情况等。

（1）婚姻状况。夫妻关系良好的老年人能够和配偶相互关心、互相扶持，有利于促使双方保持健康的心理状态。丧偶或离婚都会导致老年人产生孤独、寂寞等情绪和悲观心理，进而影响其心理健康。

（2）子女情况。子女的家庭结构、经济状况、工作情况、对父母的关爱程度等，也会影响老年人的心理健康。例如，子女长期不在家可能导致老年人产生空巢综合征。

4. 社会因素

常见的影响老年人心理健康的社会因素包括社会参与、社会支持等。

（1）社会参与。老年人在退休后，社交圈会迅速缩小，如果不主动参加社交活动，结交新朋友，就很容易产生孤独、寂寞等负面情绪。老年人若能主动参加社交活动，结交新朋友，则会感觉生活更加丰富、充实，有利于保持心理健康。

（2）社会支持。社会为老年人提供的各种福利和对老年人的优待，如医院为老年人提供的免费医疗检查（见图 5-1）、社区举办的老年人团体活动、政府提供的老年活动场所等，都会影响老年人的生活质量，进而影响其心理健康。

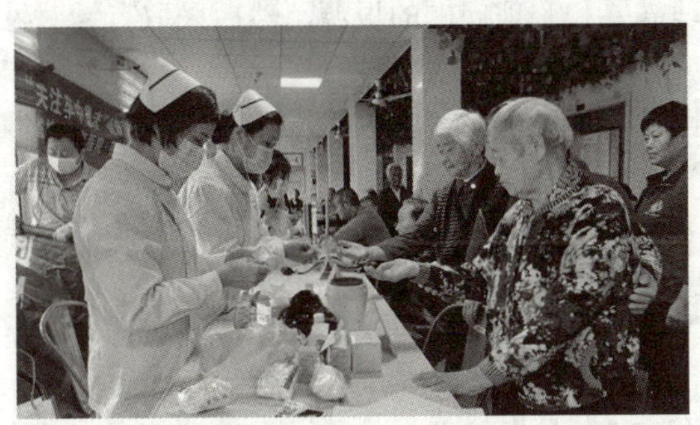

图 5-1　医院为老年人提供的免费医疗检查

二、老年人心理护理的原则

心理护理是指在护理实践中以心理学知识和理论为指导，以良好的人际关系为基础，按一定的程序，运用各种心理学方法和技术消除或缓解老年人不良心理状态和行为，促进疾病转归和康复的护理方法和手段。护理人员应遵循以下心理护理原则。

（一）交往性原则

心理护理以良好的人际关系为基础。为了使老年人能够积极配合护理人员的工作，在实施心理护理时，护理人员要与老年人多沟通，关心他们的生活和需求，与他们建立良好的人际关系，增进感情。

（二）服务性原则

护理人员是心理护理服务的提供者，其工作态度、工作能力、工作作风等会直接影响老年人的心理状态，进而影响心理护理服务的效果。护理人员在工作时必须端正服务态度，时刻注意自己的言行，做到热心、耐心、细心，努力为老年人提供优质的心理护理服务。

（三）启发性原则

护理人员是心理护理服务的主导者，在心理护理过程中应运用心理学及其相关学科的知识启发老年人，消除他们对疾病、死亡和当前生活状况的错误认识和观念，使他们从消极的心理状态转变为积极的心理状态，从而积极、主动地配合护理人员实施心理护理。

（四）动态性原则

老年人的心理状态会随着其疾病的发展或生活环境的变化而发生变化，这就要求护理人员具备敏锐的观察能力和灵活的应变能力，在心理护理过程中时刻关注老年人的心理变化并及时调整心理护理措施。

（五）针对性原则

老年人的年龄、性别、文化程度、健康状况等不同，心理状态也不同。在服务老年人的过程中，护理人员要注意老年人心理活动的个体差异，针对不同老年人表现出来的不同的心理状态，认真分析其心理需要和心理问题的根源，然后采取有针对性的措施。

三、老年人心理护理的程序

老年人心理护理一般按照心理护理评估、心理护理诊断、心理护理计划、心理护理实施、心理护理评价的程序进行。

（一）心理护理评估

心理护理评估（见图 5-2）是指护理人员通过收集、整理有关老年人的资料，对其心理健康状况进行初步评估的过程。护理人员可通过查阅老年人的病例、检查记录或询问老年人及其家属和医务人员来收集相关资料并进行评估。

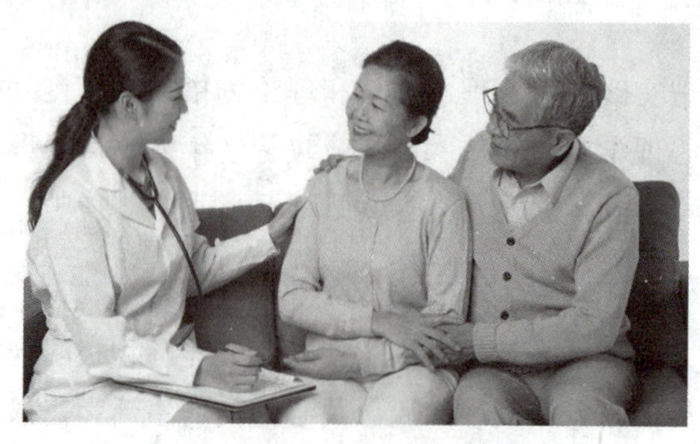

图 5-2　心理护理评估

护理人员进行心理护理评估时，要对老年人的资料进行全面、系统、客观的分析，明确老年人的心理状态，找出其产生心理问题的原因，为进行心理护理诊断和制订心理护理计划提供依据。具体来说，护理人员应结合以下内容对老年人进行心理护理评估：

（1）基本资料：包括性别、年龄、职业、受教育程度、经济状况、宗教信仰、民族、婚姻状况等。

（2）遗传因素：是否有精神障碍家族史。

（3）身体健康状况：存在哪些临床症状、体征，疾病的发生时间、持续时间、发生频率、伴随症状等，有无既往史、家族史、过敏史等，是否酗酒、吸毒、滥用药物等。

既往史是指过去的健康状况和曾经患过的疾病、手术、外伤和输血等与疾病相关的历史。

（4）认知情况：感知觉能力、注意力、记忆力、思维能力等有无障碍，以及障碍出现的时间、频率、与其他精神症状的关系。

（5）意志活动和行为表现：是否存在明显的意志障碍，如意志增强、意志减弱、意志缺乏等；是否存在行为异常，如精神运动性迟滞或精神运动性激越。

精神运动性迟滞患者生理和心理反应迟缓，常表现为行为迟缓、目光呆滞，伴有注意力和记忆力下降，多见于抑郁症。

精神运动性激越患者与精神运动性迟滞患者相反，前者会在脑中反复思考一些没来由的事情，思维杂乱、无条理，大脑持续处于紧张状态，表现为烦躁、紧张不安，严重时搓手顿足、反复踱步。

（6）其他因素：包括生活自理能力、社交能力、社会适应能力、性格特征、个人成长经历、重大生活事件等。

（二）心理护理诊断

心理护理诊断是在心理护理评估的基础上，通过对所收集的资料进行分析，确定老年人的心理问题及其产生的原因。心理护理诊断过程包括：① 确定心理问题的性质；② 确定心理问题的严重程度；③ 分析引起心理问题的原因；④ 形成心理问题的诊断描述。

（三）心理护理计划

护理人员在制订心理护理计划时，首先要按照问题的轻重缓急程度对老年人的多个心理问题进行排序，然后根据心理护理诊断阶段形成的诊断描述确定心理护理目标和心理护理方法，最后制订心理护理计划。

（四）心理护理实施

心理护理实施是指将心理护理计划付诸实践，以实现心理护理目标的过程。在心理护理实施阶段，护理人员应做好以下工作：

（1）全面服务，重点照顾。对多个老年人进行心理护理时，护理人员应根据不同老年人的具体情况，合理分配时间和精力，重点关注心理问题严重的老年人。在实施每项心理护理措施前，都需要征得老年人本人或其家属的同意。

（2）采用科学的护理方法。护理人员要用心理学知识引导老年人恢复心理状态，提高老年人解决情绪和心理问题的能力；对于超出自己专业能力范围的问题，应向医务人员求助。

（3）做好心理护理记录。护理人员应将老年人在心理护理过程中产生的生理变化、心理变化和心理护理服务效果记录下来，作为心理护理评价的重要参考。

（4）继续收集资料。护理人员在实施心理护理的过程中，通过进一步与老年人沟通交流，收集其在心理状态、认知、行为等方面的最新资料，作为优化心理护理计划的重要依据。

（5）优化心理护理计划。在心理护理实施阶段，护理人员要根据老年人在心理状态、认知、行为等方面的变化及时优化心理护理计划，确保心理护理服务的效果。

（五）心理护理评价

心理护理评价是指护理人员在实施心理护理计划后，对照心理护理目标，对老年人的心理健康恢复情况进行连续分析和评估的过程。在心理护理过程中，老年人的心理健康情况随时可能发生变化，因此心理护理评价应贯穿于心理护理活动的全过程。

一般来说，心理护理评价可分为以下 5 个步骤：

（1）确定心理护理评价标准。以心理护理目标为指导，确定具体、准确、可操作性强、可量化的评价标准。

（2）评价心理护理的效果。通过将在心理护理实施过程中收集的资料与心理护理评价标准进行比较，据此评价心理护理的效果。

（3）评价心理护理目标实现的程度。心理护理目标实现的程度包括目标完全实现、目标部分实现、目标未实现 3 种，可根据心理护理实施过程中收集的资料、心理护理标准、心理护理效果等进行评价。

（4）分析心理护理目标未完全实现的原因。若心理护理目标部分实现或未实现，则必须深入分析未完全实现的原因，可通过分析心理护理各环节的主要工作寻找原因。

（5）调整心理护理计划。根据心理护理的效果、心理护理目标未完全实现的原因和目前掌握的资料，调整心理护理计划，然后再进行心理护理实施、评价，直至心理护理目标完全实现。

四、老年人心理护理的方法

老年人心理护理的方法主要有心理支持法、心理疏导法、认知疗法、音乐疗法、家庭治疗法等。

（一）心理支持法

心理支持法是指在精神上给老年人不同形式、不同程度的支持和援助的护理方法。使用心理支持法的必要条件包括：① 护理人员与老年人关系和谐融洽；② 护理人员对老年人在心理、情绪方面的问题有深入的了解和准确的评估。

常见的心理支持法有认真听老年人诉说、鼓励老年人发挥主观能动性、帮助老年人宣泄或释放情感等。

（二）心理疏导法

心理疏导法是指应用心理学知识改变老年人的认知、情绪、行为和意志，以达到消除症状、治疗疾病的方法。使用心理疏导法进行心理护理的目的是帮助老年人改变不当行为。在心理疏导过程中，护理人员应充分调动老年人自身的积极性，帮助老年人客观地了解自己的境况，激发其独立解决困难的潜力，鼓励老年人建立合适的心理宣泄途径，引导和帮助老年人保持情绪稳定。

（三）认知疗法

认知疗法是指以矫正老年人的非理性信念、不当思维过程为目标的心理治疗方法。护理人员可以通过改变老年人对自己、他人或事物的看法和态度来解决老年人的心理问题。值得注意的是，使用认知疗法进行心理护理并不是改变老年人的人格，更不是给老年人“洗脑”，而是帮助他们认识到自己在认知方面存在的偏差，进而改变他们的不良思维和行为。

同步案例

卖伞与卖鞋的故事

有一位老太太每天都愁眉苦脸，有时还会默默流泪。这位老太太有两个儿子，大儿子卖雨伞，小儿子卖草鞋。晴天时，她担心大儿子的雨伞卖不出去；阴雨天时，她又担心小儿子的草鞋卖不出去。她每天都十分焦虑和悲伤。

一天，一个过路人听这位老太太说完自己的烦心事后，就对她说：“晴天时，您小儿子的草鞋会卖得很好；阴雨天时，您大儿子的雨伞会卖得很好。您应该每天都高兴才对啊！”老太太听了这话，顿时喜笑颜开，心中的担忧与愁绪一扫而空。

（四）音乐疗法

音乐疗法（见图 5-3）是指通过音乐欣赏和表演（演奏）等活动，实现心理调适的一种治疗方法。护理人员可以合理利用音乐的特性，通过适度的音乐节奏、频率和有规律的声波振动影响老年人的脑电波、心率、呼吸节奏，提高老年人大脑皮层的兴奋程度，使老年人产生愉悦感。需要注意的是，在使用音乐疗法前，护理人员应与老年人充分沟通，了解老年人的家庭环境、成长经历、情绪状态、疾病状况等，然后有针对性地选择音乐。

音乐疗法知多少

图 5-3　音乐疗法

（五）家庭治疗法

家庭治疗法是以家庭为对象实施的一种心理治疗方法。使用该方法进行心理护理时，需要找出导致老年人发病、症状持续加重的家庭因素，引导家庭成员共同消除这些因素带来的影响，从而控制和改善老年人的病情。例如，要想缓解空巢综合征老年人的症状，护理人员应鼓励老年人的家庭成员共同参与心理护理过程，尤其是要鼓励老年人的子女多关心、照顾其父母，以增强心理护理的效果。

任务实施

1. 任务描述

请你以社区内或家族中的某位老年人为对象，通过沟通交流，了解该老年人在认知功能、人格、人际关系、适应能力、情绪调节等方面的表现，然后对其进行心理护理诊断，制订合理的心理护理计划并实施。

2. 任务目的

通过分析老年人的心理健康状况，加深对老年人心理健康和心理护理的认识，了解影响老年人心理健康的因素，熟悉老年人心理护理的原则、程序、方法。

3. 实施过程

（1）4～5 人一组，确定要沟通交流的对象与内容，并且在沟通交流的过程中录音。

（2）根据任务描述、沟通交流过程中所得信息和本任务所学知识分析表 5-1 并填写该表。

表 5-1　问题与答案

问题	答案
该老年人在认知功能、人格、人际关系、适应能力、情绪等方面的表现	
心理护理诊断	
心理护理计划	
心理护理实施	

（3）每组选出一人讲解（可结合必要的采访视频、音频、图片等）本组的任务实施情况，并解答其他小组成员提出的问题。

4. 任务评价

教师根据任务的完成情况，按表 5-2 中的内容为各组打分并进行评价。

表 5-2　任务评价表

评价内容	分值	教师评分	教师评价
积极、认真地参与任务实施环节	15		
内容填写详细、完整，字迹工整	30		
心理护理诊断结果准确，心理护理计划科学、合理，心理护理实施有序、规范	40		
能正确回答其他同学提出的问题	15		
总计	100		

任务二　对患有常见心理疾病老年人的心理护理

任务导入

克服抑郁障碍，重拾对生活的热情

张奶奶是一位性格开朗、和蔼可亲的老太太，但自从老伴去世后，张奶奶就变得很少出门、不爱运动、动作缓慢僵硬、不爱主动讲话、十分健忘，有时坐在椅子上长时间不动，仿佛沉浸在自己的世界里。于是，张奶奶的子女带着张奶奶去医院检查。经检查，医生确定张奶奶患有抑郁障碍。

为了使张奶奶能够得到更好的治疗与护理，张奶奶的子女请了一位专业的护理人员来照护张奶奶。护理人员首先对张奶奶进行了心理护理评估，然后根据心理护理评估结果制订了合理的心理护理计划。在护理过程中，护理人员经常鼓励张奶奶户外散步、结交新朋友、培养兴趣爱好，并陪同张奶奶做一些有益于提高记忆力的小游戏。同时，护理人员还向张奶奶的家人和朋友普及了抑郁障碍知识，号召大家多关爱、陪伴张奶奶，并且定期举行家庭聚会或外出游玩，帮助张奶奶重拾对生活的热情。

思考：

（1）什么是抑郁障碍？

（2）怎样对抑郁障碍老年人进行心理护理？

一、对抑郁障碍老年人的心理护理

抑郁障碍是一种病因未明的情感障碍，具有自发缓解和复发的倾向。老年人容易因亲友离世、家庭矛盾、自己丧失劳动能力等产生孤独、绝望等负面情绪，进而患上抑郁障碍。

（一）抑郁障碍老年人的临床症状

抑郁障碍老年人的临床症状主要体现在情感症状、躯体症状和认知症状 3 个方面。

1. 情感症状

情感症状包括情绪低落、兴趣减退、愉快感缺乏等。抑郁障碍老年人每天大部分时间的情绪都很低落，且情绪一般不随环境变化而好转，但是情感症状在一天之内可呈现节律性变化，如有些抑郁障碍老年人在早晨情绪最低落，从傍晚开始，情绪有所好转。

2. 躯体症状

躯体症状包括体重、食欲、睡眠和其他躯体活动的异常情况，典型表现包括：① 对普遍认为有乐趣的活动丧失兴趣和愉快感；② 对通常令人愉快的环境缺乏情感反应；③ 存在精神运动性迟滞或激越；④ 入睡困难，时常惊醒、早醒；⑤ 食欲明显下降；⑥ 短时间内体重明显降低。中、重度抑郁发作的老年人通常存在上述 4 条或以上的躯体症状。部分抑郁障碍老年人还存在疼痛、心动过速、便秘等症状。

3. 认知症状

抑郁障碍老年人大多存在思维迟缓、注意力不集中、信息加工能力减退、对自我和周围环境漠不关心等认知症状。重度抑郁障碍老年人往往还表现为极度悲观、消极厌世、自责自罪，甚至出现自伤、自杀等行为。

（二）对抑郁障碍老年人的心理护理措施

1. 配合医生实施医学治疗

护理人员应严格按照医生的诊断结果和用药方案，督促抑郁障碍老年人定时、定量服用

药物。同时，护理人员还应通过观察抑郁障碍老年人的临床症状来判断其病情是否加重。若发现抑郁障碍老年人的失眠、食欲减退、焦虑不安、反应迟钝等症状不断加重，则要及时通知医务人员。

2. 协助改善生活环境

一些老年人产生抑郁障碍的原因与生活环境有关，如老年人的家属对老年人漠不关心，老年人与其家属关系紧张等。对于这类抑郁障碍老年人，护理人员可通过采用家庭治疗法，鼓励老年人的家属采用合适的情感表达方式表达对老年人的关心，努力改善家庭成员与老年人的关系，营造温馨、和谐的家庭氛围，从而减轻老年人的抑郁症状。

3. 提供心理支持

护理人员应加强与老年人的沟通，并且在沟通过程中认真、耐心地聆听其诉说，重视其提出的问题并认真回答，弄清楚其情感需求并及时满足。同时，护理人员还应鼓励抑郁障碍老年人充分表达自己的观点，合理宣泄负面情绪，引导他们改变对事物的看法和态度，使他们能够以积极、乐观的态度面对生活。

4. 鼓励参加活动

护理人员还应鼓励抑郁障碍老年人多参加强度较低的户外运动，如打太极拳、快走、做体操等，以缓解焦虑、改善睡眠质量。此外，护理人员还应引导抑郁障碍老年人培养一些可以陶冶情操的兴趣爱好，如唱歌（见图 5-4）、跳舞、养花等，使其生活更加充实、快乐。

图 5-4　唱歌

二、对焦虑障碍老年人的心理护理

焦虑障碍也称焦虑症，是以过度恐惧和焦虑及相关行为紊乱为特征的精神障碍。与正常的焦虑反应不同，焦虑障碍的程度和持续时间远远超过正常人对应激事件的正常反应水平。

（一）焦虑障碍的类型

常见的焦虑障碍主要包括广泛性焦虑症、惊恐障碍、广场恐怖症、社交焦虑障碍、特定恐怖症等。

（1）广泛性焦虑症是一种以持续、显著的紧张不安，伴有自主神经功能亢进和过分警觉为特征的慢性焦虑障碍。其基本特征是患者对许多事情和活动过度焦虑和担忧。

（2）惊恐障碍是一种以反复出现严重急性惊恐发作为基本特征的精神障碍。其发作并不限于特定场合或环境，不可预测。

惊恐发作是指强烈的恐惧或躯体不适骤然发作，症状在几分钟内可达到顶峰。

（3）广场恐怖症是指对空旷的广场、拥挤的公共场所、密闭的空间等特定场所产生异乎寻常的恐惧或紧张，并出现竭力回避的行为。其关键特征之一是，患者过分担心处于空旷的广场、拥挤的公共场所、密闭的空间等特殊场所中时，没有立刻可以离开的出口。

（4）社交焦虑障碍也称社交恐惧症，是指害怕被人审视或否定而回避与人交往的一种精神障碍。社交焦虑障碍老年人往往在公共场合承受极大痛苦，导致其社交关系、生活质量受到严重影响。

（5）特定恐怖症是一种病因未明的恐怖症，主要表现为害怕某一特定的场景或物品。最常见的特定恐怖症包括动物恐怖症、恐高症、雷电恐怖症等。

（二）焦虑障碍老年人的临床症状

一般来说，焦虑障碍老年人的临床症状主要体现在精神症状和躯体症状方面。其中，精神症状主要包括焦虑、担忧、害怕、恐惧、紧张不安，躯体症状主要包括心慌、胸闷、气短、口干、出汗、肌肉紧张、面色苍白等自主神经功能紊乱症状。此外，不同类型的焦虑障碍的临床症状也存在差别。

1. 广泛性焦虑障碍老年人的临床症状

广泛性焦虑障碍量表

（1）精神症状：主要表现为持续、泛化、过度的担忧，并且在任何环境中都可能产生担忧思想。广泛性焦虑障碍老年人可能担心日常生活中的每件小事，但又无法明确意识到自己所担心的内容或对象，终日忧心忡忡，坐立不安。

（2）躯体症状：主要是运动性紧张和自主神经活动亢进。运动性紧张主要表现为坐卧不宁、搓手顿足、来回走动等，自主神经活动亢进涉及多个系统，临床症状具体如表 5-3 所示。

表 5-3　自主神经活动亢进老年人的临床症状

系统名称	临床症状
消化系统	口干、过度排气、肠蠕动增多或减少等
呼吸系统	胸部有压迫感、吸气困难、过度呼吸等
心血管系统	心慌、心前区不适、心律不齐等
泌尿生殖系统	尿频尿急、勃起障碍、痛经等
神经系统	震颤、眩晕、肌肉疼痛等

2. 惊恐障碍老年人的临床症状

（1）精神症状：突然出现惊慌、恐惧、紧张不安、濒死感、失控感、现实解体（不真实感）或人格解体（自我抽离感）等。

（2）躯体症状：心悸、心慌、气短、窒息感、胸痛或胸部不适、出汗、震颤、头昏或眩晕、失去平衡、身体发冷或发热、感觉异常（麻木感或刺痛感）、恶心或腹部不适等。惊恐发作通常在数分钟到数十分钟内可自然缓解。在惊恐发作间歇期，惊恐障碍老年人日常生

活基本正常，但对惊恐发作有预期性焦虑，部分老年人有回避行为。

3．广场恐怖症老年人的临床症状

置身于难以迅速离开或逃离的地点、场景时，广场恐怖症老年人通常会感到紧张、焦虑，出现头晕、心悸、胸闷、出汗等自主神经功能紊乱症状，有的人虽然能克服这些症状，但是仍会感到恐惧、痛苦。在有人陪伴的情况下，广场恐饰症老年人感到焦虑、恐惧的程度会有所减轻，因此他们会越来越依赖他人的陪伴，有的甚至会把自己困在家里，不敢出门。

4．社交焦虑障碍老年人的临床症状

社交焦虑障碍老年人在与他人谈话、会见陌生人、被他人观察、在他人面前表现自己（如演讲）时，会表现出显著、过度的恐惧和焦虑，具体表现为设法回避社交场合，与人交往时出现脸红、出汗、心跳加速等症状，因为他们会害怕自己的表现方式或所表现出的焦虑会使其遭到负面评价。

5．特定恐怖症老年人的临床症状

特定恐怖症老年人会积极回避某一特定的物品或场景，如果不能成功回避，就会产生强烈的恐惧或焦虑，进而出现心跳加速、出汗、浑身发抖、呼吸急促、头晕等症状。

课堂活动

郑奶奶在一次过马路时差点被一辆疾驰而来的小汽车撞倒。此后，郑奶奶变得不敢出门，害怕小汽车从她面前驶过。甚至在空闲的时候，郑奶奶也会回想起当时惊心动魄的场景，进而产生呼吸急促、心跳加速、手脚发麻、手心冒汗等症状。

郑奶奶可能患有哪种焦虑障碍？这种焦虑障碍的临床症状有哪些？

（三）对焦虑障碍老年人的心理护理措施

1．配合医生实施心理治疗

对于焦虑障碍老年人，可采用暴露疗法和系统脱敏法进行心理治疗。护理人员由于没有行医资格，必须配合医生对焦虑障碍老年人进行心理治疗。

（1）暴露疗法是指通过使当事人想象或将其置身于诱发焦虑的场景中来消除焦虑的一种治疗技术。护理人员可在医生的指导下，陪同焦虑障碍老年人直接接触使其产生焦虑的情景，并鼓励其坚持到症状消失。这样反复训练，焦虑障碍老年人对使其产生焦虑的情景习以为常后，就能大大减少对焦虑情景的反应。

（2）系统脱敏法是指按照焦虑刺激等级由低到高的顺序将诱发焦虑反应的刺激呈现给焦虑障碍老年人，结合放松技术，逐步消除焦虑的一种治疗技术。护理人员可在医生的指导下，引导焦虑障碍老年人按照焦虑刺激等级想象引起其焦虑的情景，同时鼓励其放松。

2．加强心理健康教育

护理人员应加强对焦虑障碍老年人的心理健康教育，通过讲解心理学知识，解答焦虑障碍老年人的问题，帮助焦虑障碍老年人树立正确的思想观念，提高其心理素质，使其保持积极、乐观、轻松的心态。

3. 提供情感支持

护理人员应给予焦虑障碍老年人情感上的支持，在其焦虑时，通过语言或动作安抚其情绪，或引导其适当发泄情绪，帮助其快速稳定情绪、缓解焦虑。

4. 协助进行放松训练

护理人员可以教焦虑障碍老年人一些常用的放松训练方法，如呼吸松弛训练法（见项目四任务二）、渐进性肌肉放松法等，帮助其缓解焦虑障碍导致的肌肉痉挛、疼痛等症状。

其中，渐进性肌肉放松法是一种通过对全身各肌肉群按照一定顺序反复进行紧张—放松循环练习，促进肌肉放松和大脑皮层兴奋水平下降的放松疗法。护理人员可让焦虑障碍老年人依次对其手、手臂、脸部、颈部、躯干、腿部等部位进行放松训练，指导其在吸气时保持肌肉紧张 7～10 秒，在呼气时放松肌肉，保持 10～15 秒。

三、对疑病症老年人的心理护理

疑病症是指在没有明确医学根据的情况下，患者认定自己患有某种特定疾病的一种精神病理状态。

（一）疑病症老年人的主要表现

疑病症老年人深信自己患有一种或多种躯体疾病或精神疾病，因而四处求医，虽然医学检查结果和医生的解释否定其患有疾病，但是仍不能打消其疑虑。例如，某些老年人听信电视里的保健品广告，发现自己的某些症状与广告对某种疾病症状的描述相符合，就坚信自己患有某种疾病。

（二）对疑病症老年人的心理护理措施

1. 注意日常护理

在日常护理中，护理人员应指导疑病症老年人做到“五不”。

（1）不查资料。尽量不让疑病症老年人自己查阅医疗卫生方面的资料，尤其是良莠不齐的网络资料，以免其根据资料上的描述对号入座。

（2）不乱求医。引导疑病症老年人认识到药物对肝肾和胃肠道的副作用，帮助其改变胡乱求医问药的不良习惯。

（3）不过度敏感。帮助疑病症老年人改变经常自我注意、自我检查、自我暗示的不良习惯，避免其把轻微的小病当作大病、重病。

（4）不过分关注。只要没有检查出器质性疾病，就不要让疑病症老年人过分关注其躯体上的功能性症状和不适。

功能性症状是指非器质性原因所致、多被认为是由心理和精神问题引起的症状。

（5）不拒绝诊治。疑病症老年人确实有明显的症状时，护理人员要及时通知医务人员；若老年人确实无法克服疑病症，必要时，护理人员应辅助医生对老年人进行心理治疗。

2．与疑病症老年人保持有效沟通

护理人员要与疑病症老年人保持良好的沟通，通过听疑病症老年人表达其内心感受，分析其怀疑自己生病的原因，并通过科普疾病知识和提供心理支持帮助其正确认识疾病，消除其对自身患病的疑虑。

3．转移疑病症老年人的注意力

护理人员应鼓励疑病症老年人做一些力所能及的事情，如积极参加体育锻炼和集体娱乐活动，通过培养多方面的爱好，转移注意力，淡化疑病思想。

4．帮助疑病症老年人树立正确的观念

疑病症老年人往往比较悲观，遇到事情时首先想到不幸的一面，并且很难主动调节不良心理，甚至经常陷入紧张和痛苦中。护理人员应引导疑病症老年人正确理解疾病知识，帮助其树立科学防病治病的观念，避免其盲目对照疾病症状得出自己患有某种疾病的结论。

同步案例

有疑病症的孙爷爷

71 岁的孙爷爷最近几个月总是感到胃疼，疼痛感在饭后会暂时缓解，但是在晚上睡觉前加重。孙爷爷认为自己得了胃癌，将不久于人世，于是茶饭不思、日渐消瘦，并且出现头晕、乏力等症状。

为了消除孙爷爷的疑虑，孙爷爷的女儿带着孙爷爷去医院检查。医生说孙爷爷只是患有胃溃疡，并没有患胃癌，头晕、乏力等症状是营养不良导致的。

听了医生的诊断，孙爷爷仍然不相信自己只是患有胃溃疡，坚持认为是医院的检查结果不准。为了能够让孙爷爷尽快配合治疗胃溃疡，孙爷爷的女儿聘请了一位护理人员来照顾孙爷爷。护理人员十分热情地与孙爷爷沟通，督促其按时吃治疗胃溃疡的药，并从孙爷爷喜欢下围棋入手，鼓励孙爷爷参加社区举办的围棋大赛，引导孙爷爷将注意力转移到研究棋谱、与棋友切磋棋艺等方面，减少其胡思乱想的时间。一段时间后，孙爷爷感觉自己胃口变好了，胃也不疼了，再也不提自己患胃癌的事情了。

四、对离退休综合征老年人的心理护理

离退休综合征是指老年人由于离退休后不能适应新的社会角色、生活环境和生活方式而出现的焦虑、抑郁、悲哀、恐惧等负面情绪或因此产生偏离常态行为的一种适应性的心理障碍。

（一）离退休综合征老年人的主要表现

离退休综合征老年人离退休后，会突然感觉生活变得空虚，或因人际交往活动减少而感到孤独，进而导致精神萎靡、意志消沉、情绪低迷。在行为上，离退休综合征的主要表现包括坐立不安、行为重复、注意力不集中、易怒、失眠、多梦、心悸等。

（二）对离退休综合征老年人的心理护理措施

1. 进行心理健康教育

护理人员通过对离退休综合征老年人进行心理健康教育，使他们了解心理健康的重要性和心理健康的标准，掌握保持心理健康的基本技能，养成有利于心理健康的行为习惯和生活方式，增强心理健康意识，从而缓解因离退休带来的不适。

2. 促进家庭和谐

配偶的关心、帮助与照顾，子女的关心、尊重与理解，都会让离退休综合征老年人感受到亲情的温暖，有利于其身心健康。护理人员应帮助离退休综合征老年人维护好与家人的关系，鼓励离退休综合征老年人多与其配偶、子女沟通，使他们了解老年人的生活。同时，护理人员还应鼓励离退休综合征老年人适当参加家务劳动，这样既能促进家庭和睦，又有利于其身心健康。

3. 鼓励培养兴趣爱好

兴趣爱好既能丰富生活内容，激发离退休综合征老年人对生活的兴趣，又能协调、平衡神经系统的活动，对延缓衰老、预防阿尔茨海默病有积极的作用。护理人员应鼓励离退休综合征老年人培养一些兴趣爱好，如钓鱼、下棋（见图 5-5）、打羽毛球、画画、养花等，以改善其精神状态，使其生活更加规律、充实、有趣。

图 5-5　下棋

4．鼓励建立新的人际关系网

良好的人际关系可以缓解离退休综合征老年人的压力，减轻其孤独感，有利于其身心健康。护理人员应当鼓励离退休综合征老年人积极主动地结交新朋友，建立新的人际关系网，避免其因长期自我封闭、不参加社交活动而出现心理问题。

课堂活动

2～3 人一组，讨论护理人员可以通过哪些方法帮助离退休老年人建立新的人际关系网。

五、对空巢综合征老年人的心理护理

空巢综合征是指老年人因子女不在身边而产生的一系列适应障碍。空巢是指无儿无女或者子女在成年后离开而只剩下老年人独守的家庭。由于家庭关系疏远、缺乏亲人关心，空巢综合征老年人往往会产生被分离、被遗弃的感觉。

（一）空巢综合征老年人的主要表现

（1）情绪方面。空巢综合征老年人常常感到郁闷、孤独、寂寞、沮丧、失落和悲哀，具体表现为心神不宁、烦躁不安等。

（2）认知方面。空巢综合征老年人可能会出现以下三种认知：① 认为自己过去对子女的关心、照顾和疼爱不够，没有完全尽到做父母的责任和义务，因此感到自责；② 认为子女对父母的关心、回报不够，甚至产生埋怨情绪；③ 自食其力，不想给子女添麻烦。

（3）行为方面。空巢综合征老年人主要表现出唉声叹气、食欲不振、失眠、哭泣流泪等症状。

（二）空巢综合征老年人的心理护理措施

1．减轻对子女的依恋

一些老年人受“养儿防老”传统思想的影响，当子女成年离开自己后，就会产生不适感，缺乏安全感，进而导致产生空巢综合征。护理人员应多与空巢综合征老年人沟通，使其逐渐减轻对子女的依恋，将注意力放在享受生活上。同时，护理人员还应提醒空巢综合征老年人的子女通过打电话、视频聊天、常回家看看等方式多与老年人联系，多关心老年人的生活，给予老年人必要的经济支持。

2．转移注意力

护理人员应引导空巢综合征老年人积极地看待空巢现象，从子女成长中获得成就感。此外，护理人员还应鼓励空巢综合征老年人积极参加多种形式的团体活动，通过多结交朋友，培养兴趣爱好，将注意力从过分关心、担忧子女转移到享受老年生活上来。

同步案例

患有空巢综合征的王奶奶

王奶奶中年离异后，一直坚持一个人将女儿抚养长大，因此和女儿的关系特别好。王奶奶退休后，女儿也已经工作并成家。王奶奶的女儿婚后既要工作又要经营自己的家庭，总是十分忙碌，因此看望王奶奶的时间少了很多。王奶奶和女儿一起生活了几十年，早已习惯了女儿陪伴在自己身边的日子，现在突然失去女儿的陪伴，她感到十分不习惯，加上退休后社交活动骤然减少，王奶奶时常会感觉到孤独和失落，进而出现心烦、胸闷气短等症状。

为了使王奶奶能够尽快康复，王奶奶的女儿请了一位经验丰富的护理人员来照顾王奶奶。护理人员通过与王奶奶的沟通，发现王奶奶有明显的空巢综合征症状，于是将此事告诉了王奶奶的女儿，并请她常回家看看，或经常给王奶奶打电话。此外，护理人员还经常带着王奶奶参加一些集体活动，如和社区里的老年人一起去 KTV 唱歌、去公园跳广场舞、参加社区老年歌舞团等。王奶奶在活动中结交了许多新朋友，注意力也从关注女儿的生活转移到了提高自己的生活质量上来。经过一段时间的心理护理，王奶奶变得更加开朗、乐观，她说："女儿在努力过好自己的生活，我也要找到适合自己的生活方式，提高我的生活质量。"

任务实施

1. 任务描述

杨爷爷是个急性子，总是要求自己做到今日事今日毕，如果事情没有做完，就会感到紧张不安，甚至彻夜失眠。近两年，王爷爷的睡眠质量差、易惊醒。由于经常出现睡眠困难，王爷爷一看到床就会担心自己睡不着觉，进而产生焦虑、紧张、不安等情绪，甚至出现发抖、心慌等症状，导致白天精力差、头晕、浑身乏力、手脚发麻。经诊断，杨爷爷患有焦虑障碍。

请你根据本任务所学知识，分析以下内容：

（1）杨爷爷具有焦虑障碍的哪些临床症状？

（2）杨爷爷患有哪种类型的焦虑障碍？

（3）如何对杨爷爷进行心理护理？

2. 任务目的

通过对杨爷爷进行焦虑障碍心理护理，加深对焦虑障碍的认识，熟悉焦虑障碍老年人的心理护理措施。

3. 实施过程

（1）根据任务描述和本任务所学知识填写表 5-4。填写完成后，3 人一组，交叉检查该表中的内容并进行讨论，然后对自己所填写的内容进行必要的补充与修改。

表 5-4　问题与答案

问题	答案
杨爷爷具有焦虑障碍的哪些临床症状	
杨爷爷患有哪种类型的焦虑障碍	
如何对杨爷爷进行心理护理	
补充与修改：	

（2）每组选出一人讲解本组的任务实施情况，并解答其他小组成员提出的问题。

4. 任务评价

教师根据任务的完成情况，按表 5-5 中的内容为各组打分并进行评价。

表 5-5　任务评价表

评价内容	分值	教师评分	教师评价
积极、认真地参与任务实施环节	15		
内容填写详细、完整，字迹工整	30		
答案正确，给出的心理护理措施合理	40		
能正确回答其他同学提出的问题	15		
总计	100		

任务三　对患有常见身体疾病老年人的心理护理

任务导入

爱生气、易激动的刘爷爷

刘爷爷曾在一家国企工作了几十年，退休时已经成为科级干部。刘爷爷是急性子，脾气比较暴躁，容易生闷气，也比较好面子，喜欢抽烟喝酒，65 岁时被确诊为高血压，医生让他戒烟戒酒并长期服用降压药。

刘爷爷按照医嘱把烟酒都戒了，但是整个人变得情绪低落，整天唉声叹气，容易发脾气。刘爷爷经常说："退休生活本来就无聊，现在又戒烟戒酒，真是太难受了。"有一次，刘爷爷在路上看到一位前同事，但这位前同事并没有和刘爷爷打招呼，这让刘爷爷十分生气，导致血压升高。

此外，刘爷爷对孙子的教育理念与子女不合，经常与子女因此争论，在一次争论中因情绪激动、血压突然升高而昏厥，最后被送往医院急救。

思考：

（1）高血压老年人有哪些心理特点？

（2）怎样对高血压老年人进行心理护理？

一、对高血压老年人的心理护理

高血压是一种以动脉血压升高为主要表现而无明确病因的疾病。成年人如果舒张压持续在 12 千帕（90 毫米汞柱）或以上，收缩压在 18.7 千帕（140 毫米汞柱）或以上，即可确诊为高血压患者。

高血压是心血管疾病的重要危险因素之一，常与其他心血管疾病危险因素共存。患者在血压升高时，通常会感到头痛、头晕、失眠、心悸、胸闷、烦躁，容易疲乏，严重时可发生心、脑、肾功能障碍。

（一）高血压老年人的心理特点

高血压老年人在血压升高、症状明显、出现并发症等时，易出现急躁、焦虑、恐惧等心理。

（1）急躁。高血压病是一种慢性疾病，很难在短时间内根治，并且容易反复，高血压老年人容易因此产生急躁情绪。

（2）焦虑。部分高血压老年人对高血压病相关知识缺乏了解，担心疾病会加重家庭的经济负担，或者害怕病情加重，进而对生命产生威胁，因此会产生焦虑情绪，具体表现为烦躁、易怒、坐立不安、神经过敏、紧张等。

（3）恐惧。部分高血压老年人患有冠心病、糖尿病、脑梗死等多种慢性疾病，因高血压病久治不愈而对治疗失去信心，但是又害怕自己突然出现脑出血、偏瘫等并发症，进而陷入极度的恐惧之中。

（二）对高血压老年人的心理护理措施

1．进行心理疏导

护理人员应主动、热情地与高血压老年人沟通，了解其生活习惯、兴趣爱好、心理特点等，进而采取有针对性的措施对高血压老年人进行心理疏导。在沟通过程中，护理人员应劝

导高血压老年人保持心态平和，做到遇事冷静、不急躁，学会控制情绪，避免情绪剧烈、频繁波动。

2．协助老年人矫正不良行为

高血压老年人往往容易钻牛角尖和生闷气，这容易使其病情进一步加重。护理人员应通过与高血压老年人沟通，向其讲明钻牛角尖和生闷气对高血压病情的危害性，鼓励其多向亲朋好友倾诉，多参加体育锻炼，保持平和、宁静的心态，减少情绪波动。

3．督促老年人养成良好的生活习惯

护理人员应根据高血压病的特点，督促高血压老年人养成良好的生活习惯，具体包括：① 以清淡少盐、易消化、低热量、低脂肪、低胆固醇饮食为宜，少吃腌制食品或动物脂肪、内脏，培养低脂饮食习惯；② 积极参加户外运动，如慢跑、快走、骑自行车（见图 5-6）、游泳等；③ 戒烟限酒；④ 改变不利于病情好转的兴趣爱好，如看容易使人兴奋、激动的电视节目，参加惊险刺激的游乐项目，等等。

图 5-6　骑自行车

4．为老年人播放音乐

听节奏舒缓、旋律优美的音乐可以让高血压老年人进入一种放松的状态，促进血压下降。护理人员可以定时为高血压老年人播放音乐，使其保持轻松、愉快的心情。

二、对冠心病老年人的心理护理

冠心病是指因冠状动脉粥样硬化造成心脏供血动脉狭窄、供血不足而引起的心肌功能障碍和器质性改变的疾病，其全称是“冠状动脉粥样硬化性心脏病”。冠心病老年人可能出现心绞痛、心肌梗死、心律失常、心力衰竭或猝死、急性冠状动脉综合征等症状。大量研究证明，心理、社会因素可诱发或加重冠心病，因此对冠心病老年人实施有针对性的心理护理十分有必要。

（一）冠心病老年人的心理特点

冠心病老年人通常具有紧张焦虑、抑郁消极、敏感多疑等心理特点。

（1）紧张焦虑。冠心病老年人在住院后，可能会因为对环境感到陌生、对疾病感到不安和恐惧等，产生烦躁、紧张、焦虑等情绪，具体表现为失眠、易怒，或对疾病格外关心，渴望了解发病原因并让自己迅速痊愈。

（2）抑郁消极。冠心病老年人在患病后容易频繁回想过去种种不幸的情景，或因病情反复发作、药物疗效差而对疾病的康复失去信心，进而产生抑郁、悲观等负面情绪。

（3）敏感多疑。部分冠心病老年人因惧怕冠心病而变得敏感多疑，或者坚信自己患有很严重的疾病，或者身体稍有不适就认为是病情加重，或者认为家属和医护人员对其隐瞒病情。

（二）对冠心病老年人的心理护理措施

1. 进行心理健康教育

护理人员在照顾冠心病老年人时，首先应评估其身体状况和心理状态，了解其文化程度、生活习惯、经济状况等，从而制订有针对性的心理健康教育计划。

护理人员在进行心理健康教育时，要纠正冠心病老年人对冠心病的错误认知，避免其产生“冠心病是不治之症”“冠心病只是小病”等错误观念，引导其积极配合医生治疗。此外，护理人员还应告诉冠心病老年人如何养成健康的生活习惯、保持情绪稳定等。

2. 进行不良行为矫正

A 型行为模式是一种以过度竞争意识、强烈的时间紧迫感、较强攻击性、缺乏耐心和富有敌意为特征的行为模式。具有 A 型行为模式的人容易患冠心病，且 A 型行为模式可能会进一步导致冠心病病情加重。护理人员为冠心病老年人提供心理护理服务时，应评估其是否具有 A 型行为模式，并对具有 A 型行为模式的冠心病老年人进行不良行为矫正。

在心理护理过程中，护理人员要向具有 A 型行为模式的冠心病老年人讲清楚 A 型行为模式对冠心病的危害性，并督促其每天记录导致其产生紧张感的因素和紧张感持续的时间，引导其进行放松训练或利用奖惩机制矫正 A 型行为模式。例如，在听别人讲话时，冠心病老年人如果没有打断别人的讲话，就可以奖励自己；如果打断别人的讲话，就要受到惩罚。

3. 进行情绪干预

冠心病老年人更容易受负面情绪的影响，导致病情加重。因此在护理过程中，护理人员应尽力帮助冠心病老年人稳定情绪，具体包括指导其进行自我暗示、处理各种关系、排遣负面情绪。

（1）进行自我暗示。指导冠心病老年人用语言暗示自己，如“我一定可以战胜病魔”“没有什么可以打倒我”“我没必要追求完美”“我没必要因一点小事生气”等，从而保持积极的心态。

（2）处理各种关系。引导冠心病老年人不要过分苛求他人，不斤斤计较，不处处与人竞争，而应以平和的心态对待他人，主动对他人表示善意，不要对他人期望太高。

（3）排遣负面情绪。引导冠心病老年人通过向其亲友倾诉、写日记、听音乐、唱歌等方式排遣负面情绪。

课堂活动

60岁的张爷爷具有典型的A型行为模式，总是容易因为一点小事大发雷霆。患冠心病后，张爷爷虽然知道其易怒、易激动的性格不利于病情恢复，但总是控制不住自己的情绪。请你帮助他学会如何控制自己的情绪。

三、对阿尔茨海默病老年人的心理护理

阿尔茨海默病是一种与年龄相关，呈进行性发展的神经退行性疾病。其病因未明，一般认为受遗传因素影响，年龄越大，发病率越高。阿尔茨海默病的早期症状以患者近事记忆差为主，伴有焦虑、抑郁等情绪。病情加重后，患者的言语能力、记忆能力、行为动作能力等全面受损，以致生活不能自理。

（一）阿尔茨海默病老年人的心理特点

阿尔茨海默病老年人通常具有焦虑不安、抑郁消极、孤独无助等心理特点。

（1）焦虑不安。受疾病的影响，阿尔茨海默病老年人记忆能力受损，常常忘记自己在哪里、要做什么，进而感到焦虑和不安。

（2）抑郁消极。随着病情的发展，阿尔茨海默病老年人会出现语言障碍、记忆力严重缺失、四肢强直或屈曲、大小便失禁等症状，甚至丧失生活自理能力，进而产生抑郁、沮丧等负面情绪，对生活的态度也会变得消极。

（3）孤独无助。由于记忆障碍或言语能力退化，阿尔茨海默病老年人与他人的沟通变得十分困难，导致他们在社交场合和家庭中会感到被孤立或被排斥，进而产生孤独无助之感。

（二）对阿尔茨海默病老年人的心理护理措施

1. 从生活方式方面协助治疗

护理人员应从体育锻炼、社会交往、健康饮食、心理刺激、睡眠、应激管理等六个方面对阿尔茨海默病老年人的生活进行规划，以减缓阿尔茨海默病的发展速度。

（1）体育锻炼。定期进行体育锻炼可以减缓阿尔茨海默病的发展速度。护理人员应引导、鼓励阿尔茨海默病老年人坚持中等强度的锻炼，包括有氧运动（如跑步、做体操、打太极拳等）和力量训练。对于体质较差的阿尔茨海默病老年人，护理人员可建议其参与散步、跳广场舞等低强度的运动。

（2）社会交往。保持社会交往对减缓阿尔茨海默病的发展速度有重要作用。护理人员应鼓励阿尔茨海默病老年人多参加老年团体活动或加入兴趣小组，积极与邻居和朋友交流（见图5-7）。

图 5-7 积极与邻居和朋友交流

（3）健康饮食。护理人员要督促阿尔茨海默病老年人尽量减少糖、盐和油的摄入，多吃富含 DHA 的食物（如鲑鱼、金枪鱼、沙丁鱼等海水鱼，核桃、花生、杏仁等坚果）和新鲜的蔬菜与水果，以提高记忆力，延缓衰老。

（4）心理刺激。护理人员应鼓励阿尔茨海默病老年人每天学习一点新知识，参加一些能够刺激大脑思维活动的游戏、训练等。

（5）睡眠。良好的睡眠会延缓阿尔茨海默病的发展。护理人员应为阿尔茨海默病老年人营造一个舒适、安静的睡眠环境，并为其制订科学、合理的作息时间表，提高其睡眠质量。

（6）应激管理。护理人员应为阿尔茨海默病老年人安排一些放松活动，如弹琴、唱歌、听音乐、练书法等，帮助其舒缓精神、缓解压力、调节情绪。

视野拓展

帮助阿尔茨海默病老年人克服记忆障碍的方法

（1）日常安排方面。按照阿尔茨海默病老年人的行为习惯安排每天要做的事情，切不可随意改变。

（2）使用提醒物。利用便签、日历、闹钟等帮助阿尔茨海默病老年人记忆一些事情。

（3）在家里或阿尔茨海默病老年人常去场所中的物品上做上标记，如标明方向和名称，避免阿尔茨海默病老年人因记忆衰退而产生挫败感。

（4）让阿尔茨海默病老年人把重要信息（如电话号码、名字、事件、想法和观点等）写在备忘录上并随身携带，以强化其记忆能力。

（5）在阿尔茨海默病老年人精神状态较好的时候，让其做一些相对复杂的事情，如跳舞、唱歌、做填字游戏、阅读、画画等，通过持续的记忆刺激减缓病情发展。

2．使用验证疗法

使用验证疗法进行治疗时，护理人员不应试图引导阿尔茨海默病老年人建立正确的时间

感和方位感，而应接受他们眼中的世界，运用他们的世界观去理解他们试图传达的信息。此外，在与阿尔茨海默病老年人沟通时，护理人员不应强化给阿尔茨海默病老年人带来麻烦或苦恼的行为，而应把它们看成阿尔茨海默病老年人表达或沟通的方式，通过耐心护理帮助他们减轻压力，维护他们的自尊。

使用验证疗法进行治疗的具体操作如下：

（1）通过询问非敏感问题与阿尔茨海默病老年人保持沟通，多问“什么事”“什么时候”“什么人”等方面的问题，不问“为什么”这样的问题。

（2）在与阿尔茨海默病老年人沟通时，要跟随他们思路，模仿他们的语言、语气、行为。

（3）可适当增加触摸动作（如牵手、按摩背部等），帮助阿尔茨海默病老年人缓解焦虑。

3．采用认知刺激疗法进行治疗

认知功能衰退是阿尔茨海默病老年人的主要症状，会给他们的身心健康造成许多不良影响。认知训练可以改善阿尔茨海默病老年人的认知功能，延缓阿尔茨海默病的发展。护理人员可通过对阿尔茨海默病老年人进行注意力训练、时间感训练、记忆力训练、语言训练、计算训练、书写训练、推理训练等，延缓其认知功能的衰退速度。

阿尔茨海默病老年人的时间感训练方法

黄奶奶的夹豆子游戏和拼图游戏

黄奶奶今年70岁，退休以前是一位小学教师，已经在养老院住了5年了。刚到养老院时，黄奶奶十分活泼，经常和其他老年人一起跳舞、聊天等。最近，护理人员发现黄奶奶总是忘记事情，如忘记吃药、拿着钥匙还到处找钥匙、在和他人聊天时突然忘记自己在做什么等。

经医生检查，确认上述现象属于阿尔茨海默病的早期征兆。刚知道这个消息时，黄奶奶十分焦虑，她无法接受自己将从一位退休教师变成常人口中的痴呆者。为了缓解黄奶奶的焦虑，护理人员对黄奶奶进行了专门的心理护理。

护理人员首先向黄奶奶普及了阿尔茨海默病的知识，告诉黄奶奶通过科学的疗养，可以减缓阿尔茨海默病的发展，以消除黄奶奶对阿尔茨海默病的恐惧心理。同时，护理人员还让黄奶奶参加夹豆子和拼图游戏，对黄奶奶进行认知训练。

在夹豆子时，护理人员给黄奶奶一盘盛有适量大米、少量黄豆和红豆的碟子与一双筷子，指导她用筷子分别夹出不同颜色的豆子，从而锻炼黄奶奶的认知功能和动手能力。在进行拼图游戏时，护理人员让黄奶奶和其他几位老年人一起完成一幅拼图，促使黄奶奶一边和他人交谈，一边思考应该怎样拼好拼图，旨在锻炼黄奶奶的逻辑思维能力、手眼协调能力和沟通能力。在护理人员的帮助下，黄奶奶忘记事情的频率降低了，也变得更加积极、乐观了，在和子女打电话时，她总会提到令她开心的夹豆子游戏和拼图游戏。

四、对消化性溃疡老年人的心理护理

消化性溃疡是指胃和十二指肠溃疡的病症，主要是由胃酸分泌过多或胃和十二指肠局部黏膜的保护功能减退，不能抵抗酸性胃液的消化作用引起的。幽门螺杆菌感染是消化性溃疡的主要病因。

消化性溃疡的临床特点为慢性、周期性和节律性的上腹部疼痛。胃溃疡的疼痛多发生在进食后 0.5～1 小时，胃酸增多或正常；十二指肠溃疡的疼痛则多出现于进食后 3～4 小时，胃酸常显著增多。疼痛可在进食、服药或呕吐后获得缓解。

（一）消化性溃疡老年人的心理特点

消化性溃疡老年人的心理特点主要包括焦虑、抑郁、恐惧。

（1）焦虑。消化性溃疡病程长。消化性溃疡老年人需要长期忍受周期性、节律性的上腹部疼痛，容易产生焦虑情绪，并且焦虑的程度与治疗效果、消化性溃疡造成的痛苦程度密切相关。同时，焦虑情绪也是消化性溃疡难以愈合的重要原因之一，它会使消化性溃疡老年人胃部的血液减少，胃黏膜颜色变得苍白，胃液分泌失调。

（2）抑郁。由于长期经受疼痛折磨，加上对消化性溃疡没有正确的认识，有些消化性溃疡老年人会认为消化性溃疡是不治之症，并产生自己拖累了家人的想法，常常感到自卑、自责，进而产生抑郁情绪。

（3）恐惧。消化性溃疡老年人在病情加重时，因担心腹痛加剧导致胃穿孔或严重的大出血而出现恐惧情绪。

（二）消化性溃疡老年人的心理护理措施

1. 进行心理健康教育

消化性溃疡老年人的焦虑、抑郁和恐惧情绪多与其缺乏对疾病的正确认识有关。护理人员应主动向消化性溃疡老年人介绍疾病诊治的相关知识，耐心解答消化性溃疡老年人的各种疑问，帮助其消除对疾病的误解，坚定战胜疾病的信心。

2. 提供心理支持

护理人员应与消化性溃疡老年人加强沟通，认真听取其内心的真实想法，并对其心理状态、思想观念等进行准确分析与评估，采取有针对性的措施为其提供心理支持，帮助其消除负面情绪。具体来说，在与消化性溃疡老年人沟通的过程中，护理人员应从专业的角度解答其提出的问题；通过列举案例，深化其对疾病的认识，使其主动调整心态；指导其学会自我放松；等等。例如，护理人员可以多鼓励、安慰有焦虑、抑郁等情绪的消化性溃疡老年人，使其感到被理解、被关心，从而获得积极面对生活和与疾病抗争的勇气。

3. 营造温馨的氛围

护理人员应鼓励消化性溃疡老年人的家属积极参加护理工作，给予消化性溃疡老年人足够的关爱，使其在温馨、和谐的生活氛围中保持平和的心态。

任务实施

1．任务描述

65 岁的秦爷爷做了一辈子木工活，十分喜欢将自己的木工作品拿到集市售卖，看到自己做的桌椅板凳被别人买走，他总是感到十分开心。不幸的是，秦爷爷在半年前被确诊为冠心病，医生嘱咐他要多休息，少做体力活，他却没有听医生的话，继续整天做自己的木工活。由于秦爷爷脾气急躁，喜欢追求完美、不断挑战自我，不喜欢在做事时被打断，因此他总是忘我地长时间投入工作，导致病情不断加重，最终因心肌梗死被送入医院。医生说秦爷爷的性格会影响冠心病的病程，要对其进行心理护理。

请你根据本任务所学知识，分析以下内容：

（1）冠心病老年人具有哪些心理特点。

（2）致使秦爷爷病情加重的因素有哪些。

（3）如何对秦爷爷进行心理护理？

2．任务目的

通过对秦爷爷进行心理护理，加深对冠心病老年人心理特点的认识，熟悉冠心病老年人的心理护理措施。

3．实施过程

（1）根据任务描述和本任务所学知识填写表 5-6。填写完成后，3 人一组，交叉检查该表中的内容并进行讨论，然后对自己所填写的内容进行必要的补充与修改。

表 5-6　问题与答案

问题	答案
冠心病老年人具有哪些心理特点	
致使秦爷爷病情加重的因素有哪些	
如何对秦爷爷进行心理护理	
补充与修改：	

（2）每组选出一人讲解本组的任务实施情况，并解答其他小组成员提出的问题。

4．任务评价

教师根据任务的完成情况，按表 5-7 中的内容为各组打分并进行评价。

表 5-7　任务评价表

评价内容	分值	教师评分	教师评价
积极、认真地参与任务实施环节	15		
内容填写详细、完整，字迹工整	30		
答案正确，给出的心理护理措施合理	40		
能正确回答其他同学提出的问题	15		
总计	100		

任务四　对临终老年人的心理护理

任务导入

对王爷爷的心理护理

王爷爷是一位退休工人，在 60 岁时查出胃癌，经手术治疗后身体恢复较好。但在 65 岁时，王爷爷感到身体不适，于是前往医院检查，发现癌细胞已经扩散，病情变得十分严重。王爷爷目前卧病在床，面色发黄，身材消瘦，不能正常饮食和行动，经常出现食欲不振、恶心呕吐、吞咽困难等症状，必须依靠护理人员的照护才能正常生活。

随着病情的发展，肿瘤增大且癌细胞扩散至胰腺、肝脏等处，王爷爷出现了胃穿孔、胃出血、肠梗阻等并发症，经常出现呕血、黑便等症状。

在王爷爷生命的最后时光，护理人员刘阿姨不仅精心照顾王爷爷的生活，而且经常拉着王爷爷的手，帮助其回忆往事，并适时讲一些笑话逗他开心。此外，刘阿姨还时常从花园里摘些鲜花并将它们编成花环戴在王爷爷的手腕上，王爷爷看到这些生机勃勃的鲜花，感觉自己仿佛变得有活力了。在刘阿姨的照顾下，王爷爷平静、安详地离开了人世。

思考：

（1）临终老年人心理护理的目的是什么？

（2）如何对临终老年人进行心理护理？

一、临终老年人的心理变化

临终老年人的心理变化一般可分为五个阶段，依次为否认期、愤怒期、协议期、忧郁期、接受期。由于文化背景、思想观念、社会地位、疾病情况、年龄、性格等的不同，临终

老年人不一定会完整地经历以上五个阶段，而且不同临终老年人经历这五个阶段的顺序也可能不尽相同，甚至有的临终老年人会停留在某一阶段，直到生命结束。

如何应对不同心理变化阶段的临终老年人

（一）否认期

大多数临终老年人在得知自己即将死亡时，首先会否认这一事实，并抱有侥幸心理，认为这是医生误诊，或希望病情马上好转。临终老年人出现这种对疾病和死亡的否认态度，是心理保护机制在起作用，它可以对临终老年人的心理起到一定的缓冲作用。

否认期持续的时间一般不长，但也有极少数临终老年人会一直持否认态度。如果临终老年人一直持否认态度而影响正常治疗，就需要医生介入，帮助临终老年人面对现实。

（二）愤怒期

临终老年人知道死亡来临是不可逃避的事实时，就会产生愤怒、暴躁等情绪。他们通常会产生“为什么得绝症的人偏偏是我而不是别人”“为什么我这么倒霉”等疑问，无法控制自己的情绪，变得暴躁易怒、不接受治疗或对治疗过程吹毛求疵，抱怨、斥责家属或医务人员，甚至对他们恶语相向。

（三）协议期

临终老年人经过一段时间的心理调适后，心态由愤怒转为妥协，开始接受事实并积极配合治疗，并且会想方设法延长生命。这实际上是临终老年人企图延缓死亡的本能反应。

（四）忧郁期

病情的恶化、身体功能的丧失、频繁的治疗、经济负担的加重等，都会使临终老年人真正意识到自己已经处于生命的最后阶段，进而出现过分悲观甚至绝望等情绪，具体表现为情绪低落、意志消沉、沉默寡言、抑郁、唉声叹气等。

（五）接受期

在接受期，临终老年人的身体比较虚弱，常常处于疲倦、嗜睡或昏迷状态。这使得他们不得不接受死亡即将到来的事实，他们不再因疾病和死亡而焦虑、恐惧，而是从容、平静地做好了迎接死亡的准备。

二、对临终老年人心理护理的目的

临终老年人心理护理是指对生命即将结束的老年人进行的心理护理活动，是临终关怀的重要组成部分。临终老年人心理护理的目的主要包括缓解临终老年人的痛苦、维护临终老年人的尊严、帮助临终老年人树立正确的生死观、提高临终老年人的生活质量。

（一）缓解临终老年人的痛苦

临终老年人所患疾病治愈的可能性极低，他们最需要的是缓解疼痛，获得心理安慰，保持身心舒适。因此，对临终老年人的心理护理必须以缓解其痛苦为主要目标，为其提供以护理照料为主、对症治疗为辅的全方位照料。

（二）维护临终老年人的尊严

临终老年人的个人尊严不应因为其生命活力降低而不被尊重，其个人权利也不应因为脏器功能衰竭而被剥夺。护理人员应努力维护临终老年人的尊严，在护理工作中关注临终老年人的心理健康，不应对临终老年人表现出厌恶、不耐烦等情绪，注意保护临终老年人的隐私，以免伤害临终老年人的自尊心。

（三）帮助临终老年人树立正确的生死观

护理人员应对临终老年人进行死亡教育，引导临终老年人正确看待人生中的挫折和苦难，使其明白“生命的意义不在于肉体活得长久，而在于能够对世人有所贡献”，帮助临终老年人树立正确的生死观，使其坦然面对死亡、接受死亡，珍惜即将结束的生命。

（四）提高临终老年人的生活质量

护理人员应尽量满足临终老年人的愿望（如见亲人、写遗书等），并通过营造良好的生活环境、提供优质的心理护理服务等，提高其生活质量，使其不留遗憾地、安详地离世。

三、对临终老年人心理护理的措施

（一）提供精神安慰和心理疏导

护理人员应主动和临终老年人交流，以真诚的态度取得临终老年人的信任，在交流中了解临终老年人的心理状态、需求、性格、经历、宗教信仰、民族习惯等，并据此选择合适的方式对其进行精神安慰和心理疏导。例如，护理人员可以通过帮助临终老年人实现夙愿，缓解临终老年人的焦虑和恐惧，也可根据临终老年人的宗教信仰，以“一切都是命运最好的安排”等话语来劝慰临终老年人，帮助其缓解痛苦。

对于一些因病情十分严重而无法与人正常交流的临终老年人，护理人员应通过抚摸、为其按摩等方式，使其获得安全感，减少孤独感和恐惧感。

（二）鼓励家属关心和陪伴临终老年人

临终老年人在生命的最后阶段往往希望得到亲人的关心和支持，希望能够与亲人沟通、交流，倾诉内心的愿望和想法。因此，护理人员应鼓励临终老年人的家属多关心和陪伴临终老年人，使临终老年人感到自己被重视，体会到生活的美好和亲情的温暖，从而消除孤独感和恐惧感，增强面对死亡的信心和勇气。

（三）适时进行死亡教育

在日常照护临终老年人的过程中，护理人员应在合适的时机向临终老年人进行死亡教育，帮助临终老年人树立正确的生死观，使其明白死亡是生命的必然结果，进而使其从疾病

的痛苦中解脱，平静、坦然地面对死亡。

（四）帮助临终老年人回忆往事

护理人员可以帮助临终老年人回忆往事，如回忆自己所取得的成就、经历、兴趣爱好、最幸福的时刻等，以唤起临终老年人的正面情绪，缓解死亡带来的负面情绪。需要注意的是，这种方法适用于认知功能较完好的临终老年人，不适用于有严重认知障碍的临终老年人。

（五）引导临终老年人做有意义的事情

护理人员应鼓励临终老年人在合理、合法的条件下做一些自己想做的、有意义的事情，如写下自己的临终感言、出门享受阳光、品尝美食等，激发临终老年人的生存欲望，使其积极配合临终治疗与护理。

她爱岗敬业，只为临终老年人能安享晚年

付仙是一位在贵州省遵义市播州区西坪镇敬老院从事护理工作的30多岁的女子。在敬老院工作期间，她从害怕看见遗体到亲历老年人离世，成长为让老年人安享晚年的“天使”。

付仙在敬老院上班不到半年时间，敬老院内一位60多岁的老年人就因病住院。该老年人喜欢喝酒，甚至身上随时带着酒。一天，付仙到该老年人的房间里打扫卫生时，发现其昏倒在厕所，且身上带着浓浓的酒味。随后，付仙拨打急救电话将该老年人送往医院。一周后，该老年人因病情严重无法逆转而被送回敬老院。4天后，该老年人在敬老院内遗憾离世。付仙说：“虽然有心理准备，但近距离接触遗体，我还是非常害怕。”在该老年人去世后的一个多月里，付仙每天晚上6点就关上房门，不敢再出去。

经过一段时间的工作，付仙逐渐熟悉并喜欢上了这份工作，对死亡也不再恐惧、害怕。付仙说：“将敬老院的老年人当成自己的亲人就没什么好怕的，反而还能在和他们相处的过程中获得快乐。”张某是敬老院里和付仙关系较好的老年人之一，身患重病，在脑出血手术后完全丧失生活自理能力，付仙每天都会给他擦洗身体、喂食、换尿布。一天，付仙在喂张某喝水时，感觉他快要“不行了”。于是，付仙拨打了张某妹妹的电话，让其妹妹赶到敬老院见张某最后一面。

张某的妹妹说：“哥哥脑出血手术后，我们都觉得他活不久了。在付仙的精心照料下，哥哥活了3年。如果没有付仙，哥哥很可能早就去世了。我们一家人都对付仙敬业、奉献的品质十分敬佩和感激！”

（资料来源：《爱岗敬业 只为特困老人能安享晚年》，贵州省民政厅门户网，2019年3月18日）

任务实施

1. 任务描述

柯奶奶今年 72 岁，在做完直肠癌手术后，病情逐渐加重。剧烈的疼痛让柯奶奶痛苦不堪，她多次想自杀都被家人及时制止。柯奶奶说："我现在这样活着十分痛苦，也会给子女增加负担，活着完全没有意义。"在病痛的折磨下，柯奶奶出现抑郁、焦虑、失眠等症状，身体状况逐渐变差。医生说柯奶奶最多只有 1 年的生命。为了让柯奶奶在生命最后的日子里过得舒心，家人帮她请了一位经验丰富的护理人员，对她进行心理护理。

请你根据本任务所学知识，分析以下内容：

（1）对柯奶奶进行心理护理的目的是什么。

（2）柯奶奶处于心理变化的哪一阶段。

（3）如何对柯奶奶进行心理护理。

2. 任务目的

通过帮助柯奶奶重拾对生活的信心，积极面对病痛和死亡，了解临终老年人的心理变化，熟悉临终老年人心理护理的目的和措施。

3. 实施过程

（1）根据任务描述和本任务所学知识填写表 5-8。填写完成后，3 人一组，交叉检查该表中的内容并进行讨论，然后对自己所填写的内容进行必要的补充与修改。

表 5-8 问题与答案

问题	答案
对柯奶奶进行心理护理的目的是什么	
柯奶奶处于心理变化的哪一阶段	
如何对柯奶奶进行心理护理	
补充与修改：	

（2）每组选出一人讲解本组的任务实施情况，并解答其他小组成员提出的问题。

4. 任务评价

教师根据任务的完成情况，按表 5-9 中的内容为各组打分并进行评价。

表 5-9　任务评价表

评价内容	分值	教师评分	教师评价
积极、认真地参与任务实施环节	15		
内容填写详细、完整，字迹工整	30		
答案正确，给出的心理护理措施合理	40		
能正确回答其他同学提出的问题	15		
总计	100		

学习成果检测

1. 填空题

（1）________是指有利于个体身心发展，工作、学习有效率，维持良好生活质量的适宜的心理状态。

（2）一般来说，影响老年人心理健康的因素包括________、________、家庭因素、社会因素。

（3）在对老年人进行心理护理时，护理人员应遵循________、________、________、________、针对性原则等心理护理原则。

（4）常见的焦虑障碍主要包括广泛性焦虑症、________、________、社交焦虑障碍、特定恐怖症等。

（5）成年人如果舒张压持续在________或以上，收缩压在________或以上，即可确诊为高血压患者。

（6）________是指因冠状动脉粥样硬化造成心脏供血动脉狭窄、供血不足而引起的心肌功能障碍和器质性改变的疾病。

（7）临终老年人的心理变化一般可分为五个阶段，依次为________、________、协议期、忧郁期、接受期。

2. 选择题

（1）心理健康老年人的特点不包括（　　）。

A. 认知功能基本正常　　B. 有良好的适应能力

C. 情绪良好　　D. 有独特的人格魅力

（2）（　　）不属于影响老年人心理健康的心理因素。

A. 情绪　　B. 性格

C. 婚姻状况　　D. 思想观念

（3）下列选项中，（　　）不属于护理人员进行心理护理评估时应结合的内容。

A．遗传因素　　B．身体健康状况

C．认知情况　　D．子女受教育程度

（4）（　　）是指以矫正老年人的非理性信念、不当思维过程为目标的心理治疗方法。

A．心理支持法　　B．心理疏导法

C．认知疗法　　D．音乐疗法

（5）抑郁障碍老年人的情感症状不包括（　　）等。

A．情绪低落　　B．入睡困难

C．兴趣减退　　D．愉快感缺乏

（6）疑病症老年人的主要表现是（　　）。

A．害怕被人审视或否定而回避与人交往

B．深信自己患有一种或多种躯体疾病或精神疾病

C．会突然感觉生活变得空虚，或因人际交往活动减少而感到孤独

D．存在极度悲观、消极厌世、自责自罪，甚至出现自伤、自杀等行为

（7）阿尔茨海默病老年人的心理特点不包括（　　）。

A．焦虑不安　　B．抑郁消极

C．孤独无助　　D．盲目乐观

（8）大多数临终老年人在得知自己即将死亡时，首先会否认这一事实，并抱有侥幸心理，认为这是医生误诊，或希望病情马上好转。此时的临终老年人的心理变化处于（　　）阶段。

A．否认期　　B．愤怒期

C．协议期　　D．接受期

3．判断题

（1）剧烈的情绪波动或持续的负面情绪会损害老年人的身心健康，而稳定、正面的情绪会使老年人感到平静、愉悦，有利于其身心健康。（　　）

（2）护理人员应将老年人在心理护理过程中产生的生理、心理变化和心理护理服务效果记录下来，作为心理护理评价的重要参考。（　　）

（3）常见的心理支持法有认真听老年人诉说、鼓励老年人发挥主观能动性、给老年人播放音乐等。（　　）

（4）抑郁障碍老年人每天大部分时间的情绪都很低落，但情绪会随环境变化而好转。（　　）

（5）在行为方面，空巢综合征老年人常常感到郁闷、孤独、寂寞、沮丧、失落和悲哀，具体表现为心神不宁、烦躁不安等。（　　）

（6）具有A型行为模式的人容易患冠心病，且A型行为模式可能会进一步导致冠心病病情加重。（　　）

（7）使用验证疗法进行治疗时，护理人员应试图引导阿尔茨海默病老年人建立正确的时间感和方位感。（　　）

（8）临终老年人心理护理的目的主要包括缓解临终老年人的痛苦、维护临终老年人的尊严、帮临终老年人树立正确的生死观、提高临终生活质量。（　　）

4．简答题

（1）简述老年人心理护理的程序。

（2）简述对抑郁障碍老年人的心理护理措施。

（3）简述对阿尔茨海默病老年人的心理护理措施。

（4）简述临终老年人的心理变化。

学习成果评价

请进行学习成果评价，并将评价结果填入表5-10中。

表5-10　学习成果评价表

班级		组号		日期	
姓名		学号		指导教师	
项目名称	老年人心理护理				
评价项目	评价内容	满分	自我评分	教师评分	
理论知识（40%）	心理健康老年人的特点与影响老年人心理健康的因素	6			
	老年人心理护理的原则、程序和方法	6			
	对患有抑郁障碍、焦虑障碍、疑病症、离退休综合征、空巢综合征的老年人的心理护理	10			
	对患有高血压、冠心病、阿尔茨海默病、消化性溃疡的老年人的心理护理	10			
	临终老年人的心理变化与临终老年人心理护理的目的和措施	8			
实践技能（40%）	能够判断老年人的心理是否健康，并分析影响老年人心理健康的因素	10			
	能够对患有抑郁障碍、焦虑障碍、疑病症、离退休综合征、空巢综合征的老年人进行心理护理	10			
	能够对患有高血压、冠心病、阿尔茨海默病、消化性溃疡的老年人进行心理护理	10			
	能够对临终老年人进行心理护理	10			

续表

评价项目	评价内容	满分	自我评分	教师评分
综合素养（20%）	积极参加教学活动，主动学习、思考、讨论	10		
	关心老年人，理解老年人的需求，在情感对老年人给予支持	5		
	具备崇高的职业道德和高度的责任心、同情心	5		
合计		100		
自我评价				
教师评价				

项目六
老年人康复护理

项目引言

老年人康复护理是一项综合性工作，需要康复医师和康复治疗师通力协作。康复护理前，康复医师应先对老年人进行疾病检查与诊断，并通过康复护理评定确定其障碍程度，然后根据评定结果制订康复护理计划，再由康复治疗师实施康复护理计划。

本项目将介绍老年人康复护理及其评定、常用的康复治疗和护理技术、患常见疾病老年人的康复护理等内容。

知识目标

- 了解老年人康复护理的程序和原则。
- 了解老年人康复护理评定的内容。
- 掌握物理因子疗法、运动疗法、作业疗法、言语疗法、中国传统康复疗法。
- 熟悉脑卒中老年人、帕金森老年人、阿尔茨海默病老年人、高血压老年人、冠心病老年人、糖尿病老年人、骨关节炎老年人的康复护理。

素质目标

- 通过学习“吴利妹：用心守护老年人的晚年”案例，弘扬孝亲敬老的传统美德，为老年人提供全面、周到的康复护理服务。
- 通过学习中国传统康复护理方法，感受中医文化的博大精深，增强文化自信。

任务一 了解老年人康复护理及其评定

任务导入

协助彭爷爷进行康复护理

彭爷爷今年68岁，一年前两侧骶髂关节和腰部、臀髋部出现疼痛和活动受限症状，且腰骶部有明显的僵硬感。这些症状在阴雨天、过度劳累后加重，在休息或热敷后减轻。最近，彭爷爷还出现了晨起时脊柱僵硬，久坐后一侧坐骨神经痛，腰、胸、颈椎活动受限程度加重等症状。经康复医师诊断，彭爷爷被确诊为骶髂关节炎。

为了缓解彭爷爷的症状，彭爷爷的儿子让彭爷爷住院治疗。其间，康复医师对彭爷爷进行了康复护理评定，包括对肌张力、肌力、关节活动范围、步态、平衡与协调功能等的评定，并且根据骶髂关节活动范围缩小的程度和肌力减退情况，制订了整套康复护理计划。康复治疗师根据康复护理计划，协助彭爷爷进行关节活动训练、肌力训练，每天为彭爷爷按摩、热敷关节及其周围肌肉。

思考：

（1）什么是老年人康复护理？

（2）老年人康复护理的程序是怎样的？

（3）老年人康复护理评定主要包括哪些内容？

一、老年人康复护理概述

老年人康复护理是指以老年人为对象，以自我康复为中心，采用与日常生活活动有密切联系的运动功能训练等方法，克服因伤病、衰老、残疾或自理能力减退引起的生理、心理和社会功能障碍的护理活动。老年人康复护理的主要目的是改善老年人的身体和心理功能，帮助其重新回归家庭和社会。

（一）老年人康复护理的程序

老年人康复护理的程序如下：

（1）康复护理初期评定。康复医师询问老年人的身体情况，结合与老年人相关的资料和信息（如病史、身体状况、生活习惯等），对老年人进行必要的检查，应用相关设备对老年人进行功能评测，全面了解老年人的功能状况和障碍程度。

（2）康复护理计划。康复医师根据康复护理初期评定的结果，制订与老年人实际情况

相符的康复护理计划。康复护理计划的内容一般包括康复护理目标、需要采用的康复治疗和护理技术、康复护理日程安排等。

（3）康复护理实施。康复治疗师按照康复护理计划，运用康复治疗和护理技术对老年人进行治疗与护理。同时，康复医师会在康复护理实施过程中提供康复治疗咨询服务，并对老年人进行康复护理中期评定，判断其康复效果，分析原因并及时调整康复护理计划。

（4）康复护理末期评定。在康复护理结束时，康复医师对老年人的康复效果进行整体评价，并给出有针对性的建议。

（二）老年人康复护理的原则

老年人康复护理的原则如下：

（1）鼓励老年人发挥主动性。康复治疗师应鼓励老年人发挥主动性，积极参加康复训练活动，认真完成每一个训练动作，主动配合完成康复治疗和护理工作。

（2）重视功能训练。康复治疗师应将功能训练贯穿于老年人康复护理活动的始终，通过综合运用运动疗法、作业疗法、言语疗法等，在疾病早期预防功能退化，在疾病中后期帮助老年人最大限度地保存和恢复机体的功能。

（3）兼顾身心康复护理。康复治疗师在对老年人进行康复护理时，既要关注老年人身体功能的恢复情况，又要注重老年人心理状态的变化，帮助老年人摆脱负面情绪，促使其积极配合康复治疗与护理工作。

（4）全面合作。康复治疗师在对老年人进行康复护理时，要获得老年人的家属和社会的积极支持，通过多方合作，一起为老年人营造良好的康复护理环境，促进老年人全面康复。

二、老年人康复护理评定

老年人康复护理评定的内容主要包括运动功能评定、心肺功能评定、言语功能评定、吞咽障碍评定、心理功能评定、认知功能评定、日常生活活动能力评定、生存质量评定。

（一）运动功能评定

运动功能评定主要包括肌张力评定、肌力评定、关节活动范围测定、步态分析、平衡与协调功能评定、感觉功能评定。

1. 肌张力评定

肌张力是指肌肉在完全松弛状态下受到被动牵拉时所表现出的肌紧张程度。肌张力是维持身体各种姿势和正常活动的基础。

肌张力评定的方法主要是手法检查。康复医师首先通过观察和触摸来感知肌肉在放松、静止状态下的紧张程度，然后通过对肌肉进行被动运动来判断肌张力是否正常。肌张力评定的结果一般分为 4 种情况：正常张力；肌张力增高；肌张力降低；肌张力障碍。

2. 肌力评定

肌力是指肌肉收缩时产生的最大力量，是人体随意运动能力的基础。肌力评定是肌肉、骨骼、神经系统疾病的诊断和康复评定的重要手段之一。肌力评定的主要目的包括：① 判断肌力减弱的部位和程度；② 协助进行某些神经肌肉疾病的定位诊断；③ 预防肌力失衡引起的损伤和畸形；④ 评价肌力增强训练的效果。

常用的肌力评定方法有徒手肌力评定和机械肌力测定。其中，徒手肌力评定是指采用消除重力、增加重力和施加阻力的方式，评定受测者所测肌肉（或肌群）最大自主收缩能力的肌力评定方法。徒手肌力评定将肌力分为 6 个等级，具体的分级标准如表 6-1 所示。

表 6-1　肌力分级标准

等级	评定标准	相当于正常肌力的百分比/%
0	未触及肌肉的收缩	0
1	有微弱的肌肉收缩，但无肉眼可见的关节活动	10
2	在去重力条件下，能完成关节全范围运动	25
3	能抗重力完成关节全范围运动，不能抗阻力	50
4	能抗重力及中等阻力完成关节全范围运动	75
5	能抗重力及最大阻力完成关节全范围运动	100

3. 关节活动范围测定

关节活动范围是指关节由最大伸展到最大屈曲所覆盖的活动角度范围，是衡量关节运动能力的尺度，常以度数表示。关节活动范围测定是肢体运动功能检查的基本内容之一。

测定关节活动范围的主要目的包括：① 判断关节活动范围受限的程度；② 根据老年人在关节活动范围测定活动中的临床表现，大致分析问题出现的原因；③ 为选择治疗方法提供参考；④ 将测定的关节活动范围作为治疗过程中评定疗效的手段。例如，当老年人患有关节水肿、痛风、关节周围软组织损伤、肌肉痉挛、关节囊炎等病症时，康复医师就需要进行关节活动范围测定，以确定这些疾病对关节运动功能的影响程度。

测定关节活动范围的常用测量工具有很多，如量角器、皮尺、两脚规等。其中，量角器是最常用的测量工具，分为普通量角器、电子角度测量计（见图 6-1）、指关节量角器（见图 6-2）、脊柱活动度量角器等。康复医师应根据测量部位和测量需要的不同，选用不同的测量工具。

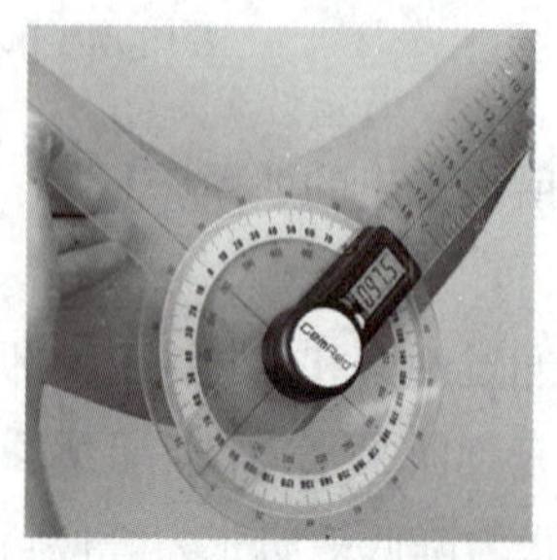

图 6-1　电子角度测量计

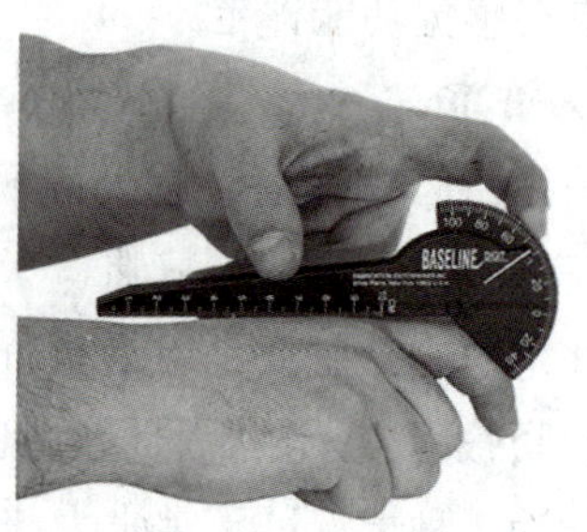

图 6-2　指关节量角器

4. 步态分析

步态是人类步行的行为特征，会受职业、教育、年龄、性别和各种疾病的影响。步态分析是研究步行动作和行为的一种方法，旨在通过生物力学、运动学和电生理学等手段，揭示步态异常的关键环节和影响因素，从而指导康复治疗和护理工作。对老年人的步态进行分析的常用的参数有步长、步幅、步宽、步频、步速、足偏角等。

5. 平衡与协调功能评定

平衡与协调功能评定可分为平衡功能评定和协调功能评定。

（1）平衡功能评定。其目的包括：① 了解老年人是否存在平衡功能障碍；② 找出引起平衡功能障碍的原因；③ 确定是否需要治疗（如药物治疗或康复治疗）；④ 预测老年人有无跌倒的可能性。平衡功能评定的方法有观察法、量表法、平衡测试仪法。

（2）协调功能评定。其目的包括：① 评估肌肉或肌群共同完成一种作业或功能活动的能力；② 明确老年人是否存在协调功能障碍；③ 了解协调功能障碍的程度、类型和引起协调功能障碍的原因；④ 为康复护理计划的制订与实施提供依据。协调功能评定的方法包括指鼻试验、指指试验、轮替试验、食指对指试验、拇指对指试验、握拳试验、拍膝试验、旋转试验、拍地试验。

6. 感觉功能评定

感觉功能评定可分为浅感觉检查、深感觉检查、复合感觉检查。其中，浅感觉检查包括对痛觉、触觉、温度觉等的检查，深感觉检查包括对运动觉、位置觉、震动觉等的检查，复合感觉检查包括对皮肤定位觉、两点辨别觉、实体觉、体表图形觉等的检查。

（二）心肺功能评定

心功能和肺功能是人体的基本生理功能和人体新陈代谢的基础，反映心脏泵血和肺部吸入氧气的能力。心肺功能评定主要包括对心血管功能、呼吸功能等的评定。

1. 心血管功能

心血管功能涉及循环功能和心脏功能。循环功能是指心脏作为循环系统的一部分，具有的将气体、能量物质、激素、电解质等运输到全身组织进行新陈代谢的功能，心脏功能主要是指心脏泵血的能力。常用的心血管功能评定方法是心电图运动试验。心电图运动试验是指通过运动提高心率，增加心肌耗氧量来观察心肌缺血改变的临床检查。

2. 呼吸功能

呼吸功能是指机体通气和换气的能力。通气功能是指人体通过呼吸使空气进入肺泡，然后再将其排出体外的能力；换气功能是指二氧化碳通过肺泡壁的毛细血管弥散进入肺泡，然后随呼气排出，同时将氧气吸收进入血管，与血红蛋白结合，运输到组织进行代谢的能力。

康复医师可通过测定最大通气量、肺活量、每分钟静息通气量等评定老年人的通气功能，通过测定最大吸氧量、峰值吸氧量、无氧能力、代谢当量等评定老年人的换气功能。

（三）言语功能评定

语言与言语是两个既不同又有关联的概念。语言是指由语音、词汇和语法规则组成的符号系统，其表现形式包括口语、书面语和非语言符号（如手势、表情等）。言语是指运用语言表达思想、进行沟通交流的过程。语言和言语互相联系，密不可分。

1. 语言障碍评定

语言障碍是指个体在使用口语、书面语或非语言符号时存在的障碍，包括语音、语法、语义和语言的运用等方面的障碍。具有代表性的语言障碍为脑卒中和脑外伤所致的失语症，表现为听、说、读、写等方面的障碍。

我国常用的失语症评定方法如下。

（1）汉语标准失语症检查法。此检查法包括两部分内容：第一部分是通过让患者回答 12 个问题来了解其基本言语情况；第二部分由 30 个分测验组成，分为 9 个大项目，包括听理解、复述、说、出声读、阅读理解、抄写、描写、听写和计算。

（2）汉语失语成套测验。此测验分为语言功能和认知功能测验两部分。其中，语言功能部分的测验主要从自发谈话、复述、命名、理解、阅读、书写 6 个维度进行，认知功能测验主要从注意力、运用和计算等维度进行。汉语失语成套测验是国内目前较常用的失语症检查方法之一。

2. 言语障碍评定

言语障碍是指由于神经性、器质性或功能性因素所致的发音困难、发音不清或言语韵律异常等。具有代表性的言语障碍为构音障碍，即发音器官神经肌肉的器质性病变引起发音器官的肌肉无力、肌张力异常、运动不协调等，进而产生发音、共鸣、韵律等言语运动控制障碍。言语障碍老年人通常能正确地选择词汇并按语法排列词句，但不能很好地控制重音、音量和音调。

构音障碍的评定方法包括构音器官功能检查（主观评定）和仪器检查（客观评定）。

（1）构音器官功能检查。主要是通过听老年人说话时的声音特征，观察老年人的唇、舌、颌、腭、咽、喉部在安静和说话时的运动情况，让老年人做各种言语肌肉的随意运动，来确定其构音器官有无异常。

（2）仪器检查。依靠现代化的仪器设备，对老年人说话时喉部、口腔、咽腔和鼻腔的情况进行观察，对各种声学参数进行实时分析，来确定构音障碍原因。常用的仪器检查方法包括鼻流量计检查、喉空气动力学检查、纤维喉镜检查、电子喉镜检查和电声门图检查、肌电图检查等。

（四）吞咽障碍评定

吞咽障碍是指食物在从口腔运送至胃的过程中受到阻碍的一种症状。由于下颌、双唇、舌、软腭、咽喉、食管等器官的结构或功能受损，有吞咽障碍的老年人不能安全、顺畅地把食物输送到胃内。

1. 吞咽障碍老年人的临床特征

吞咽障碍老年人的临床特征主要包括：① 口水或食物从口中流出，或长时间含于口中不能吞咽；② 咀嚼困难；③ 在进食过程中食物粘在口腔或喉部，需要频繁清洁口腔；④ 进食或喝水时出现呛咳；⑤ 食物或水从鼻腔流出；⑥ 需要额外的液体将食物润湿以方便吞咽；⑦ 声音嘶哑、不清晰；⑧ 进食习惯改变，不能进食某些食物；⑨ 反复发作的肺炎或不明原因的发热。

此外，吞咽障碍还会使老年人体重下降、营养不良，或者老年人因留置鼻饲管等产生抑郁、焦虑等心理障碍。

2. 吞咽障碍的评定

康复医师可以使用以下方法对老年人是否存在吞咽障碍进行初步评定，并据此决定是否需要进一步检查：

（1）唾液反复吞咽试验。让老年人端坐，将手指放在老年人的喉结及舌骨处，通过观察和感受判断老年人在 30 秒内的吞咽次数和相关器官的活动情况。

（2）饮水试验。让老年人端坐并喝下 30 毫升的温水，然后观察和记录其饮水时间、有无呛咳、吞咽状况等，并据此对老年人的吞咽障碍进行等级评定。

EAT-10 吞咽筛查量表

（3）EAT-10 吞咽筛查量表。此表共有 10 项与吞咽障碍相关问题，每一项的评分范围为 0～4 分，0 分为无障碍，4 分为严重障碍。一般情况下，总得分在 3 分及以上的老年人被视为存在吞咽功能障碍。EAT-10 吞咽筛查量表与饮水试验合用，可提高吞咽障碍评定的准确性。

（五）心理功能评定

心理功能评定是指利用心理学理论和技术，对人的各种心理特征进行量化概括，检查其是否存在心理功能障碍的活动。常见的心理功能评定方法有智力测验、人格测验、情绪测验等。

1. 智力测验

智力测验是一种通过测验的方式来衡量个体智力水平高低的科学方法，常用于对患有脑卒中、脑性瘫痪等脑部疾病的老年人进行智力评估。目前，使用最广泛的智力测验方法是韦克斯勒智力量表。

2. 人格测验

人格测验是对人格特点的揭示和描述，即测量个体在一定情境下经常表现出来的典型行为和情感反应，通常包括气质（或性格）的特点、人际关系、动机、兴趣、态度、价值观等内容。

常用的人格测验方法有问卷法和投射法。问卷法有艾森克人格问卷、明尼苏达多相人格调查表、卡特尔人格问卷等，投射法有罗夏墨迹测验等。其中，艾森克人格问卷主要由内向与外向量表、神经质量表、精神质量表、撒谎或自身隐蔽量表构成。

3．情绪测验

常用的情绪测验的方法有汉密尔顿焦虑量表和汉密尔顿抑郁量表。其中，汉密尔顿焦虑量表侧重于测试受试者的主观体验与行为表现，该量表包括 14 个项目，涵盖了焦虑心境、紧张、恐怖、睡眠障碍、认知障碍、抑郁心境、躯体症状、自主神经功能障碍、交谈行为等方面，每项可按轻重程度评为 0～4 五级。

汉密尔顿抑郁量表是临床上评定抑郁状态时最常用的量表，有 17 项、21 项、24 项 3 种版本。较常用的 24 项版本的汉密尔顿抑郁量表涵盖了抑郁心境、罪恶感、自杀、睡眠障碍、工作和兴趣、迟钝、焦虑、躯体症状、疑病、体重减轻、自知力、人体解体、妄想、自卑感等方面的内容。每个项目既可按三级（0～2 分）评分，又可按五级（0～4 分）评分。

汉密尔顿抑郁量表（24 项版）

（六）认知功能评定

认知功能评定常用于了解脑损伤的部位、性质、范围和对心理功能的影响。常见的认知功能评定方法包括认知功能障碍筛查、记忆功能测验、注意功能评定等。

1．认知功能障碍筛查

常用的认知功能障碍筛查方法有蒙特利尔认知评估量表、简明精神状态量表及其他评估量表。其中，蒙特利尔认知评估对轻度认知障碍（介于正常衰老与痴呆之间的一种状态）具有较高的准确性。其测验项目包括命名、记忆、注意、语言、抽象、延迟回忆、定向等，满分为 30 分。其他的筛查量表包括画钟试验、简易智力状态评估量表、简易认知评估工具等。

2．记忆功能测验

记忆功能是人脑的基本认知功能之一，脑损伤或人格障碍老年人常出现记忆功能障碍。常用的记忆功能测验方法有韦氏记忆量表、临床记忆量表、里弗米德行为记忆测验等。

3．注意功能评定

注意是指个体的精神活动集中地指向于一定对象的心理现象。注意是一切意识活动的基础，与感知觉、记忆和思维等心理过程相互影响。常见的注意障碍包括注意增强、注意减弱、注意缓慢、注意涣散、注意狭窄、注意固定、注意转移。注意功能评定的方法包括等速拍击试验、数字复述、轨迹连线测验等。

（七）日常生活活动能力评定

日常生活活动能力（ADL）评定是对老年人满足日常生活基本需要的活动能力的评定。日常生活活动能力可分为基本的或躯体的日常生活活动能力（PADL）和工具性日常生活活动能力（IADL）。其中，PADL 是指日常生活中与穿衣、进食、个人清洁等自理活动和坐、站、行走等身体活动有关的基本活动能力；IADL 是指在社区中独立生活时需借助工具来完成较复杂的活动的能力，如做家务、烹饪、采购、骑车或驾车等所需的能力。

常用的 PADL 评定方法有 Barthel 指数评定、Katz 指数评定等，常用的 IADL 评定方法有功能活动问卷、快速残疾评定量表等。其中，Barthel 指数评定共有 10 个评定项目，根据是否需要帮助及帮助程度分为 0 分、5 分、10 分、15 分共 4 个等级，总分为 100 分，如表 6-2 所示。

表 6-2　Barthel 指数评定的项目和评分

项目名称	评分			
	自理	稍依赖	较大依赖	完全依赖
进食	10	5	0	0
洗澡	5	0	0	0
修饰（洗脸、梳头、刷牙、刮脸等）	5	0	0	0
穿衣（包括系鞋带）	10	5	0	0
控制大便	10	5	0	0
控制小便	10	5	0	0
如厕（包括擦拭、穿裤子、冲水等）	10	5	0	0
床椅转移	15	10	5	0
平地行走 45 米	15	10	5	0
上下楼梯	10	5	0	0

（八）生存质量评定

生存质量是指个体在不同文化和价值体系背景下，对与他们的目标、期望、标准和所关心的事情有关的生存状况的体验。生存质量的评定量表有数百种，其适应的对象、范围和特点也各不相同。常用的具有代表性的评定量表有世界卫生组织生存质量评定量表（WHOQOL-100 量表）、健康调查简表（SF-36）、健康生存质量表、生活满意度量表等。

其中，WHOQOL-100 量表是世界卫生组织在近 15 个不同文化背景下经多年协作研制而成，内容包括生理、心理、独立能力、社会关系、环境、个人信仰与精神寄托六大领域的 24 个方面，每个方面均有 4 个问题条目，此外再加上 4 个有关总体健康和总体生存质量的问题，共计 100 个问题。评定对象的得分越高，说明其生存质量越好。

任务实施

1. 任务描述

请你以家族中的某位患有疾病的老年人为对象，根据所学知识选择合适的方法对其进行康复护理评定。

2. 任务目的

通过对老年人进行康复护理评定，加深对老年人康复护理的认识，了解老年人康复护理评定的内容和常用的评定方法。

3. 实施过程

（1）4～5 人一组，确定康复护理评定的对象与项目，并选择合适的方法进行评定。

（2）小组成员根据康复护理评定所得信息和本任务所学知识填写表 6-3。

表 6-3 问题与答案

问题	答案
应从哪些方面对该老年人进行康复护理评定	
应采用什么方法对该老年人进行康复护理评定	

（3）每组选出一人讲解（可结合必要的采访视频、音频、图片等）本组的任务实施情况，并解答其他小组成员提出的问题。

4. 任务评价

教师根据任务的完成情况，按表 6-4 中的内容为各组打分并进行评价。

表 6-4 任务评价表

评价内容	分值	教师评分	教师评价
积极、认真地参与任务实施环节	15		
内容填写详细、完整，字迹工整	30		
康复护理评定结果准确，选用的方法合适	40		
能正确回答其他同学提出的问题	15		
总计	100		

任务二 掌握常用的康复治疗和护理技术

任务导入

钱爷爷的康复治疗与护理

70 岁的钱爷爷在一年前被确诊为帕金森病，随着病情的发展，钱爷爷现在双手都会出现明显的震颤，已经无法独立进食，而且由于下肢肌肉强直、关节活动受限，钱爷爷的步态也变得异常。为了缓解病情，钱爷爷的子女决定让钱爷爷接受专业的康复治疗

与护理服务。

治疗期间，在康复治疗师的指导下，钱爷爷每天都认真完成关节活动训练、肌力训练、步行训练、进食训练、穿脱衣训练、个人卫生训练等康复训练活动。同时，康复治疗师还为钱爷爷进行了神经肌肉电刺激、中医针灸和推拿等治疗，以促进其肌力恢复。经过一段时间的康复治疗与护理，钱爷爷的帕金森病情得到了有效缓解。

思考：

（1）常用的康复治疗和护理技术有哪些？

（2）康复治疗师对钱爷爷使用了哪些康复治疗和护理技术？

一、物理因子疗法

物理因子疗法是指应用电、光、声、磁、冷、热、水、力等物理因子对疾病进行预防、治疗和康复的方法，包括电疗法、光疗法、超声疗法、磁疗法等。

（一）电疗法

电疗法是指应用电的物理特性作用于人体，达到疾病的预防、治疗、康复的方法，被广泛用于预防和治疗疼痛、软组织损伤、神经瘫痪、肌肉痉挛等。根据电流频率不同，可将电疗法分为直流电疗法、低频电疗法、中频电疗法、高频电疗法。

1. 直流电疗法

直流电疗法是指将低电压的直流电通过人体一定部位以治疗疾病的方法，常用于治疗神经炎、高血压、冠心病、颈椎病、关节炎、慢性溃疡、动脉硬化等疾病。

2. 低频电疗法

低频电疗法是指将频率小于 1 千赫兹的脉冲电流作用于人体治疗疾病的方法。最常用的低频电疗法为神经肌肉电刺激疗法。神经肌肉电刺激疗法是指将低频脉冲电流作用于神经或肌肉，引起肌肉收缩以促进神经肌肉功能恢复的治疗方法，主要包括经皮神经电刺激疗法、电体操疗法、功能性电刺激疗法。

（1）经皮神经电刺激疗法具有镇痛、促进局部血液循环、加速骨折或溃疡愈合、缓解痉挛等作用，常用于治疗各种急性和慢性疼痛、骨折后骨愈合不良、慢性溃疡等。

（2）电体操疗法具有刺激运动神经、增强肌力、促进局部血液循环、防止肌肉萎缩或硬化等作用，常用于治疗下运动神经元损伤后肌肉失神经支配、失用性肌萎缩等。

（3）功能性电刺激疗法具有促使肢体功能重建和心理状态改善等作用，常用于治疗脑卒中、脊髓损伤与脑瘫后的足下垂、运动障碍等。

3. 中频电疗法

中频电疗法是指将频率为 1～100 千赫兹的脉冲电流作用于人体治疗疾病的方法，包括等幅中频电疗法、调制中频电疗法、干扰电疗法等。

（1）等幅中频电疗法具有镇痛、促进局部血液循环、消散硬结、软化瘢痕、松解粘连等作用，常用于治疗瘢痕、关节纤维性挛缩、术后粘连、狭窄性腱鞘炎、血栓性静脉炎、慢性咽喉炎、关节炎、神经炎等。

（2）调制中频电疗法具有镇痛、促进血液循环和淋巴回流、增强肌力、调节自主神经功能等作用，常用于治疗颈椎病、关节炎、肌纤维组织炎、腱鞘炎、瘢痕、坐骨神经痛、尿道结石、溃疡等。

（3）干扰电疗法具有镇痛、促进局部血液循环、提高平滑肌张力、锻炼骨骼肌、加速骨折愈合等作用，常用于治疗颈椎病、关节炎、扭挫伤、肌纤维组织炎、胃下垂、失用性肌萎缩、骨折延迟愈合等。

4. 高频电疗法

高频电疗法是指将频率高于 100 千赫兹的高频电磁场作用于人体治疗疾病的方法，包括短波疗法、超短波疗法、微波疗法等。

（1）短波疗法和超短波疗法具有刺激毛细血管、小动脉扩张，促进局部血液循环，加速炎症消除，降低神经兴奋性，减轻疼痛，提高免疫力，加速组织修复愈合，缓解肌肉痉挛等作用，常用于治疗胸、腹、盆腔器官的炎症感染，以及关节炎、扭挫伤、骨折愈合迟缓、颈椎病、神经炎、脊髓炎、肾炎、急性肾衰竭等。短波疗法主要用于伤病的亚急性期和慢性期的治疗，超短波疗法主要用于伤病的急性期治疗。此外，短波疗法和超短波疗法与放疗、化疗联合应用，可治疗皮肤癌、乳腺癌、恶性淋巴瘤、直肠癌、肺癌等。

（2）微波疗法包括厘米波疗法、分米波疗法、毫米波疗法，具有镇痛、消除炎症、促进组织生长修复、调节神经功能等作用，常用于治疗胸、腹、盆腔器官的炎症感染，以及关节炎、扭挫伤、冻伤、肌纤维组织炎、坐骨神经痛、伤口愈合迟缓等。厘米波疗法和分米波疗法与放疗、化疗联合应用，可治疗皮肤癌、乳腺癌、甲状腺癌、胃癌、直肠癌、骨肿瘤等。

（二）光疗法

光疗法是指利用光线的生物作用进行疾病治疗的方法，包括红外线疗法、紫外线疗法和激光疗法等。

（1）红外线疗法具有镇痛、促进局部血液循环、缓解痉挛等作用，常用于治疗肌纤维组织炎、关节炎、神经痛、伤口愈合迟缓、慢性溃疡、冻伤、肌痉挛等。

（2）紫外线疗法具有杀菌、消炎、提高免疫力、镇痛、脱敏、加速组织再生、促进维生素 D 生成等作用，常用于治疗急性神经痛、关节炎、佝偻病、软骨病、皮肤病、静脉炎、肺炎、急性支气管炎等。

（3）激光疗法具有镇痛、促进局部血液循环、提高免疫力、加速组织修复等作用，常用于治疗皮下组织炎症、伤口愈合不良、慢性溃疡、面肌痉挛、带状疱疹、关节炎、神经炎等。

（三）超声疗法

超声疗法是指利用超声的机械特性和温热作用对人体疾病进行治疗的方法，具有镇痛解痉、软化瘢痕、松解粘连、减轻或消除血肿、促进组织再生、骨痂生长、加速骨折修复等作用。超声疗法常用于治疗软组织损伤、关节纤维性挛缩、瘢痕增生、关节炎、骨折后愈合不良、慢性溃疡、压疮、坐骨神经痛等。

（四）磁疗法

磁疗法是指将磁场作用于人体的患处或穴位，达到治疗疾病或促进人体健康的方法，包括静磁场疗法、旋磁疗法、电磁疗法、磁处理水疗法等。磁疗法具有镇痛、消肿、消炎、降血压、软化瘢痕、促进骨痂生长等作用，常用于治疗软组织扭挫伤或血肿、浅表性毛细血管瘤、关节炎、肌筋膜炎、肩关节周围炎、颞颌关节功能紊乱、神经衰弱等。

二、运动疗法

运动疗法是指以运动学、生物力学和神经生理学为基础，通过运动对身体功能障碍和功能低下进行预防、改善和恢复的治疗方法。常见的运动疗法包括关节活动训练、肌力训练、体位转移训练、平衡与协调功能训练、步行训练、吞咽训练等。

（一）关节活动训练

关节活动训练是一种用于维持或恢复关节活动范围的运动训练。运动功能正常的老年人可进行关节主动活动训练，徒手或借助器械自主完成各个关节的活动训练；运动功能受损的老年人则需要在康复治疗师的帮助下进行关节被动活动训练。

为了帮助有需要的老年人科学、合理地进行关节被动活动训练，康复治疗师应掌握常用的关节活动训练方法，具体内容如下。

1. 肩关节活动方法

肩关节活动方法包括肩关节前屈、肩关节后伸、肩关节外展和内收、肩关节被动内旋和外旋等。

（1）肩关节前屈。老年人仰卧在床上，双臂放于体侧。康复治疗师站在老年人的患侧，一只手握住老年人的肘关节，另一只手握住老年人的前臂，缓慢地将患侧上肢抬起，经体前向头的方向运动到极限后停止。

（2）肩关节后伸。老年人侧卧在床上（患侧朝上），康复治疗师站在老年人的背后，一只手固定老年人肩部，另一只手托着老年人的前臂，缓慢地将患侧上肢向后拉至最大范围。

（3）肩关节外展和内收。老年人仰卧在床上，康复治疗师站在老年人的患侧，一只手托着老年人的肘关节，另一只手握住老年人的前臂，缓慢地将患侧上肢向身体外侧伸展到与肩部平齐的位置，然后将患侧上肢向身体内侧收回原位。

（4）肩关节被动内旋和外旋。老年人仰卧在床上，使患侧手臂外展 90°并屈曲肘关节

90°。康复治疗师站在老年人的患侧，一只手固定老年人的肘关节，另一只手握住老年人的前臂，以肘关节为中心，将前臂向老年人足部转动，完成被动内旋，或将前臂向老年人头部转动，完成被动外旋，如图 6-3 所示。

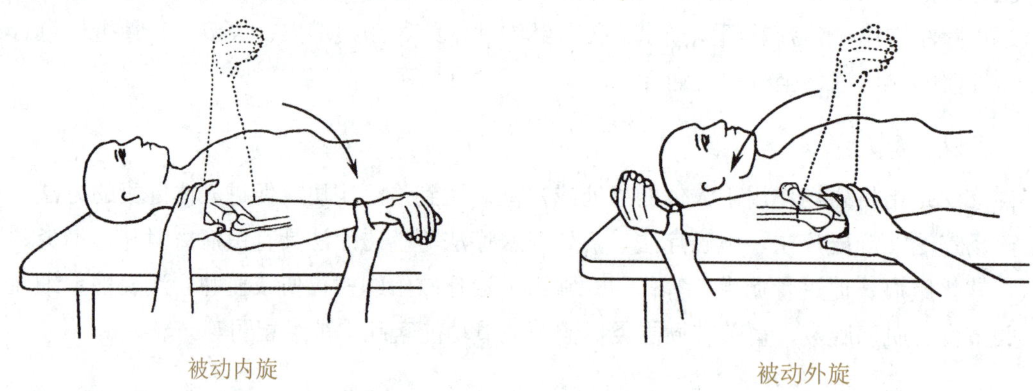

图 6-3　肩关节被动内旋和外旋

2．肘关节活动方法

肘关节活动方法主要包括肘关节屈伸、前臂旋转等。

（1）肘关节屈伸。老年人仰卧在床上，将双臂放于体侧。康复治疗师站在老年人的患侧，一只手固定老年人的肘关节，另一只手握住老年人的腕部，以肘关节为中心，在与大臂平行的平面内，将老年人的前臂缓慢地转动至最大范围。

（2）前臂旋转。老年人仰卧在床上，使患侧手臂外展 90°并屈曲肘关节 90°。康复治疗师站在老年人的患侧，一只手托着老年人的肘关节，另一只手握住老年人的前臂远端，缓慢地帮助老年人做前臂旋前（向内转动前臂）和旋后（向外转动前臂）运动。

3．腕关节活动方法

老年人仰卧或端坐，保持肘关节屈曲，康复治疗师用一只手固定老年人的前臂远端，用另一只手握住老年人的手掌，缓慢地帮助老年人做腕关节屈曲、伸展、尺偏（见图 6-4）、桡（ráo）偏（见图 6-5）等动作。

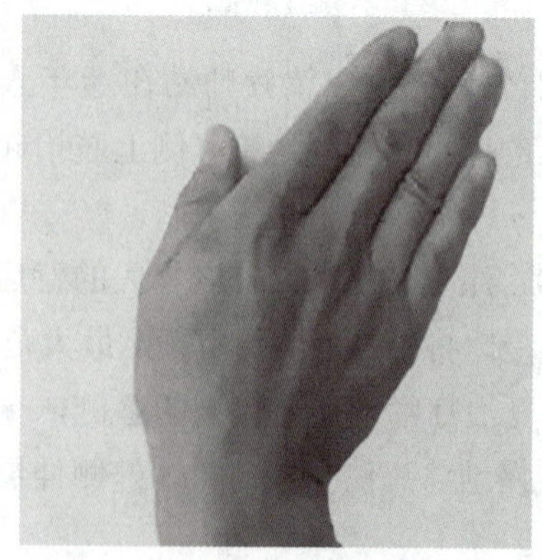

图 6-4　尺偏

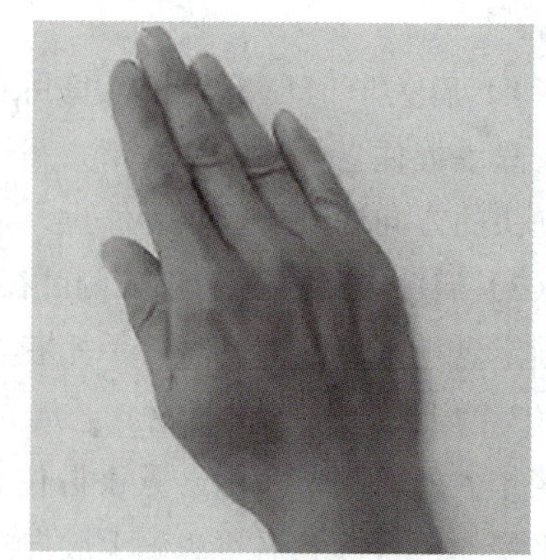

图 6-5　桡偏

4. 手指关节活动方法

老年人仰卧或端坐，伸出前臂并保持手心向上。康复治疗师用一只手握住老年人的手掌，用另一只手握住老年人的手指，帮助老年人做手指屈曲、伸展、对指（见图 6-6）和握拳等动作。

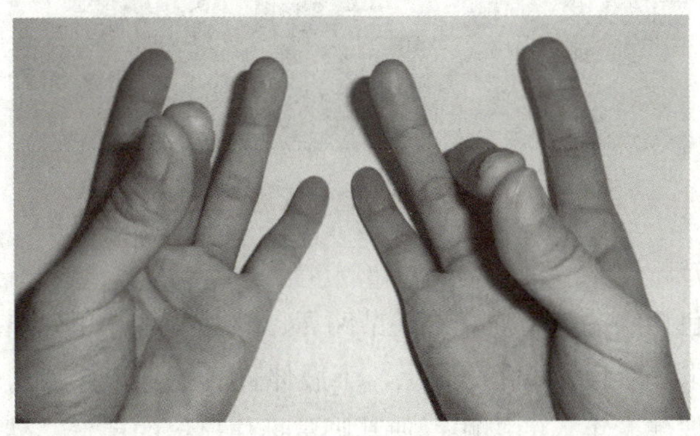

图 6-6　对指

5. 髋关节活动方法

髋关节活动方法包括髋关节屈曲、髋关节伸展、髋关节外展与内收、髋关节内旋或外旋。

（1）髋关节屈曲。老年人仰卧在床上，康复治疗师站在老年人的患侧，一只手托住老年人的膝关节后方，另一只手握住老年人的踝关节，使老年人下肢做屈髋、屈膝运动，并尽量让患侧大腿前部靠近躯干。

（2）髋关节伸展。老年人俯卧在床上，康复治疗师站在患侧，一只手固定老年人的臀部，另一只手伸到老年人大腿下方，并用前臂将患侧下肢向上托起，使髋部被动向后伸展。

（3）髋关节外展与内收。老年人仰卧在床上，下肢伸直。康复治疗师用一只手握住老年人的踝关节，用另一只手托住老年人膝关节的后方，双手同时用力使老年人下肢向身体外侧移动，完成髋关节外展运动，然后将下肢向身体内侧收回，完成髋关节内收运动。

（4）髋关节内旋或外旋。老年人仰卧在床上，下肢伸直。康复治疗师用一只手托住老年人的膝关节后方，用另一只手握住老年人的踝关节，双手共同用力将患侧下肢托起至屈髋、屈膝 90°位，然后以髋关节为轴使小腿向外运动，以完成髋关节内旋，或使小腿向内运动，以完成髋关节外旋。

6. 膝关节活动方法

老年人仰卧在床上，康复治疗师站在老年人的患侧，一只手托住老年人的膝关节后方，另一只手握住老年人的踝关节，双手共同用力将患侧下肢抬起并做屈髋、屈膝运动，待老年人的膝关节充分屈曲后，再使膝关节伸直。图 6-7 为康复治疗师帮助老年人进行膝关节活动。

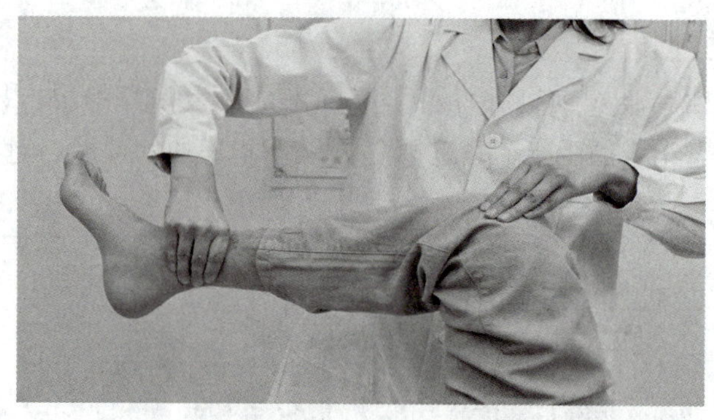

图 6-7　康复治疗师帮老年人进行膝关节活动

7. 踝关节活动方法

踝关节活动方法包括踝关节背屈、踝关节跖屈、踝关节内翻和外翻。

（1）踝关节背屈。老年人仰卧在床上，下肢伸直。康复治疗师用一只手固定老年人的踝关节，用另一只手握住老年人的脚跟，使其脚掌抵住自己的前臂，然后用前臂向老年人头部方向推压老年人的脚部，使踝关节完成背屈运动。

（2）踝关节跖屈。老年人仰卧在床上，下肢伸直。康复治疗师用一只手固定老年人的踝关节，用另一只手握住老年人的脚背并向下按压，使踝关节完成跖屈运动。

（3）踝关节内翻和外翻。老年人仰卧在床上，下肢伸直。康复治疗师用一只手固定老年人的踝关节，用另一只手握住老年人的脚跟，使脚底向内侧转动，完成内翻，或向外侧转动，完成外翻。

8. 脚趾活动方法

老年人仰卧在床上，康复治疗师用一只手握住老年人脚趾近端以固定脚掌，用另一只手捏住脚趾远端，然后使脚趾向脚底或脚背方向运动。

课堂活动

2～3 人一组，按照上述步骤，完成 1～2 个关节活动训练。

（二）肌力训练

肌力训练是指通过肌肉主动收缩来改善或增强肌肉力量的训练方法。适当的肌力训练有利于老年人恢复肌肉功能，保护关节、脊柱，防止继发性损伤。

常用的肌力训练方法包括被动运动训练、助力运动训练、主动运动训练、抗阻力运动训练。

（1）被动运动训练是指由康复治疗师徒手或利用器械对老年人的肢体施加动力，引起关节活动、肌肉和肌腱牵张、韧带和关节囊牵张的运动方式，适用于肌力为 0～1 级的老年人。康复治疗师可徒手或用器械对老年人的肌肉进行刺激，如用按摩手法或电刺激等诱发肌

肉的主动收缩，以延缓肌肉萎缩。

（2）助力运动训练是指老年人借助外力自主完成主动肌肉收缩的运动方式，适用于肌力为1～2级的老年人。外力包括器械、康复治疗师的少量帮助。

（3）主动运动训练是指老年人在不借助外力的情况下，独立完成运动的训练方式，适用于肌力为3级的老年人。进行主动运动训练有利于增强老年人的肌力和耐力，改善其关节功能和心肺功能。

（4）抗阻力运动训练是指克服在运动过程中由他人或器具产生的阻力所进行的主动运动，适用于肌力4～5级的老年人。例如，身体状况良好的老年人可用哑铃、沙袋、拉力器等来增强肌力，改善肌肉形态和功能。

老年人肌力训练的注意事项

康复治疗师在辅助老年人进行肌力训练时，应注意以下几点：

（1）在训练前，先给老年人讲解训练的目的和方法，使其对肌力训练有所了解。

（2）把握好运动量和训练的节奏，让老年人在适度训练后充分休息，避免过度训练导致老年人产生不适感。

（3）避免老年人在训练过程中受伤。若老年人反映某个部位疼痛，康复治疗师应立即查看，必要时请康复医师处理。

（4）注意老年人在训练时的心血管情况。对于患有高血压、冠心病或其他心血管疾病的老年人，康复治疗师应叮嘱其不能剧烈运动或憋气，以免增加心血管的负担。

（三）体位转移训练

体位转移是指通过一定方式改变老年人的姿势或位置的过程，包括翻身、坐起、躺下和床椅转移。老年人定时进行体位转移可以促进血液循环，预防压疮、坠积性肺炎、尿路感染、肌肉挛缩、关节变形等。

根据老年人需要借助外力的程度划分，体位转移可分为独立转移、辅助转移、被动转移。以下主要介绍辅助转移和被动转移的护理方法。

1. 辅助转移

辅助转移主要包括辅助翻身、辅助坐起、辅助躺下、辅助站起、进行床椅转移。

（1）辅助翻身。老年人仰卧时间太久需要翻身时，康复治疗师站在床的一侧，协助老年人将双臂交叉放于胸部或腹部，双腿并拢，双膝屈曲，脚掌贴紧床面，然后用一只手扶着老年人的肩部，用另一只手扶着老年人的膝部，双手用力将老年人推向一侧，以完成翻身动作。必要时，康复治疗师可用软枕或体位垫支撑老年人的背部。

除脊髓损伤、脊柱受伤等特殊伤病外，长期卧床的老年人均应定时翻身，日间每两小时宜翻一次身，夜间每 3 小时宜翻一次身。

（2）辅助坐起。老年人采取侧卧位，双膝屈曲。康复治疗师先将老年人的双腿放于床边，然后将手放在老年人的腋下或肩部向上抬老年人的躯干，当老年人的肩部离开床面时，一只手放在其骨盆部位，以骨盆为中心使老年人的身体转变为坐姿。在体位转移过程中，康复治疗师应鼓励老年人使用健侧上肢支撑身体。

（3）辅助躺下。老年人坐在床上，双手手掌紧贴床面，逐渐改用双臂支撑身体，使身体缓慢向后倾斜。康复治疗师站在老年人的侧方，用双手扶着老年人的双肩以控制老年人向后倾斜的速度，帮助老年人完成从坐位到仰卧位的体位转换。

（4）辅助站起。康复治疗师面向老年人站立，屈膝并保持身体前倾，双膝夹住老年人的膝部，让老年人双臂环抱自己的脖子，然后双手托住老年人的臀部或抓住其腰带，用力将老年人向上拉起，并嘱咐老年人同时用力伸腿、抬臀，逐渐站立起来。最后，康复治疗师帮助老年人调整站位的重心，使其保持站立平衡。

（5）进行床椅转移。轮椅应放在靠近老年人下床的一侧，与床沿成 30°～45°。康复治疗师辅助老年人站起后，帮助其缓缓转身，使其臀部正对着轮椅，然后协助其坐在轮椅上。

2．被动转移

如果老年人身体机能损伤严重，在康复治疗师的辅助下无法完成床椅转移时，就需要依靠外力进行被动转移。被动转移一般分为人工搬运和机械搬运两种。进行人工搬运时，至少需要两名康复治疗师合作。机械搬运是指康复治疗师借助医用平车、移位机（见图 6-8）等设备对老年人进行转移。

人工搬运常用的方法

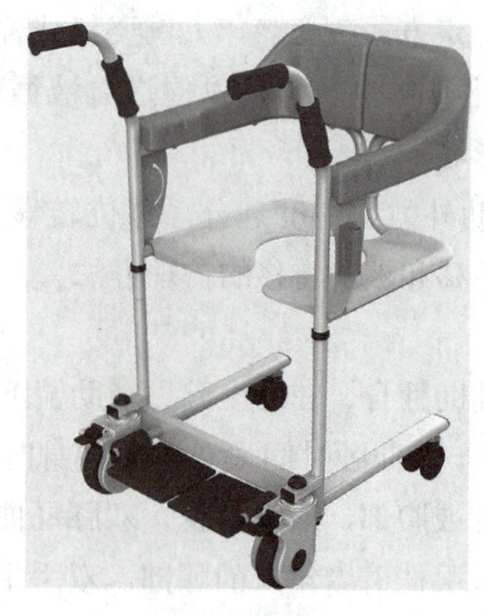
图 6-8　位移机

（四）平衡与协调能力训练

平衡能力是指人体在静止或受到外力作用时保持姿势稳定的能力。协调能力是指人体多组肌群共同参与并相互配合，进行平稳、准确、良好控制的运动能力。协调能力与平衡能力密切相关。

1．平衡能力训练

平衡能力训练侧重于对身体重心的控制力的锻炼。平衡训练的方法包括一级平衡训练、二级平衡训练、三级平衡训练。

（1）一级平衡训练又称静态平衡训练，是指老年人在不受外力的前提下，保持坐姿、站姿平衡的训练。这是老年人在平衡训练初期相对容易完成的动作。

（2）二级平衡训练又称自动态平衡训练，是指老年人保持坐姿、站姿，独立完成身体重心转移、自行活动躯干（如腰部屈曲、伸展、左右倾斜、旋转等运动）的平衡能力训练。必要时，康复治疗师可帮助老年人固定髋部。

（3）三级平衡训练又称他动态平衡训练，是指老年人保持坐姿、站姿并抵抗外力的平衡能力训练。康复治疗师可通过让老年人抛球、接球、踢球，或从不同方向推老年人等方式进行三级平衡训练，但应注意保护老年人的安全。

2．协调能力训练

在老年人康复护理中，常用的协调能力训练包括上肢活动范围训练、上肢方向性动作练习、上肢手眼协调练习、下肢动作练习、四肢同步练习等。

（1）上肢活动范围训练。例如，让老年人将上肢交替举过头顶，手臂尽量保持伸直，逐渐加快速度；或者上肢交替摸另一侧的肩膀；或者上肢交替屈肘，并逐渐加快速度；或者双手交替进行手心拍手背活动，并逐渐加快拍的速度。

（2）上肢方向性动作练习。例如，让老年人将双手交替以食指指鼻；或者用一只手的手指触碰另一只手对应的手指，由拇指到小指交替触碰；或者用一只手的拇指分别与其余四根手指进行对指，两手交替进行；或画画、下棋等。

（3）上肢手眼协调练习。例如，将小球放在桌上，让老年人抓起后放在指定位置；或者将花生、黄豆等放在桌上，让老年人抓起后放入碗中；或者让老年人画画、下棋、拼图、堆积木等。

（4）下肢动作练习。例如，让老年人仰卧在床上，伸直下肢，左右交替屈髋 90°，并逐渐加快节奏；或坐在凳子上，两腿交替踏步，并逐渐加快速度；或脚跟触地，脚尖抬起做拍地动作。

（5）四肢同步练习。例如，让老年人在踏步的同时交替摆动手臂，并逐渐加快速度，或踢毽子等。

小贴士

在进行协调能力训练时，康复治疗师应提醒老年人注意动作的节律，先慢后快，反复练习，这样才能逐渐提高协调能力。

（五）步行训练

步行训练是以提高步行能力为目标的运动锻炼。常用于老年人康复的步行训练有平地行走、上下楼梯等。

1. 平地行走

在进行平地行走前，康复治疗师指导老年人原地进行下肢负重屈伸、抬腿练习。做好准备工作后，护理人可采取以下方法引导老年人进行平地行走训练。

（1）正方协助老年人行走法。康复治疗师站在老年人正面，双手向上扶住老年人的上臂，指导老年人先迈患侧下肢，再迈健侧下肢，协助老年人缓慢向前移动。

（2）侧方协助老年人行走法。康复治疗师站在老年人患侧后方距老年人半步的位置，一只手掌心向上扶握老年人患侧的手掌，另一只手扶住老年人的腰部，叮嘱老年人先迈患侧下肢，再迈健侧下肢，协助老年人缓慢向前移动。

（3）后方协助老年人行走法。康复治疗师在老年人身后，双手扶住老年人的髋部，并让其站直。在老年人抬起患侧下肢时，康复治疗师应协助其将患侧髋部向前、向下转动；在老年人抬起健侧下肢时，康复治疗师应协助其用患侧下肢站稳，并将身体重心缓慢前移。

2. 上下楼梯

在上楼梯时，康复治疗师应站在老年人后方距老年人半步的位置，一只手掌心向上扶握老年人患侧的手掌，另一只手扶住老年人患侧腋窝或腰部，叮嘱老年人用健侧手掌扶握住栏杆，先迈健侧下肢，再迈患侧下肢，缓慢上楼。

在下楼梯时，康复治疗师应站在老年人前方距老年人半步的位置，叮嘱其先迈患侧下肢，再迈健侧下肢，缓慢下楼。

（六）吞咽训练

吞咽训练主要有间接吞咽训练和直接吞咽训练两种。

1. 间接吞咽训练

间接吞咽训练是指为改善与摄食、吞咽相关的器官的运动功能及协调性所采取的一系列旨在促进食物运送、减少渗漏和误吸的非直接摄食的吞咽训练。康复治疗师可协助老年人通过以下途径进行间接吞咽训练：

（1）锻炼口腔和面部肌群，以增强咀嚼能力和口腔对食物的控制能力。例如，让老年人进行紧闭嘴巴、小口呼吸、吸管呼吸练习；或进行噘嘴、撇嘴、微笑、抗阻鼓腮等练习；或尽量张口，然后放松；或让下颌做左右侧方运动；等等。

（2）锻炼舌头，以增强舌头对食物的控制能力。例如，让老年人向前或向两侧尽力伸舌头；或牵拉舌尖，然后用力缩回舌头；或用舌尖舔口唇周围，锻炼舌头的灵活性；或用压舌板抵住舌根，然后用力抬高舌根，进行抗阻训练。

（3）用冰冻棉棒刺激老年人的软腭、腭弓、舌根和咽喉壁，交替刺激 20 次，然后进行按摩。

2. 直接吞咽训练

直接吞咽训练是指直接摄食训练。常用的直接吞咽训练包括空吞咽、交互吞咽、点头吞咽等。

（1）空吞咽。让老年人在每次进食后反复做几次空吞咽动作，使咽部食物全部咽下后再进食，以达到清除咽部残留食物的目的。

（2）交互吞咽。交替吞咽固体食物和流食，或每次吞咽后饮用极少量的水，以促进固体食物吞咽。

（3）点头吞咽。在吞咽时，颈部向前屈曲，做点头动作，以清除会厌谷（会厌与舌根间的腔隙）中残留的食物。

视野拓展

老年人直接吞咽训练的注意事项

康复治疗师在帮助老年人进行直接吞咽训练时，要注意以下几点：

（1）体位。行动正常的老年人的正确进食体位为端坐位，不能端坐的老年人一般采用躯干抬高不小于 60°的仰卧位，用体位垫或枕头垫起老年人的背部和颈部，使老年人保持略微低头的姿势。

（2）食物性状。根据老年人的饮食习惯，选择柔软、黏度适当、易咀嚼、不易在黏膜上滞留、易吞咽的食物。一般优先选择糊状食物，如米粉、鸡蛋羹、米糊等，其次选择固体食物，最后选择流食。

（3）食物在口中的位置。协助进食时，最好将食物放在老年人健侧舌后部或健侧颊部，以便咀嚼和吞咽。

（4）一口量。一口量即进食时最适宜吞咽的食物入口量。老年人如果一次入口的食物过少，则难以产生吞咽反射；如果一次入口的食物过多，则容易导致食物从口中漏出或在咽部滞留等问题。康复治疗师在老年人进食过程中，应注意控制好一口量。

（5）进食速度。康复治疗师应提醒老年人在吞咽完前一口食物后再吃下一口食物，避免食物滞留于咽部而发生误吸。一般情况下，老年人每餐的进食时间宜控制在 45 分钟左右。

（6）屏气吞咽。康复治疗师应提醒有吞咽障碍的老年人在吞咽时屏气，使声门闭锁，以免将食物误吸入声门。

三、作业疗法

作业疗法是指通过采用有目的的、经过选择的作业活动维持、改善和补偿个体功能缺陷的一种治疗方法。在老年人康复护理过程中合理使用作业疗法的作用主要包括：① 促进机体功能恢复，预防并发症；② 缓解疼痛，预防肌肉萎缩或畸形；③ 改善精神状态，减少心理异常和行为异常；④ 提高日常生活能力；⑤ 促进工作能力恢复。

老年人康复护理中常用的作业疗法主要是日常生活活动能力训练，包括进食训练、穿脱上衣训练、穿脱裤子训练、穿脱鞋袜训练、个人卫生训练。

（一）进食训练

康复治疗师可通过对有进食能力障碍的老年人进行进食训练，使其掌握手的抓握、上肢运送、口腔运动等的动作要领，进而学会独立进食。

（1）手的抓握。对于握力减弱的老年人，康复治疗师可为其提供勺子、叉子以代替筷子，或者让其使用手柄加粗或有固定带的餐具（见图 6-9）。

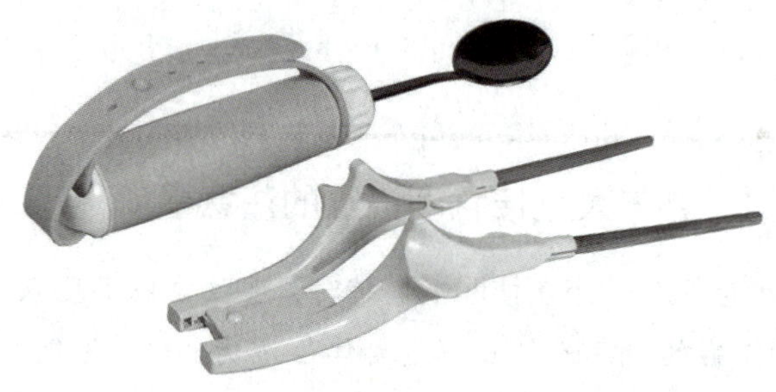

图 6-9　手柄加粗或有固定带的餐具

（2）上肢运送。对于因上肢关节活动受限、肌力低下、协调功能障碍等无法将食物送到嘴里的老年人，康复治疗师可让其采用运动功能受限的手扶碗，用运功功能正常的手送食物的方式进行训练。若老年人的患侧上肢具有运动功能，康复治疗师应鼓励其多利用患侧上肢进食。

（3）口腔运动。对于口腔或颞下颌关节活动受限、口周围肌群肌力低下、协调功能障碍等导致吞咽困难的老年人，康复治疗师可参考吞咽训练的内容训练老年人的口腔运动能力。

（二）穿脱上衣训练

进行穿脱上衣训练时，康复治疗师应指导老年人遵循穿上衣时先穿患侧、脱上衣时先脱健侧的原则。

1．穿脱开襟上衣

穿开襟上衣时，康复治疗师应指导老年人先找到衣领，使衣领朝前，并将上衣平铺在大腿上，然后将患侧上肢套进衣袖内并将衣领拉至肩上，再从颈后将衣领向健侧拉，最后将健侧上肢套进衣袖内，扣好扣子或拉上拉链即可。

脱开襟上衣的过程和穿衣过程正好相反。康复治疗师应指导老年人先解开扣子或拉开拉链，然后将患侧上衣从肩上脱至肩膀露出，再将健侧上衣从肩上脱至肩膀露出，上肢尽可能向身后伸展，健侧上肢通过活动从衣袖内脱出，再脱出患侧上肢。

2. 穿脱套头上衣

穿套头上衣时，康复治疗师应指导老年人将衣服平铺在大腿上，使领口朝向膝盖，然后将患侧上肢套进衣袖内并将袖口拉至肘部以上，再穿健侧衣袖，最后用手将衣服举过头顶，将头套进衣服的领口并向下拉衣服即可。

脱上衣时，康复治疗师应指导老年人先将上衣拉至胸部以上，然后用手从颈后往前拉衣服的领口，使头从领口脱出，然后脱出健侧上肢，最后脱出患侧上肢。

（三）穿脱裤子训练

穿裤子时，康复治疗师应指导老年人先将裤子摆好，然后用手将患侧的腿抬起，使脚伸进裤腿内并将裤腿拉至膝盖以上，然后将健侧的腿抬起，使脚伸进裤腿并将裤腿拉至膝盖以上，再抬起臀部或站起来将裤腰向上拉至腰部，最后整理好裤腿，系紧腰带或扣好扣子。

脱裤子时，康复治疗师应指导老年人先保持站立，然后解开腰带或扣子，用手将裤子向下拉至臀部露出，接着坐下，脱下健侧裤腿，最后脱下患侧裤腿。

（四）穿脱鞋袜训练

穿鞋袜时，康复治疗师应指导老年人先穿患侧的袜子和鞋子，再穿健侧的袜子和鞋子。脱袜子和鞋子的步骤与穿袜子和鞋子的顺序正好相反。下肢活动受限的老年人还可借助穿袜辅助器（见图 6-10）辅助穿脱袜子。

图 6-10 穿袜辅助器

（五）个人卫生训练

对于肢体功能正常的老年人，康复治疗师应指导其进行个人卫生训练，帮助其提高生活自理能力，增强其自信心。常见的个人卫生训练有修饰、如厕和洗澡等。

（1）修饰。修饰包括梳头、洗脸、清洁口腔、修剪指甲和趾甲等。偏瘫或一侧肢体行动不便的老年人，可用健侧肢体进行修饰训练。

（2）如厕。行动障碍老年人可通过使用便盆、坐便椅等工具进行如厕训练。

（3）洗澡。进行盆浴时，康复治疗师应指导老年人坐在紧靠浴盆的椅子上，然后脱去衣物，将患侧下肢放入盆内，再用手撑住盆沿，用健侧下肢撑起身体，抬起臀部将身体移至盆内，最后将健侧下肢放入盆内，手持毛巾或洗澡刷清洁身体。淋浴时，老年人可坐在椅子上，调节好水温后冲洗身体。

四、言语疗法

言语疗法是指采用发音训练、言语训练和认知训练等方式，改善和恢复老年人言语功能的康复治疗方法。使用言语疗法可帮助老年人改善言语功能，使其重新获得沟通与交流能力。下面介绍几种常用的言语疗法。

（一）理解训练

（1）语音辨识训练。让老年人从预先准备好的一段录音（人声、雨声、风声、市井喧哗声等的混合声）中分辨出语音。

（2）听声辨图训练。将几张图片放在老年人面前，让其指出与所听到的语音内容相符的图片。

（3）词语记忆训练。将几张单词卡摆放在老年人面前，康复治疗师每次说出两个或两个以上的单词，让老年人按顺序指出对应的单词卡。

（4）内容理解训练。将几幅情景画放在老年人面前，康复治疗师用简单的句子描述情景画中的内容，让老年人指出与描述内容相符的图画。

（5）指令执行训练。康复治疗师让老年人根据自己所说的话做出相应的动作，如“请点头”“举起左手”等，并逐渐从短句过渡到长句、从单句过渡到复合句。

（二）表达训练

1. 构音器官训练

构音器官训练主要是对嘴巴、舌头的训练。对交流障碍老年人进行构音器官训练可以保证其构音器官在发音时能正常运动，避免出现发音困难、发音不准等问题。康复治疗师应引导老年人重复进行以下操作：

（1）张开嘴巴，使舌头快速左右移动并触碰两侧嘴角。

（2）缓慢将嘴张开至最大，维持 3 秒，然后慢慢闭合。

（3）张开嘴巴，将嘴唇噘成椭圆状，然后保持嘴巴张开并放松嘴唇。

（4）张大嘴巴，最大限度地伸出舌头，维持 10 秒，然后将舌头努力缩至嘴巴最里面。对于舌头运动有困难的老年人，康复治疗师可以用裹着纱布的手抓住老年人的舌头或用吸舌器吸住老年人的舌头小心地往外拉，以完成伸舌动作。

（5）张大嘴巴，用舌头舔嘴唇一圈，然后放松。

（6）张开嘴巴，使舌尖尽力向下巴的方向伸长，维持 3 秒后放松，然后使舌尖尽力向

鼻子的方向伸长，维持 3 秒后放松。

（7）闭嘴并噘嘴唇，维持 3 秒后放松，然后张嘴微笑，维持 3 秒后放松。

（8）闭嘴并鼓起双颊，维持 5 秒后放松。

2．发音训练

（1）音节训练。康复治疗师让老年人深呼吸，用嘴哈气，发出各种元音，然后由一口气发 1 个元音逐渐过渡到发 2～3 个元音。

（2）音量控制训练。康复治疗师指导老年人按照音量从小到大再从大到小的顺序发音。

（3）语言清晰度训练。康复治疗师让老年人朗读词语、句子，并判断其吐字是否清晰。若不清晰，则需要指导老年人重复进行发音练习。

（4）语调训练。康复治疗师可以在句子上标记相应字词的语调，让老年人练习用不同的语调朗读不同的句子，以提高语调控制能力。

3．口语训练

（1）语音训练。康复治疗师像教授初学者学习汉语一样，教授老年人基本的语法、发音等知识，以提高其发音的清晰度和准确性。

（2）词汇训练。康复治疗师可采用以下几种方式来提高老年人对词汇的记忆和理解：① 出示几张印有不同实物图案的卡片，让老年人说出图案的名字；② 让老年人说出生活中各种实物的名字；③ 让老年人通过联想，说出多个相关的词汇。

（3）句子训练。康复治疗师让老年人复述自己所说的话，以增强其对句子的表达能力；或者提出问题让老年人回答、让老年人描述某一情景等，以帮助老年人掌握正确的语法规则，提高口语表达能力。若老年人在叙述过程中出现用词错误、发音错误等，康复治疗师不要打断其叙述，而应在其叙述完后进行纠正；若老年人因言语障碍使得叙述中断，康复治疗师可适当给予提示，让其继续叙述。

（4）情景交流训练。康复治疗师可以组织一些简单的交流活动，如购物、问路等，让老年人在实际场景中练习口语表达。此外，康复治疗师还可以采用角色扮演训练，让老年人扮演不同的角色，模拟不同的交流场景，以增强其口语表达能力。

（三）朗读训练

（1）单词朗读训练。康复治疗师出示单词卡，反复读给老年人听，然后鼓励老年人一起朗读，最后让老年人自己朗读。

（2）句子朗读训练。康复治疗师向老年人出示印有句子的卡片，让老年人朗读卡片上的句子。

（3）文章朗读训练。康复治疗师从报刊、书籍中选择老年人感兴趣的内容，鼓励老年人自己朗读。

（四）书写训练

书写不仅涉及言语，还涉及视觉、运动、本体感觉等多种功能，因此在进行书写训练

时，康复治疗师要综合考虑老年人各方面的功能障碍。

（1）抄写训练。康复治疗师可以安排老年人抄写字词、句子、文章，以锻炼老年人的眼睛、大脑、手、胳膊等的联合运动能力，加强其对文字的理解和记忆。

（2）提示书写训练。康复治疗师让老年人按照自己所提示的内容（如“请写出您的名字”“请写出您家庭成员的名字”“请写出您喜欢的事物”等）进行书写，提高其对语言文字的运用能力。

（3）独立书写训练。康复治疗师让老年人独立写出词语、完整的句子，或写日记、写信等。

五、中国传统康复疗法

（一）推拿疗法

推拿（见图 6-11）是指以中医理论为指导，运用手法或借助一定的推拿工具作用于患者体表的特定部位或穴位来治疗疾病的一种治疗方法，具有疏通经络、推行气血、扶伤止痛、祛邪扶正、调和阴阳的作用。推拿既可用于治疗骨科、内科、妇科、五官科等方面的伤病，又可应用于美容、减肥、医学保健等领域。常用的推拿手法有揉推、摩擦、拿按、叩击、振动、摇动六大类。

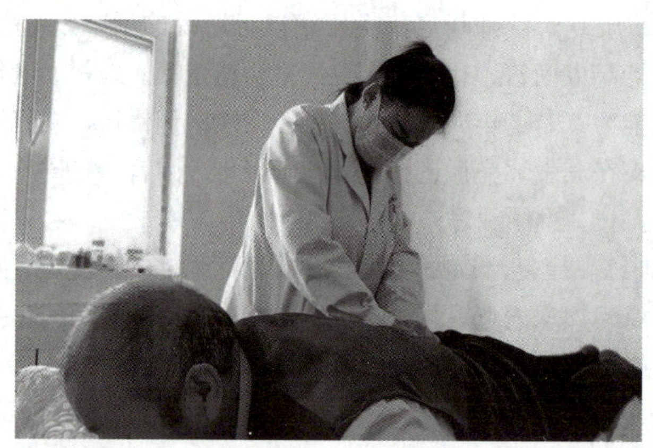

图 6-11 推拿

（二）针灸疗法

针灸（见图 6-12）是指针法、灸法和后世发展的各种腧（shù）穴特种疗法的统称。针法是指利用各种不同的针具作用于经络、腧穴或其他部位上以治疗疾病的方法，常用于治疗各种痛症、感觉障碍、运动障碍、功能失调等病症。灸法是指用燃烧的艾绒或者其他热源在腧穴或者病变部位烧灼或者温烤，以起到温通经络、调和气血、扶正祛邪作用的医疗保健方法。

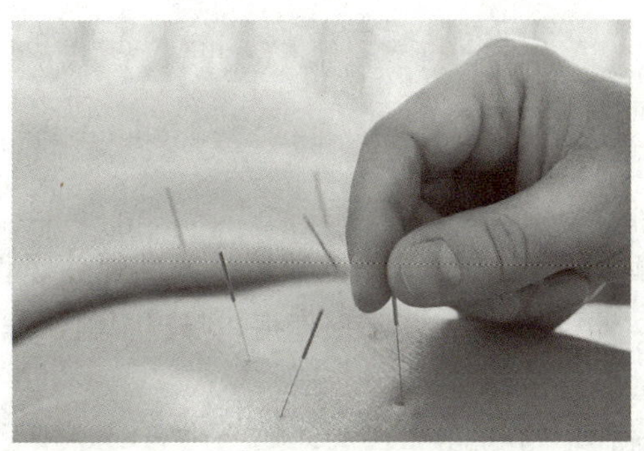

图 6-12　针灸

腧穴又称穴位，是指人体脏腑经络之气输注出入的特殊部位，既是疾病的反应点，又是针灸临床的刺激点。

（三）拔罐疗法

拔罐疗法是指以罐为工具，借助热力、抽气等方法排除罐内空气，造成负压，使罐吸着于皮肤，造成局部皮肤充血和瘀血，以防治疾病的方法。

拔罐疗法（见图 6-13）具有活血行气、止痛消肿、拔毒散结、退热散寒、祛风除湿等作用，适用于治疗感冒、咳嗽、哮喘、头痛、胸胁痛、风寒湿痹、扭伤、腰腿痛、胃脘痛、消化不良、痈肿疮疖（jiē）等多种内外科疾病。常用的拔罐方法有火罐法、水罐法、抽气罐法、闪罐法、走罐法、留罐法、刺络拔罐法等。

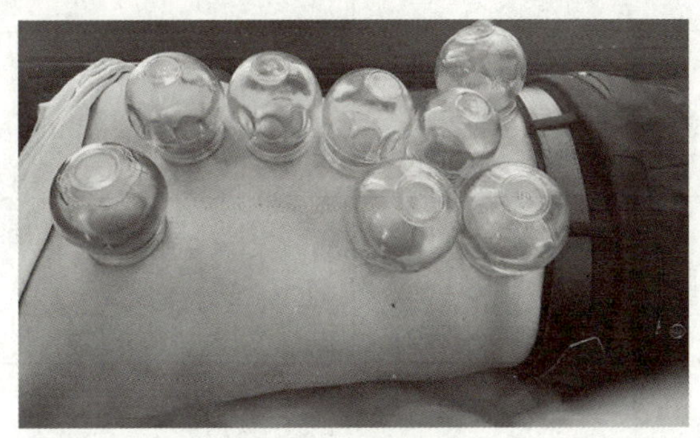

图 6-13　拔罐疗法

课堂活动

2～3 人一组，结合自己的亲身经历，谈谈自己对中国传统康复疗法的看法。

任务实施

1．任务描述

72 岁的邓爷爷突发脑出血被送到医院抢救后，虽然保住了性命，但脑部神经受到损害，出现了语言逻辑混乱，语音不清，左下肢偏瘫，嘴巴歪斜、难以闭合等症状，丧失了生活自理能力。

请你根据本任务所学知识，分析以下内容：

（1）如何帮助邓爷爷恢复语言能力。

（2）如何帮助邓爷爷恢复运动能力。

（3）如何帮邓爷爷恢复生活自理能力。

2．任务目的

通过帮助邓爷爷恢复语言能力、运动能力、生活自理能力，掌握言语疗法、运动疗法和作业疗法。

3．实施过程

（1）根据任务描述和本任务所学知识填写表 6-5。填写完成后，4～5 人一组，交叉检查该表中的内容并进行讨论，然后对自己所填写的内容进行必要的补充与修改。

表 6-5　问题与答案

问题	答案
如何帮助邓爷爷恢复语言能力	
如何帮助邓爷爷恢复运动能力	
如何帮邓爷爷恢复生活自理能力	
补充与修改：	

（2）每组选出一人讲解本组的任务实施情况，并解答其他小组成员提出的问题。

4．任务评价

教师根据任务的完成情况，按表 6-6 中的内容为各组打分并进行评价。

表 6-6　任务评价表

评价内容	分值	教师评分	教师评价
积极、认真地参与任务实施环节	15		
内容填写详细、完整，字迹工整	30		
能根据不同的功能障碍选择合适的康复治疗和护理技术	40		
能正确回答其他同学提出的问题	15		
总计	100		

任务三　患常见疾病老年人的康复护理

任务导入

徐奶奶的糖尿病康复护理

徐奶奶今年 66 岁，半年前被确诊为糖尿病。起初，徐奶奶除了多尿、多饮、多食外，并无任何不适，于是她仍然延续以前的生活习惯，经常喝饮料、吃甜食。一段时间后，徐奶奶感觉体力逐渐变差，于是整日待在家里，很少进行户外活动，也懒得定期检测血糖值。

两个月前，徐奶奶的病情迅速恶化，出现面部、双下肢水肿和腰痛等症状。到医院检查后，徐奶奶被确诊为 2 型糖尿病、糖尿病肾病。

为了使徐奶奶能积极配合治疗，徐奶奶的女儿决定让徐奶奶入住某康复护理中心，接受专业的康复护理服务。在该康复护理中心，康复治疗师对徐奶奶的饮食进行了控制，禁止徐奶奶喝含糖饮料、食用蛋糕等含糖量高的食物。同时，康复治疗师还会监督徐奶奶每天定时服用降糖药，每天进行适量的户外运动（如快走、做体操等），每天进行血糖值检测等。经过一段时间的康复护理，徐奶奶的身体有了明显好转，下肢水肿基本消失。

思考：

（1）糖尿病老年人的主要功能障碍有哪些？

（2）怎样对糖尿病老年人进行康复护理？

一、脑卒中老年人的康复护理

脑卒中俗称“中风”，由急性脑部血液循环障碍引起，分为出血性卒中和缺血性卒中两种。其中，出血性卒中包括脑出血、蛛网膜下腔出血等，缺血性卒中包括脑血栓、脑栓塞、短暂性脑缺血等。

（一）脑卒中老年人的主要功能障碍

脑卒中老年人的主要功能障碍包括运动功能障碍、交流功能障碍、认知功能障碍、心理障碍、感觉障碍、其他功能障碍。

（1）运动功能障碍主要表现为一侧肢体无力或瘫痪。

（2）交流功能障碍主要表现为失语症、构音障碍等。

（3）认知功能障碍主要表现为记忆障碍、注意障碍、思维障碍、失认、失用等。

（4）心理障碍主要表现为焦虑、抑郁等。

（5）感觉障碍主要表现为痛觉、触觉、位置觉、温觉等的减退或丧失。

（6）其他功能障碍包括吞咽困难、失禁、性功能障碍等。

（二）脑卒中老年人的康复护理措施

康复治疗师应根据脑卒中老年人病情所处的阶段选择不同的康复护理措施。

1. 急性期康复护理

脑卒中急性期通常是指发病后的第1～2周。在此阶段，脑卒中老年人从患侧肢体无主动活动到肌张力开始恢复。

急性期康复护理的目标是通过被动活动和主动参与，促进患侧肢体肌张力的恢复和主动活动的出现，以及通过正确的肢体摆放和体位转换，预防可能出现的压疮、关节肿胀、下肢深静脉血栓形成等并发症。脑卒中老年人在脑卒中急性期的康复护理措施如下：

（1）患侧肢体被动活动。为了预防关节肿胀、僵硬和挛缩，促进患侧肢体主动活动的早日出现，康复治疗师应帮助脑卒中老年人完成患侧肢体被动活动。活动顺序为从健康部位近端关节到远端关节，活动频率一般为每日2～3次，每次5分钟以上。需要注意的是，患侧肢体被动活动的范围不能过大，以免造成软组织损伤。

（2）躯干康复活动。康复治疗师应帮助能完成主动活动的脑卒中老年人完成以下活动：① 腹式呼吸；② 双手叉握上举运动；③ 翻身；④ 桥式运动，即仰卧、屈髋、屈膝、挺腹运动，如图6-14所示。

（3）体位与患侧肢体的摆放。为增加偏瘫侧的感觉刺激，康复治疗师应尽量让脑卒中老年人从偏瘫侧躺下或坐起。

（4）物理因子治疗。必要时，康复治疗师应对脑卒中老年人实施电疗法、磁疗法等。

（5）中国传统疗法。康复治疗师可采用按摩、针灸等方法，促进脑卒中老年人局部肌肉收缩和血液循环，改善其患侧肢体的功能。

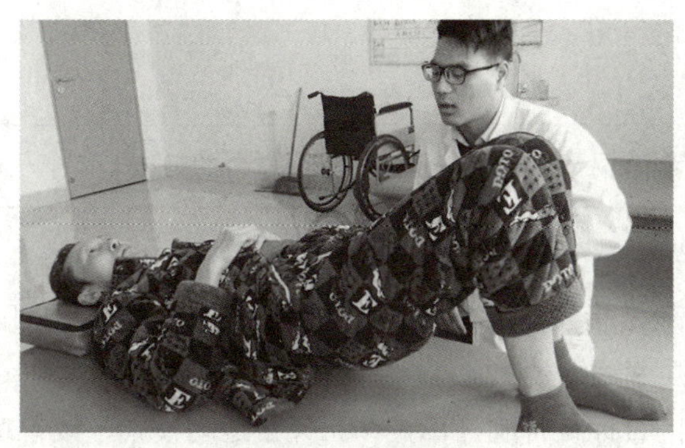

图 6-14　桥式运动

2. 恢复早期康复护理

脑卒中恢复早期是指发病后的第 3～4 周。在此阶段，脑卒中老年人能主动活动患侧肢体，但肌肉活动均为共同运动。

小贴士

> 共同运动是指偏瘫患者的患侧肢体在完成某项活动时表现出的一种不可调控的运动模式。例如，在同一时间点，偏瘫患者欲抬上臂或欲用手触摸嘴时，均会出现某一关节运动或几个关节运动的组合。

恢复早期康复护理的目标包括预防常见并发症、抑制肌痉挛、加强患侧肢体的主动活动等。脑卒中老年人在脑卒中恢复早期的康复护理措施如下：

（1）床上与床边活动。康复治疗师指导脑卒中老年人完成上肢上举运动、床边坐与床边站、双下肢交替屈伸运动、桥式运动等。

（2）坐位活动。康复治疗师指导脑卒中老年人完成坐位平衡训练、患侧上肢负重训练、上肢功能训练、下肢功能训练等。

（3）站立活动。康复治疗师指导脑卒中老年人完成站立平衡训练、患侧下肢负重训练、上下台阶运动等。

（4）平衡杠内行走。在康复治疗师的帮助下，有行走能力的脑卒中老年人可以进行平行杠内行走训练，以纠正偏瘫步态。

3. 恢复中期康复护理

脑卒中恢复中期一般是指发病后的第 2～3 个月。在这一阶段，脑卒中老年人的患侧肢体从肌肉明显痉挛到肌肉痉挛明显减轻。恢复中期康复护理的目标是缓解肌肉痉挛，加强患侧肢体的协调性及随意运动。康复治疗师可以结合脑卒中老年人的日常生活活动，指导其进行上肢和下肢的强化训练、认知功能训练等。

随意运动是指受意识调节、具有一定目的和方向的运动。

4. 恢复后期康复护理

脑卒中恢复后期一般是指发病后的第4～6个月。在这一阶段，脑卒中老年人的大部分肌肉能自主活动，肌肉痉挛逐渐消失。

恢复后期康复护理的目标是抑制痉挛，纠正异常运动模式，改善运动控制能力，促进精细运动的恢复，提高运动速度和实用性步行能力，使脑卒中老年人掌握日常生活活动技能。在这一时期，康复治疗师应帮助脑卒中老年人进行上肢功能训练、下肢功能训练、日常生活活动能力训练、言语治疗、认知功能训练等。

5. 后遗症期的康复护理

脑卒中后遗症期是指在发病后的第6～24个月，脑损伤导致的功能障碍在该阶段不会有明显的改善。常见的脑卒中后遗症主要包括患侧上肢运动控制能力差和手功能障碍、失语症、构音障碍、面瘫、吞咽障碍、行走困难（包括偏瘫步态、足下垂等）、大小便失禁、血管性痴呆等。

在脑卒中后遗症期，康复治疗师应针对脑卒中老年人的具体症状，实施言语治疗、作业治疗、认知功能训练等，以帮助脑卒中老年人逐渐恢复生活自理能力。同时，康复治疗师还应多与脑卒中老年人交流并对其进行心理疏导，鼓励其进行适当的户外活动，激发其主动参与康复训练的欲望。

二、帕金森老年人的康复护理

帕金森病又称震颤麻痹，是一种中枢神经系统变性疾病，常见于中老年群体。

（一）帕金森老年人的主要功能障碍

帕金森老年人的主要功能障碍包括运动功能障碍、认知功能障碍、言语障碍、吞咽障碍、膀胱功能障碍。

（1）运动功能障碍。帕金森老年人的运动功能障碍主要包括震颤性功能障碍、肌肉强直、运动迟缓、姿势与步态异常等，具体表现为以下症状：① 手、下颌、唇、面颊、四肢出现不同程度的震颤；② 肌肉紧张，行动笨拙、迟缓，难以完成精细动作；③ 姿势、步态异常；④ 全身肌肉僵硬。

（2）认知功能障碍。帕金森老年人的认知障碍在早期主要表现为判断力、理解能力下降，记忆障碍，智力障碍，在后期则表现为痴呆。

（3）言语障碍。帕金森老年人由于震颤和肌肉强直，可能会出现言语障碍，具体表现为吐字不清、语调单一、音色浑浊、语音模糊等。

（4）吞咽障碍。帕金森老年人由于口腔、喉咙等部位肌肉的运动功能障碍，会出现唾液分泌过多、进食速度慢、咀嚼困难等症状。

（5）膀胱功能障碍。帕金森老年人很可能出现膀胱功能障碍，导致尿频、尿急、尿流不畅、尿失禁等。

（二）帕金森老年人的康复护理措施

康复治疗师应针对帕金森老年人的功能障碍情况，采取合适的康复护理措施。

（1）认知功能障碍的康复护理。对于有认知功能障碍的帕金森老年人，康复治疗师可以通过陪他们读书、聊天，给他们讲故事，引导他们回忆往事，让他们写字、画画等，刺激他们的思维活动，促进其认知功能恢复。

（2）运功功能障碍的康复护理。对于有运功功能障碍的帕金森老年人，康复治疗师应鼓励他们主动运动，自主完成力所能及的日常活动，并帮助他们完成关节活动训练、肌力训练、平衡与协调功能训练、步行训练等。此外，康复治疗师在照护病情较严重的帕金森老年人时，动作要轻柔、缓慢，切忌用力牵拉，以防发生骨折或软组织扭挫伤。

（3）言语障碍的康复护理。帕金森老年人的言语障碍大部分属于构音障碍，主要是震颤、肌肉强直等导致的。康复治疗师应对帕金森老年人进行构音器官训练、发音训练等，多鼓励他们说话、朗读，以延缓病情发展。

（4）吞咽障碍的康复护理。康复治疗师可采用间接吞咽训练法和直接吞咽训练法帮助帕金森老年人恢复吞咽功能。此外，康复治疗师还应督促帕金森老年人吃易吞咽、易消化的食物。对于吞咽特别困难者，康复治疗师还应对其进行鼻饲。

（5）膀胱功能康复护理。康复治疗师在照顾有膀胱功能障碍的帕金森老年人时，可对其腹部进行按摩、热敷，促进局部血液循环和肌力恢复。

三、阿尔茨海默病老年人的康复护理

（一）阿尔茨海默病老年人的主要功能障碍

阿尔茨海默病老年人的功能障碍主要表现在两个方面，即认知功能障碍和非认知性精神症状。

1. 认知功能障碍

根据认知功能损害的程度，阿尔茨海默病可分为早期、中期和晚期 3 个阶段。

（1）早期阶段。记忆力逐渐减退，以近事记忆减退为主，注意力下降，表现为经常丢失物品、记不住新认识的人的姓名等。

（2）中期阶段。记忆力明显减退，智力下降，出现定向障碍、言语障碍，独立生活出现困难，表现为无法回忆往事、出门容易迷路、讲话内容无序且难以理解、不能完成简单的日常生活动作（如刷牙、洗脸、穿衣等）。

（3）晚期阶段。记忆力、思维能力、认知功能均严重受损，表现为不认识自己的亲人、语言功能部分或完全丧失、无法直立甚至长期卧床、大小便失禁等。

2. 非认知性精神症状

（1）早期阶段。出现人格改变，表现为消极、多疑、自私、易怒，对人冷漠。

（2）中期阶段。出现情绪障碍和人格减退，表现为易怒、抑郁、焦虑等，甚至出现妄想、幻觉，常伴有睡眠障碍、生活习惯改变、行为紊乱等。

（3）晚期阶段。多发展为淡漠性痴呆。

（二）阿尔茨海默病老年人的康复护理措施

下面从康复训练、生活护理和医学护理 3 个方面，介绍阿尔茨海默病老年人的康复护理措施。

1. 康复训练

（1）记忆训练。康复治疗师可以采用图像记忆训练法，向阿尔茨海默病老年人出示印有日用品、动物、风景等图案的图片，让其说出图片上的内容，以增强其记忆力；或通过让其记电话号码、背书等增强记忆力。

（2）智力训练。康复治疗师可以让阿尔茨海默病老年人做一些益智类游戏，促进其智力恢复。例如，让其找出两幅画的不同之处，对印有水果、汽车、建筑物、动物等图案的卡片进行分类，以及数豆子、做简单的数学题、拼拼图、猜字谜、打麻将、下跳棋等。

（3）言语治疗。对于出现言语障碍的阿尔茨海默病老年人，康复治疗师可以根据具体情况，通过对其进行理解训练、表达训练、朗读训练、书写训练等，帮助其恢复言语功能，使其能够正常交流和沟通。

（4）音乐疗法。康复治疗师可以让阿尔茨海默病老年人听一些节奏舒缓的歌曲，或其以前经常听的歌曲，以放松其精神，刺激其记忆的恢复。

2. 生活护理

（1）营造良好的生活环境。康复治疗师应做到以下几点：① 清洁、整理好阿尔茨海默病老年人的房间；② 将床调至合适的高度，以免阿尔茨海默病老年人在翻身或下床时从床上摔下来；③ 不要在桌上、床上放任何物品，以免被阿尔茨海默病老年人毁坏或致其受伤。

（2）帮助阿尔茨海默病老年人养成良好的饮食习惯。康复治疗师应帮助阿尔茨海默病老年人养成“三高、三低、三定”的良好饮食习惯，即摄入适量含高蛋白、高不饱和脂肪酸、高维生素的食物，摄入的食物中脂肪、热量、盐的含量低，并且应定时、定质、定量饮食。

（3）鼓励阿尔茨海默病老年人参加社会活动。康复治疗师应鼓励阿尔茨海默病老年人多参加集体活动、结交朋友，多与人沟通，积极培养健康的兴趣爱好，以锻炼思维能力，保持良好的心情。

（4）规划好阿尔茨海默病老年人的日常活动。阿尔茨海默病老年人往往会突然忘记自己要做什么，或者在做某件事情时突然去做其他事情，因此康复治疗师应规划好阿尔茨海默病老年人的日常活动，按时提醒其需要做的事情。如果阿尔茨海默病老年人需要外出，康复

治疗师一定要贴身陪护，以免其走失。

3. 医学护理

康复治疗师在照护阿尔茨海默病老年人时，要注意观察其病情的发展情况，以及是否出现并发症，尽量做到每日定时为阿尔茨海默病老年人测量血压（见图 6-15）、脉搏，每周或每月为其称体重，经常与其沟通，询问其生活感受等，以便及时发现其身体上的异常情况。

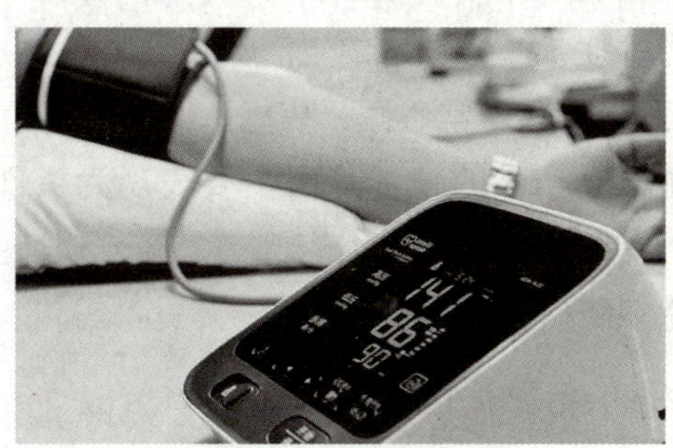

图 6-15　测量血压

敬老爱老

吴利妹：用心守护老年人的晚年

吴利妹是浙江省湖州市南浔区练市久安老年福利中心（以下简称“福利中心”）的一名养老护理员，也是全省 2.2 万名持证养老护理员中的佼佼者，被评为 2023 年浙江省“十佳养老护理员”。

工作中的吴利妹十分细心，不管多忙，每天都要抽出时间与由自己负责照护的每一位老年人沟通交流，以了解他们的身体状况，认真听取他们的心声。每逢节日，她也会策划不同的活动，让老年人开开心心地过节。

福利中心有一位患严重阿尔茨海默病的老年人，该老年人在刚入住福利中心时脾气特别大，经常对吴利妹破口大骂，但吴利妹并未因此对其放任不管，反而天天在他身边陪他聊天。吴利妹经常在下班后熬夜查资料，通过咨询专家，最终为该阿尔茨海默病老年人制订了一套专属的康复训练方案，对其进行智力训练、记忆训练等。在吴利妹的细心照护下，该老年人逐渐恢复认知功能，精神状态也越来越好。

（资料来源：《养老护理员吴利妹：用心守护幸福晚年》，湖州市民政局官网，2023 年 10 月 18 日）

四、高血压老年人的康复护理

（一）高血压老年人的主要功能障碍

高血压老年人的主要功能障碍包括生理功能障碍、日常生活活动功能障碍、心理障碍、精神障碍。

（1）生理功能障碍。心脏和血管是高血压病理生理作用的主要靶器官。长期高血压会引起心脏病变，主要症状是左心室壁增厚增大。此外，长期高血压引起的全身小动脉病变会导致心、脑、肾等器官缺血，进而使患者出现头晕、头痛、肢体麻木等症状。

（2）日常生活活动功能障碍。高血压老年人会出现呼吸系统、循环系统等的并发症，出现呼吸困难、胸闷、乏力等症状，导致日常生活活动受限。

（3）心理障碍。高血压老年人常常心悸、焦虑、心烦意乱，遇事容易紧张、发脾气。

（4）精神障碍。高血压老年人的精神障碍主要表现为头部不适、情绪不稳、睡眠障碍、注意力不集中、记忆力差、自主神经功能紊乱等。随着病情的发展，严重者还会出现感知觉障碍、思维障碍甚至意识障碍。

（二）高血压老年人的康复护理措施

1. 生活护理

（1）休息。康复治疗师应为高血压老年人提供安静、舒适的休息环境，制订合理的作息时间表，以保证其休息质量。

（2）饮食护理。康复治疗师应帮助高血压老年人养成低盐、低糖、低脂的饮食习惯，鼓励其多吃新鲜蔬菜和水果。

（3）用药护理。康复治疗师应监督高血压老年人按医嘱定时、定量服用降压药，严禁其私自停药。

（4）病情观察。康复治疗师应每天定时为高血压老年人测量血压，必要时进行动态血压监测。此外，康复治疗师还应注意观察高血压老年人是否出现头痛、头晕、呕吐、呼吸困难、运动障碍等并发症。若发现高血压老年人病情突然加重，康复治疗师应及时通知康复医师。

2. 运动治疗

康复治疗师应鼓励病情较轻的高血压老年人积极参加中等强度以下的有氧运动，如步行、骑车、打太极拳等。需要注意的是，康复治疗师应控制高血压老年人的运动强度，以免过高的运动强度导致其血压升高、心率过快或意外摔倒。

3. 放松训练

康复治疗师让高血压老年人取舒适的坐位或卧位，闭上眼睛，排除杂念，调整呼吸节奏，将注意力集中于身体的不同部位，并逐渐放松全身的肌肉。一般从头部开始，然后由颈至肩、臂、手、躯干、臀、腿和足。训练结束后，康复治疗师让高血压老年人缓慢睁开眼睛，休息几分钟后再缓慢起身。

五、冠心病老年人的康复护理

（一）冠心病老年人的主要功能障碍

冠心病老年人的主要功能障碍包括心血管功能障碍、呼吸功能障碍、代谢功能障碍、行为障碍。

（1）心血管功能障碍。冠心病老年人心血管功能下降主要表现为：① 血容量（血细胞容量与血浆容量的总和）减少，回心血量增加；② 心脏前负荷增大，心肌耗氧量相对增加；③ 血流较缓慢，血液黏滞性相对增加。心血管功能障碍会导致老年人出现心绞痛（见图 6-16）、胸闷、心悸、心肌梗死等症状。

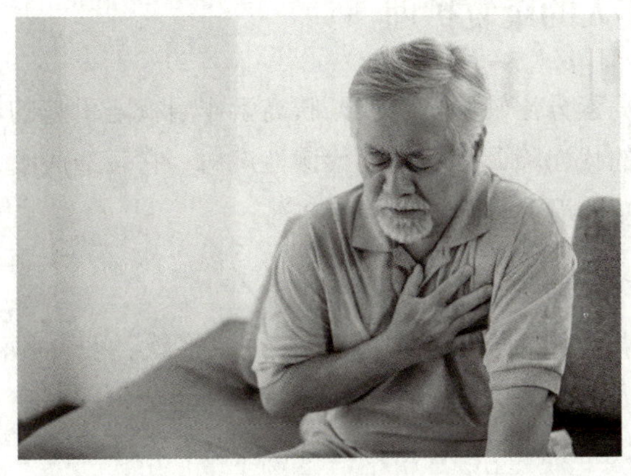

图 6-16　心绞痛

（2）呼吸功能障碍。冠心病老年人可能出现肺循环功能障碍，使肺血管和肺泡气体交换效率降低，吸氧能力下降，进而诱发或加重缺氧症状，导致胸闷、气短、呼吸急促等。

（3）代谢功能障碍。冠心病老年人可能出现脂质代谢障碍和糖代谢障碍，具体表现为血液中的胆固醇含量、甘油三酯含量增高，高密度蛋白胆固醇含量降低。

（4）行为障碍。冠心病老年人由于心血管功能障碍、呼吸功能障碍、代谢功能障碍，会出现吸氧能力减退、耐力下降、运动能力减退甚至肌肉萎缩症状。

（二）冠心病老年人的康复护理措施

1. 生活护理

（1）康复治疗师应督促冠心病老年人养成低盐、低热量、低脂肪、低胆固醇、高纤维的健康饮食习惯，少食多餐。

（2）康复治疗师应多与冠心病老年人沟通，帮助其养成良好的生活习惯，如禁烟少酒、不熬夜。

（3）康复治疗师应教会冠心病老年人处理突发事件的技巧和管理情绪的方法，帮助他们保持心态平和、情绪稳定。

2. 用药护理

康复治疗师应按照医嘱为冠心病老年人准备相应的药物，并在冠心病老年人出现心绞痛、心肌梗死时帮助其服用。同时，康复治疗师还应在冠心病老年人服用药物后，观察其症状是否得到缓解、是否出现不良反应。若症状无法缓解或出现严重不良反应，康复治疗师应及时通知康复医师。

3. 康复训练

康复治疗师应帮助冠心病老年人进行必要的康复训练。一般来说，病情较轻者可参加低、中等强度的户外运动，如步行、登山、骑车、做体操等，病情较重者可做一些简单的家务或参加陶冶情操、活动身体的娱乐活动，如散步、打太极拳、养宠物、养花等。

六、糖尿病老年人的康复护理

糖尿病是一组由胰岛素分泌缺陷和（或）胰岛素作用缺陷引起的，以慢性高血糖伴碳水化合物、脂肪和蛋白质的代谢障碍为特征的代谢性疾病。它可造成眼、肾脏、心脏、血管和神经系统等多种器官的慢性损害、功能障碍和衰竭。

（一）糖尿病老年人的主要功能障碍

（1）早期功能障碍。糖尿病的典型症状为多尿、多饮、多食和消瘦乏力，即“三多一少”症状。但是，老年人糖尿病的发病比较隐匿，不一定会出现“三多一少”症状，而且其症状多样，可能出现皮肤麻木或瘙痒、全身乏力、视物不清等症状。

（2）远期功能障碍。远期功能障碍主要包括大动脉、大静脉、微血管、神经系统的病变。糖尿病老年人常见的急性并发症有高血糖昏迷、低血糖昏迷、感染等，慢性并发症有高血压、脑卒中、冠心病、肾衰竭、血管神经病变、白内障失明、糖尿病足坏疽等。

（二）糖尿病老年人的康复护理措施

1. 饮食控制

饮食控制是治疗糖尿病的基础措施，康复治疗师应严格按照康复医师制订的食谱控制糖尿病老年人的饮食，以控制高血糖，预防低血糖，避免并发症的发生。同时，康复治疗师还应向糖尿病老年人介绍饮食控制的目的、意义和具体措施，促使其积极配合饮食控制工作。

糖尿病老年人饮食控制的步骤

2. 运动治疗

康复治疗师应对糖尿病老年人进行运动治疗，并且注意控制运动的强度、频率和持续时间等。

3. 药物指导

若饮食控制和运动治疗无法使血糖值下降到正常水平，糖尿病老年人就必须按照医嘱服用降糖药或注射胰岛素。康复治疗师应了解糖尿病老年人所服用的降糖药物的剂量、用法，注意药物的不良反应和禁忌事项，指导糖尿病老年人正确服用降糖药。此外，康复治疗师还应掌握胰岛素的保存和注射方法，当糖尿病老年人血糖值升高时，及时为其注射适量的胰岛素。

4. 血糖监测

康复治疗师可以通过定期检测高血糖老年人的空腹血糖值和早、中、晚时段的尿糖值来了解其血糖控制情况。常用的血糖检测方法有血糖仪测血糖值和尿糖试纸测尿糖值。

使用血糖仪检测血糖值时，康复治疗师应先用医用酒精清洁高血糖老年人的中指或无名指，再用采血针采血，用试纸吸血并将其放入血糖仪中，等待 30 秒后读取血糖值，如图 6-17 所示。使用尿糖试纸检测尿糖值时，康复治疗师可将尿糖试纸浸入盛有小便的容器中，湿透后取出，等尿糖试纸变色后将其与试纸包装上的比色卡对比，确定尿糖值。

图 6-17　使用血糖仪检测血糖值

七、骨关节炎老年人的康复护理

骨关节炎是指由关节退变或其他原因（如创伤、关节的先天性异常、关节畸形等）引起的关节软骨的非炎症性退行性病变，主要表现为关节疼痛、关节活动受限和关节畸形等症状。

（一）骨关节炎老年人的主要功能障碍

（1）关节疼痛，肿胀。骨关节炎老年人在患病初期会出现关节轻度或中度间断性隐痛，常在休息时好转，活动后加重。此外，关节疼痛常与时间、天气变化有关，骨关节炎老年人可能在夜间、阴雨天出现持续性疼痛。随着病情的发展，严重者会出现关节肿胀，甚至发生关节屈曲或内、外翻畸形。

（2）关节僵硬。骨关节炎老年人在早晨起床后会感觉关节僵硬、紧绷，活动后可缓解。

（3）肌力下降。由于关节疼痛，骨关节炎老年人会减少躯体活动，进而出现肌力下降、肌肉萎缩、肌无力等症状。

（4）关节活动受限。关节肿痛、僵硬和关节周围的肌肉萎缩，都会导致关节无力、活动受限，早期症状为关节活动不灵敏，后期会导致关节活动范围缩小。

（5）日常生活活动能力障碍。骨关节炎会使老年人的日常生活活动受到影响。例如，当骨关节炎发生在老年人的髋关节、膝关节、踝关节时，老年人的站立、行走、上下楼梯等活动就会出现障碍；当骨关节炎发生在老年人的肘关节、腕关节、手指关节时，老年人的刷牙、洗脸、进食等活动就会出现障碍。

（二）骨关节炎老年人的康复护理措施

1. 休息

在骨关节炎急性发作期，康复治疗师应让骨关节炎老年人多卧床休息，以缓解疼痛、减轻关节负荷，避免关节进一步劳损。

2. 运动治疗

运动能有效缓解关节疼痛，增强关节稳定性，预防关节僵硬。康复治疗师可以让骨关节炎老年人在骨关节炎急性发作期以外的其他时间进行适量的关节活动度练习，如进行膝关节屈伸运动、手指对指或对掌运动、肘关节屈曲运动、前臂旋转运动等。为了预防关节周围肌力下降，康复治疗师可以指导骨关节炎老年人对关节周围的肌肉进行伸展运动、等长收缩练习（如深蹲、桥式运动等）。

3. 日常护理

（1）用药护理。康复治疗师遵照医嘱，在骨关节炎急性发作期为骨关节炎老年人服用止痛药、消炎药，以缓解疼痛，消除炎症。如果疼痛未能得到缓解或者骨关节炎发作频率提高，康复治疗师应及时通知康复医师。

（2）按摩与热敷。康复治疗师可对关节炎老年人的患病关节及其周围软组织进行按摩、热敷，以缓解肿胀、疼痛，促进局部血液循环，防止肌肉萎缩、关节僵硬。

（3）生活自理能力训练。康复治疗师应对晚期关节炎老年人进行生活自理能力训练，重点训练进食、洗漱、步行、如厕等能力，以维持或恢复其独立生活能力。必要时，康复治疗师还应帮助骨关节炎老年人掌握手杖、护膝、矫形器、轮椅等辅助工具的正确使用方法。

任务实施

1. 任务描述

案例一：68 岁的夏奶奶在半年前突发脑卒中，导致出现左侧下肢偏瘫、失语症、构音障碍、吞咽困难等症状，只能卧病在床，需要康复治疗师来照顾其日常生活。

案例二：81 岁的李爷爷最近经常忘记时间、忘记自己正在做的事情，与他人沟通时经常忘记简单的词语或以不恰当的词句表达，令人无法理解其讲话内容。同时，李爷爷的性格也变得十分冷漠、多疑，经常一个人静坐，拒绝与其他人沟通，甚至有时会出现幻觉。

如果你是一名康复治疗师，你将如何对夏奶奶和李爷爷进行康复护理？

2. 任务目的

通过对夏奶奶和李爷爷进行康复护理，熟悉老年人常见疾病的主要功能障碍，掌握老年人常见疾病的康复护理措施。

3. 实施过程

（1）根据任务描述和本任务所学知识填写表 6-7。填写完成后，4～5 人一组，交叉检查并进行讨论，然后对自己所填写的答案进行必要的补充与修改。

表 6-7　问题与答案

问题	答案
如何对夏奶奶进行康复护理	
李爷爷具有哪些功能障碍	
如何对李爷爷进行康复护理	
补充与修改：	

（2）每组选出一人讲解本组的任务实施情况，并解答其他小组成员提出的问题。

4. 任务评价

教师根据任务的完成情况，按表 6-8 中的内容为各组打分并进行评价。

表 6-8　任务评价表

评价内容	分值	教师评分	教师评价
积极、认真地参与任务实施环节	15		
内容填写详细、完整，字迹工整	30		
答案正确、详细，所选的康复护理措施合理	40		
能正确回答其他同学提出的问题	15		
总计	100		

学习成果检测

1. 填空题

（1）________是指以老年人为对象，以自我康复为中心，采用与日常生活活动密切联系的运动功能训练等方法，克服因伤病、衰老、残疾或自理能力减退引起的生理、心理和社会功能障碍的护理活动。

（2）老年人康复护理的原则包括鼓励老年人发挥主动性、重视____________、兼顾____________、全面合作。

（3）________是指肌肉在完全松弛状态下受到被动牵拉时所表现出的肌紧张程度。

（4）________是指由语音、词汇和语法规则组成的符号系统，其表现形式包括口语、书面语和非语言符号（如手势、表情等）。________是指运用语言表达思想、进行沟通交流的过程。

（5）物理因子疗法包括电疗法、__________、__________、磁疗法等。

（6）关节活动训练、肌力训练、体位转移训练、平衡与协调能力训练、步行训练、吞咽训练属于__________疗法。

（7）__________是指采用发音训练、言语训练和认知训练等方式，改善和恢复老年人言语功能的康复治疗方法。

（8）__________是指以罐为工具，借助热力、抽气等方法排除罐内空气，造成负压，使罐吸着于皮肤，造成局部皮肤充血和瘀血，以防治疾病的方法。

（9）__________是一组由胰岛素分泌缺陷和（或）胰岛素作用缺陷引起的，以慢性高血糖伴碳水化合物、脂肪和蛋白质的代谢障碍为特征的代谢性疾病。

2．选择题

（1）（　　）不属于协调功能评定方法。

A．指鼻试验　B．拍膝试验　C．食指对指试验　D．量表法

（2）（　　）不属于心理功能评定方法。

A．智力测验　B．人格测验　C．记忆测验　D．情绪测验

（3）（　　）不属于基本的或躯体的日常生活活动能力。

A．穿衣　B．进食　C．个人清洁　D．做家务

（4）（　　）是指将频率为1～100千赫兹的脉冲电流作用于人体治疗疾病的方法。

A．直流电疗法　B．神经肌肉电刺激疗法

C．中频电疗法　D．高频电疗法

（5）（　　）是指通过采用有目的的、经过选择的作业活动维持、改善和补偿个体功能缺陷的一种治疗方法。

A．物理因子疗法　B．作业疗法　C．运动疗法　D．言语疗法

（6）脑卒中（　　）通常是指发病后的第1～2周。在此阶段，脑卒中老年人从患侧肢体无主动活动到肌张力开始恢复。

A．急性期　B．恢复早期　C．恢复中期　D．恢复后期

（7）（　　）不属于帕金森老年人的主要功能障碍。

A．运动功能障碍　B．言语障碍

C．吞咽障碍　D．心血管功能障碍

（8）（　　）不属于糖尿病老年人的远期功能障碍。

A．“三多一少”　B．肾衰竭

C．血管神经病变　D．白内障失明

3．判断题

（1）肌张力评定的方法主要是手法检查。康复医师首先通过观察和触摸来感知肌肉在

放松、静止状态下的紧张度，然后通过对肌肉进行被动运动来判断肌张力是否正常。（　）

（2）换气功能是指人体通过呼吸使空气进入肺泡，然后再将其排出体外的能力。（　）

（3）红外线疗法具有镇痛、促进局部血液循环、缓解痉挛等作用，常用于治疗肌纤维组织炎、关节炎、神经痛、伤口愈合迟缓、慢性溃疡、冻伤、肌痉挛等。（　）

（4）常用的间接吞咽训练有空吞咽、交互吞咽、点头吞咽。（　）

（5）推拿既可用于治疗骨科、内科、妇科、五官科等方面的伤病，又可应用于美容、减肥、医学保健等领域。（　）

（6）康复治疗师应鼓励高血压老年人散步、打太极拳，参加马拉松比赛。（　）

（7）骨关节炎老年人在早晨起床后会感觉关节僵硬、紧绷，活动后可缓解。（　）

4. 简答题

（1）简述老年人康复护理的程序。

（2）如何对老年人进行心理功能评定？

（3）简述肘关节活动方法的主要内容。

（4）简述作业疗法的主要内容。

（5）如何对帕金森老年人进行康复护理？

（6）如何对冠心病老年人进行康复护理？

学习成果评价

请进行学习成果评价，并将评价结果填入表 6-9 中。

表 6-9　学习成果评价表

班级		组号			日期	
姓名		学号			指导教师	
项目名称	老年人康复护理					
评价项目	评价内容			满分	自我评分	教师评分
理论知识（40%）	老年人康复护理的程序和原则			5		
	老年人康复护理评定			5		
	物理因子疗法、运动疗法、作业治疗、言语治疗、中国传统康复疗法			15		
	脑卒中老年人、帕金森老年人、阿尔茨海默病老年人、高血压老年人、冠心病老年人、糖尿病老年人、骨关节炎老年人的康复护理			15		

续表

评价项目	评价内容	满分	自我评分	教师评分
实践技能（40%）	能够针对老年人的功能障碍选择合适的康复治疗和护理技术	20		
	能够对患有常见疾病的老年人进行康复护理	20		
综合素养（20%）	积极参加教学活动，主动学习、思考、讨论	10		
	弘扬孝亲敬老的传统美德，为老年人提供全面、周到的服务	5		
	感受中医文化的博大精深，增强文化自信	5		
合计		100		
自我评价				
教师评价				

项目七
老年人中医养生保健

项目引言

中医养生是指在中医学理论的指导下，使用各种方法保养身体、增强体质、预防疾病，从而延年益寿的传统保健方法。老年人的养生保健应从饮食调养、起居调摄、运动保健等方面进行，护理人员可以通过为老年人配制中医养生膳食、运用中医知识照顾老年人的起居、陪同老年人参加康养旅游等方式，帮助老年人进行养生保健。

本项目将介绍老年人饮食养生、老年人起居养生、老年人康养旅游等内容。

知识目标

- 了解饮食养生的原则和常见的养生食材。
- 熟悉四季饮食养生要点。
- 熟悉老年人起居养生。
- 了解老年人康养旅游的作用、类型和注意事项。

素质目标

- 通过学习有关饮食养生的内容，探索中华传统文化中“药食同源，食疗养生”之道，增强民族认同感和文化自信。
- 通过学习康养旅游的类型，体会自然景观和人文景观中蕴含的历史文化，增强民族自豪感。

任务一　认识老年人饮食养生

任务导入

老年养生　膳食为先

小张是某康养中心的一名临床营养科医生，负责为老年人制订养生食谱。在多年的临床实践中，小张积累了丰富的养生经验，通过食疗的方式帮助数位老年人恢复了身体健康。

刘爷爷，70 岁，患有慢性胃炎，经常胃疼。小张在望诊、问诊后，将百合莲子粥、银耳冰糖糯米粥、杏仁川贝糯米粥、黑芝麻粥等列入刘爷爷的早餐食谱中，并在中餐和晚餐食谱中增加了猪肚鸡汤、肉末蒸鸡蛋、冬瓜汤等菜品。经过一段时间的食补，刘爷爷的慢性胃炎有了明显好转，胃疼的频率有所降低，食欲也明显提高。

王奶奶，67 岁，具有失眠、易怒、口干、耳鸣、腰膝酸软等肝肾阴虚症状。针对王奶奶的情况，小张选用梨、冰糖、银耳、沙参、鸭子等具有养阴生津效果的食物和黄芪、党参、甲鱼等具有益气保健效果的食物为其配制养生膳食。王奶奶最喜欢吃的就是银耳雪梨煲鸭汤。经过一段时间的调养，王奶奶的睡眠质量得到大幅提高，耳鸣、腰膝酸软等症状也得到缓解。

李奶奶，69 岁，患有高血压、高脂血症。小张专门为李奶奶配制了海带木耳瘦肉汤、黑鱼丝瓜汤、白灼大虾等具有降血压、降血脂效果的养生菜品和蒜蓉西蓝花、豆腐玉米须汤、香菇首乌粥、山药粥等。经过一段时间的调养，李奶奶的病情得到缓解，血压值、血脂值保持在正常范围内。

思考：

（1）饮食养生应遵循哪些原则？

（2）常见的养生食材有哪些？

一、饮食养生的原则

饮食养生就是按照中医养生保健的理论、原则，根据食物的性质、营养等，合理地摄取食物，以达到滋养精气、预防疾病、维护健康、延年益寿目的的养生方法。

一般来说，饮食养生的原则主要包括：合理搭配，调和食性；食饮有节，食温适度；审因施膳，以人为本。

（一）合理搭配，调和食性

1. 中医对“谷果肉菜”的认识

2 000 多年前，《素问·藏气法时论》中就提出了“五谷为养，五果为助，五畜为益，五菜为充，气味合而服之，以补益精气”的膳食原则。这里的五谷、五果、五菜均为素食，只有五畜是荤腥。可见，该膳食原则是一个荤素搭配、以素为主的饮食养生原则，强调了饮食养生中的食物多样和营养均衡的重要性。

（1）五谷原指粳米、麦、小豆、大豆、黄黍，现指谷类和豆类。谷类和豆类含有丰富的糖类，一定量的植物蛋白，较丰富的 B 族维生素、矿物质等，是人类维持生命活动的基本能量的重要来源。

（2）五果原指枣、李、杏、梨、桃，现指各类水果、干果，含有丰富的糖类、维生素、矿物质。适当食用一些水果、干果，可以对人体的健康起到促进作用。

（3）五畜原指牛、羊、猪、狗、鸡，现指各种肉类食物，含有丰富的蛋白质、脂类和维生素。适量食用肉类食物，能使人的精血充盈、形体强壮、体能充沛。

（4）五菜原指葵菜、韭菜、藿（豆类作物的叶子）、薤（xiè，见图 7-1）、葱，现指各类蔬菜，含有丰富的维生素、膳食纤维和多种矿物质，具有促进消化的作用，有利于人体营养均衡和肠道健康。

图 7-1　薤

2. 《中国居民膳食指南（2022）》

营养均衡的膳食不仅可以保证人体各项生理功能的正常运行，还可以提高人体的抵抗力和免疫力，有利于预防和抵抗某些疾病。

根据中国营养学会编制的《中国居民膳食指南（2022）》，一般人群均应遵循以下八大膳食准则：① 食物多样，合理搭配；② 吃动平衡，健康体重；③ 多吃蔬果、奶类、全谷、大豆；④ 适量吃鱼、禽、蛋、瘦肉；⑤ 少盐少油，控糖限酒；⑥ 规律进餐，足量饮水；⑦ 会烹会选，会看标签；⑧ 公筷分餐，杜绝浪费。图 7-2 为中国居民平衡膳食宝塔（2022）。

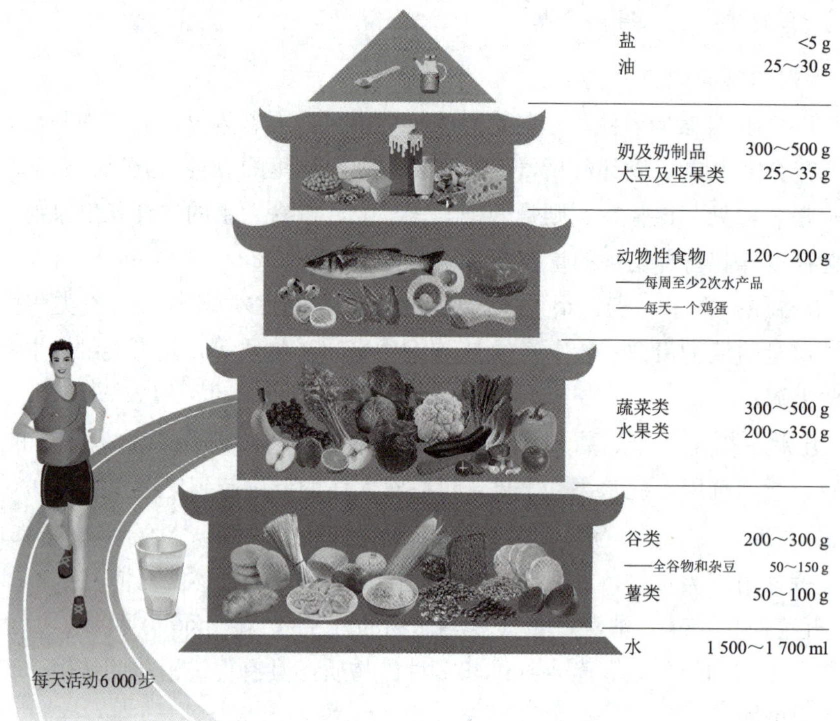

图 7-2 中国居民平衡膳食宝塔（2022）

2～3 人一组，讨论自己是否遵循了《中国居民膳食指南（2022）》中的八大膳食准则，以及自己在膳食方面需要改进的地方。

（二）食饮有节，食温适度

1. 食饮有节

食饮有节既指饮食定量，不可过饱过饥，又指饮食定时，有节律。

（1）饮食定量。饮食定量既能保持脾胃功能正常，提高人体对食物的消化、吸收能力，又能保证身体对各种营养的需求，避免营养不良或营养过剩。对于不需要进行高强度体力劳动的人来说，每餐饮食只需达到七八分饱。我国自古以来就有“早餐吃好，中餐吃饱，晚餐吃少”的养生箴言。一般来说，正常人每天早、中、晚三餐摄入的能量应分别占全天摄入的总能量的 25%～30%、30%～40%、30%～35%。

（2）饮食定时。每天按照固定的时间有规律地进食，有利于脾、胃、肠等器官协调配合，促进食物的消化、吸收，降低胃肠疾病发生的概率。如果经常食无定时，就会破坏消化器官的正常运作规律，导致脾胃失调、营养不良等，不利于身体健康。健康的饮食习惯是一日三餐，并且相邻两餐的间隔时间以 4～6 小时为宜。一般来说，早餐宜安排在 6:30—8:30，午

餐宜安排在 11:30—13:30，晚餐宜安排在 18:00—20:00。

2. 食温适度

食温适度是指食物的温度应适合人的体温，既不能太热，也不能太冷。孙思邈在《千金翼方》中提出“热无灼唇，冷无冰齿”，即进食热的食物，以不感觉烫嘴唇为宜；进食冷的食物，以不感觉冰牙齿为宜。

食温不当既可能伤害脾、胃、肠，又可能伤害其他脏腑。例如，食用过冷的食物极易损伤脾胃，造成胃肠血管收缩、消化液分泌减少，久而久之就会引起胃肠功能紊乱，或发生胃肠炎；食用过热的食物极易损伤咽喉、食管，久而久之就会引起黏膜病变，甚至进一步发展为肿瘤。

（三）审因施膳，以人为本

审因施膳是饮食养生的原则之一，即因时、因地、因人制宜，合理选择膳食。时有四季变化、昼夜交替，地有地势、气候、水土不同，人有年龄、性别、体质等的差异。在时、地、人中，人是最关键的因素，饮食养生须以人为本。

1. 因人制宜

因人制宜就是要根据个人的年龄、性别、体质等生理特点调整饮食养生方案。人的体质有阴阳虚实的不同，饮食养生需根据体质的不同选择不同的食物。阳虚者宜食温补的食物，阴虚者宜食寒凉养阴的食物，气虚者宜食补气的食物，血虚者宜食补血的食物。体弱者宜食易消化且营养充足的食物。体胖者多痰湿，宜食清淡化痰的食物；体瘦者多阴虚，宜食滋阴生津的食物。此外，老年人身体机能衰退，气血不足，宜食用煮软烧烂、易消化、营养丰富的食物，忌食生冷或不易消化的食物。

老年人饮食养生“七不贪”

老年人健康饮食“十宜”

（1）食物宜杂。老年人需要从不同食物中获取营养，可搭配食用谷类、蔬菜、水果、肉类等多种食物。

（2）质量宜高。老年人宜食用营养丰富且优质的食物。以补充蛋白质为例，牛奶、鸡蛋、豆腐、鸡肉、鱼虾等都能为老年人提供充足的优质蛋白质。

（3）蔬果宜鲜。老年人宜食用颜色鲜艳的蔬果，它们往往含抗氧化物质，能调节免疫力、预防慢性疾病，如紫色茄子中的花青素和菠菜中的叶绿素、叶黄素均具有抗氧化的作用。

（4）饮水宜勤。老年人对口渴的敏感度下降，更要养成自觉喝水的习惯。老年人每日的饮食中要适量搭配稀粥、汤、豆浆、牛奶等，且需另外补充900～1 200毫升水。

（5）数量宜少。老年人新陈代谢速度下降，需减少食物的摄入量，但不能减少食物的种类。

（6）饭菜宜香。由于嗅觉和味觉的敏感度下降，老年人的食欲会降低，因此要更加注重老年人饮食的色、香、味、形。

（7）质地宜软。老年人的饭菜应煮软烧烂，多采用蒸、煮、炖、烩、焖、烧等烹调方法。同时，老年人还应少吃煎炸、熏烤和生硬的食物，以免消化不良。

（8）温度宜热。老年人宜食用温热的食物，食用生冷食物会影响消化吸收，甚至引起腹泻。

（9）速度宜缓。老年人宜缓慢进食，细嚼慢咽，以促进消化和吸收。此外，老年人在进食过程中尽量不要说话，以防食物进入气管。

（10）口味宜淡。老年人宜清淡饮食，少吃高油、高糖、高盐的食物。

（资料来源：李长平，《老人饮食做到十个“宜”》，人民网，2019年5月9日）

2．因时制宜

因时制宜是指要根据季节变化和昼夜交替的规律进行饮食养生。元代营养学家忽思慧在《饮膳正要》中提出：“春气温，宜食麦以凉之……夏气热，宜食菽以寒之……秋气燥，宜食麻以润其燥……冬气寒，宜食黍，以热性治其寒。”概括地阐明了四时食养的原则。对于一日之内的顺时食养，民间有“晨吃三片姜，如喝人参汤”等说法。

3．因地制宜

因地制宜就是根据地域环境特点进行饮食养生。我国幅员辽阔，不同地区的地势有高低之别、气候有寒热湿燥之分、水土性质各异（有软水、硬水，黑土、红土、黄土等区别），饮食养生也应坚持因地制宜的原则。例如，我国东南地区地势较低，气候温暖潮湿，当地人宜以清淡、易消化、少油腻的饮食为主；西北地区地势较高，气候寒冷干燥，当地人宜食温热性质和滋补身体的食物，如红枣、羊肉、生姜等，也可适当食用辛辣食物，以促进血液循环，增加身体热量。

二、常见的养生食材

（一）谷类

我国居民膳食中常见的谷类包括大米、小麦、玉米、小米、高粱、薏米、荞麦等。

（1）大米具有补中益气、强筋壮骨、生津、明目、和胃气、益肠胃、通血脉等功效。

（2）小麦具有养心益肾、健脾和血、除热止渴等功效，适于病后体虚、心神不宁、失眠多梦、烦躁、腹泻、腹胀、腹部冷痛者食用。

（3）玉米具有利湿健脾、排尿消肿、平肝利胆等功效。现代研究表明玉米可以增加肠道内益生菌的数量，具有提振食欲、促进消化和排便的功效。此外，玉米还有降血压、降血糖的功效，适于高血压、糖尿病患者食用。

（4）小米具有和中健脾、益补肾气、利尿消肿等功效。研究表明，小米中的蛋白质含量在谷类中较高，且铁、胡萝卜素、维生素 B_1、维生素 B_2 的含量均高于大米。营养学家建议，为弥补小米中的营养缺失，在食用小米时，应配以适量豆类。

（5）高粱具有养肝益胃、收敛止泻的功效。慢性腹泻者持续食用高粱一段时间后，腹泻症状会得到一定缓解，但便秘者不宜食用高粱。

（6）薏米（见图 7-3）又称薏仁米、苡仁、苡米，具有健脾补肺、清热利湿的功效，可用于治疗水肿、脚气、小便不利、脾虚泄泻、肺痈、肠痈等。需要注意的是，薏米本身性寒，食用前可先用热锅炒制，以去掉寒凉之气，这样既能强化其祛湿功效，又能防止寒凉之气损伤脾胃。

图 7-3　薏米

（7）荞麦在民间有“净肠草”之称，具有充实肠胃、增长气力、提振精神、清肠导滞等功效，主治食欲不振、肠胃积滞。需要注意的是，脾胃虚寒者不宜多食荞麦。

（二）豆类

豆类在古代称为“菽”，性味甘平，多具有健脾益气、利水消肿的功效，尤适于气血亏虚、脾胃不足的人食用。常见的豆类包括黄豆、黑豆、绿豆、红豆、蚕豆等。

（1）黄豆富含异黄酮、卵磷脂、亚油酸、植物固醇和多种人体所必需的氨基酸，对预防动脉硬化、促进神经机能恢复、延缓皮肤衰老、降低血脂和血压、提高身体免疫力等具有良好的作用。

（2）黑豆富含低聚糖、皂苷、花青素、异黄酮和多种维生素，具有益精明目、养血祛风、利水解毒、延缓衰老等功效，对脱发、须发早白、腰膝酸软、肾虚耳聋等病症有一定疗效。

（3）绿豆乃药食同源之品，具有清热解毒、消暑利水的功效，可以缓解体内热毒、清理肠胃垃圾，对上火、中暑、咽喉肿痛等病症有很好的改善作用。

（4）红豆富含钾、镁、磷、锌、硒等矿物质和膳食纤维，具有消肿解毒、健脾止泻、补血安神等功效，长期食用能起到降血脂、降血压、改善心脏活动功能等作用。

（5）蚕豆富含钾元素和优质蛋白质，能够提供膳食纤维和维生素，具有补气健脾、明目祛斑、疏肝解郁、利湿和胃等功效。此外，蚕豆中所含的磷脂和胆碱可促进大脑组织和神经系统的健康完善，有助于记忆力的提高。

蚕豆虽是一种美食，但有些人一旦吃了蚕豆及其制品，或者和蚕豆花粉接触后，会产生一种急性溶血性贫血，即“蚕豆病”。其症状包括发热、头痛、恶心、四肢酸痛、黄疸、血尿、抽筋和昏迷等。这种病一般有家族遗传史。因此，凡是父母或祖父母有这种病史的人，不宜食用蚕豆及其制品。

（三）蔬菜

蔬菜是人们膳食中不可缺少的重要食品。常见的蔬菜类型包括白菜类、根菜类、葱蒜类、茄果类、瓜类、豆类、薯芋类、水生蔬菜、多年生蔬菜、芽菜类、食用菌类、香草类。不同类型蔬菜所含的营养和功效差异较大。常见蔬菜的养生功效如表 7-1 所示。

表 7-1 常见蔬菜的养生功效

名称	养生功效	名称	养生功效
白菜	解热除烦、生津止渴、通利肠胃	胡萝卜	健脾和中、滋肝明目、化痰止咳、清热解毒
甘蓝	清利湿热、散结止痛、益肾补虚	莲藕	生用：清热生津、凉血、散瘀、止血 熟用：健脾、开胃
水芹	清热解毒、利尿、止血	芋头	健脾补虚、散结解毒
香菜	发表透疹、消食开胃、止痛解毒	黄瓜	清热、利水、解毒
菠菜	养血、止血、平肝、润燥	冬瓜	利尿、清热、化痰、生津、解毒
苋菜	清热解毒、通利二便、明目利咽	苦瓜	去热消暑、明目解毒
茼蒿	利尿、清热解毒、平补肝肾	南瓜	补益脾胃、解毒消肿
韭菜	补肾、温中、行气、散瘀、解毒	番茄	生津止渴、健胃消食
木耳	补气养血、润肺止咳、止血、抗癌	茄子	清热解毒、消肿
海带	清热化痰、止咳、平肝	辣椒	温中散寒、下气消食
竹笋	化痰、消胀、透疹	银耳	滋补生津、润肺养胃
洋葱	健脾理气、解毒杀虫、降血脂	蘑菇	健脾开胃、平肝透疹
萝卜	消食、下气、化痰、止血、解渴、利尿	香菇	扶正补虚、健脾开胃、祛风透疹、解毒抗癌

（四）果品

1. 水果

水果营养丰富，可为人体提供糖类、有机酸、矿物质、多种氨基酸、维生素等。例如，鲜枣、山楂、柑橘、草莓、柠檬等含有丰富的维生素 C，香蕉、苹果、海棠等含有丰富的纤维素、果胶、有机酸、维生素和矿物质。常见水果的养生功效如表 7-2 所示。

表 7-2　常见水果的养生功效

名称	养生功效	名称	养生功效
梨	清肺化痰、生津止渴	葡萄	补气血、强筋骨、利小便
桃	生津、润肠、活血、消积	草莓	清热止渴、健胃消食
橘	润肺生津、理气和胃	山楂	消食积、散瘀滞
橙	调和脾胃、理气宽胸、消瘿，解鱼蟹之毒	香蕉	清热、润肺、润肠、解毒
柚	消食、化痰、醒酒	荔枝	养血健脾、润肤养颜
柠檬	生津开胃、清肺净血、抗氧化	龙眼肉	补心脾、益气血、安心神
李子	清热、生津、消积	猕猴桃	解热、止渴、健胃、通淋
苹果	益胃、生津、除烦、醒酒	西瓜	清热除烦、解暑生津、利尿

2. 干果

干果是指果实含水分较少的坚果和经过晾晒、烘干使水分减少的干制果。常见的干果有枣、栗子、花生、核桃（见图 7-4）、芝麻等。其中，枣具有补脾胃、益气血、安心神等功效，栗子具有益气健脾、补肾强筋、活血止血等功效，花生具有健脾养胃、润肺化痰等功效，核桃具有补肾益精、温肺定喘、润肠通便等功效，芝麻具有补益肝肾、养血益精、润肠通便等功效。

图 7-4　核桃

（五）动物性食物

动物性食物主要包括畜禽肉、蛋类、奶类、鱼虾蟹贝等，含有丰富的蛋白质、脂类、维生素、矿物质等营养素。畜禽肉包括猪肉、牛肉、羊肉、兔肉、鸡肉、鸭肉、鹅肉、鸽子肉等，蛋类包括鸡蛋、鸭蛋、鹅蛋、鸽子蛋和鹌鹑蛋等，奶类包括牛奶、羊奶等，鱼虾蟹贝包括草鱼、鲢鱼、鳝鱼、河虾、蟹、鲍鱼、龟等。常见动物性食物的养生功效如表 7-3 所示。

表 7-3　常见动物性食物的养生功效

名称	养生功效	名称	养生功效
猪肉	补肾滋阴、养血润燥、益气消肿	草鱼	平肝祛风、温中和胃
牛肉	补脾胃、益气血、强筋骨	鲢鱼	温中益气、利水消肿
羊肉	温中健脾、补肾壮阳、益气养血	鲤鱼	健脾和胃、利水下气、通乳、安胎
兔肉	健脾补中、凉血解毒	鳝鱼	益气血、补肝肾、强筋骨、祛风湿
鸡肉	温中、益气、补精、填髓	带鱼	补虚、解毒、止血
鸭肉	补益气阴、利水消肿	鲳鱼	益气养血、舒筋利骨
鹅肉	益气补虚、和胃止渴	河虾	补肾壮阳、益气养血、强筋骨
鸽子肉	滋肾益气、祛风解毒、调经止痛	对虾	补肾壮阳、滋阴息风
鸡蛋	滋阴益血、补脾和肾、除烦安神	蟹	清热散瘀、消肿解毒
鹌鹑蛋	补虚、健胃、健脑	鲍鱼	滋阴清热、益精明目
牛奶	补虚损、益肺胃、养血、生津润燥	海参	补肾益精、养血润燥、止血
羊奶	补虚润燥、和胃解毒	龟	滋阴补肾、润肺止咳

三、四季饮食养生要点

（一）春季饮食养生要点

春季是阳气升发、万物萌发生机的时节，也是人体新陈代谢旺盛之时。春在五行中属木，木对应五脏中的肝，故立春时节肝气旺，春季饮食养生应以养肝护肝、疏肝理气为主。具体来说，春季饮食养生应注意以下要点：

（1）养肝疏肝。可有目的地选择养肝护肝、疏肝理气的药材（如枸杞子、玫瑰花、佛手等）、食材（如动物肝脏、海带、菠菜、香菜等）为老年人配置养生膳食。

（2）健脾祛湿。春季多雨水，湿气重，易伤脾，可选择健脾祛湿的食材（如薏米）或药材（如茯苓）等为老年人配置养生膳食。

（3）养阳固表。春季多发呼吸道疾病，应选择能增强人体抵抗力的食材为老年人配置养生膳食，并且在烹饪时适当加入葱、姜、蒜、胡椒等。

（二）夏季饮食养生要点

夏季气温高，雨水多，气候潮湿闷热，老年人易出现食欲下降、胸闷、腹胀、身体疲惫、呕吐、腹泻等症状。为有效缓解这些症状，在老年人膳食的选材方面，应注意以下要点：

（1）清暑益气。老年人在夏季大量出汗会导致气虚，产生气短乏力等症状，因此可选用西洋参、太子参等为老年人补气。此外，当老年人心神不宁、睡眠质量不佳时，可选用莲子、百合等帮其清热安神。

（2）清化暑湿。老年人在夏季容易受潮湿气候影响，出现四肢困倦、胸闷、恶心呕吐、大便黏腻等症状。可选用茵陈蒿、藿香等帮助老年人清化暑湿，同时应督促老年人少食用油腻、含糖量高或味道重的食物，以免滋生内热、痰湿。

（3）顾护阳气。在夏季，仍需要保护好老年人的阳气，勿让其过量食用一些性味偏凉甚至偏寒的食物（如西瓜、菊花茶、苦丁茶等）或冰凉食物（如雪糕、冰镇饮料等）。

（4）健脾消食。天气炎热时，老年人易出现食欲减退症状，因此可为其选择健脾清热的食材，如冬瓜、薄荷、绿豆、薏米等，也可选择有助于其消食的食材，如山药、茯苓、山楂、麦芽等。

（三）秋季饮食养生要点

秋季天气转凉，气候干燥，饮食养生宜以润肺为主，同时需要兼顾脾、胃、肝。

（1）清热润燥。初秋之时，气候常兼具暑热、秋燥的特点，应选择既能清暑热之气，又可润秋燥之邪的食材、药材为老年人配置养生膳食，如选择秋梨、柿子、生地黄、川贝母、桑叶等。

（2）健脾益胃。可选用山药、芡实等护养老年人脾胃的食物，以提高老年人的食欲，促使老年人气血正常运行。

（3）滋阴润肺。秋季气候干燥，易伤及老年人的肺部，因此应在老年人的饮食中加入适量的百合、银耳、北沙参、玉竹、麦冬等，以达到滋阴润肺的目的。

（4）疏肝解郁。老年人在秋季容易肝气郁结，出现精神不振、食欲减退、失眠多梦等症状。选择柚子、佛手、玫瑰花、绿萼梅等疏肝解郁之品为老年人配置养生膳食，可以使其肝气条达。

（四）冬季饮食养生要点

冬季气候严寒，老年人易感风寒，因此应注意帮助老年人补肾藏精、健脾温胃、发散风寒。

（1）补肾藏精。冬季养生总体应以敛阴护阳为根本，可选择核桃、黄精、肉苁蓉、枸杞子（见图 7-5）、熟地黄等为老年人配置养生膳食，也可选择羊肉、鸡肉、牛肉、巴戟天等性温味甘的食材、药材为老年人配制能够温补肾阳的膳食。

图 7-5　枸杞子

（2）健脾温胃。在冬季，老年人宜进食温热的食物，避免食用生、冷、硬的食物，以免损伤脾胃。可选择砂仁、干姜、猪肚等为老年人配制健脾温胃的膳食，但要避免过度进补，以防脾胃功能失常。

（3）发散风寒。在冬季，可用黄芪、党参炖肉并让老年人食用，帮助老年人益气固表；或用川芎、桂枝等帮其活血通阳；或在饮食中加入疏风散寒、养血润燥的药材，如生地黄、当归等。

任务实施

1. 任务描述

请你以家族中的某位老年人为对象，通过沟通了解其基本情况，并根据所学知识为其设计科学、合理的养生食谱。

2. 任务目的

通过为老年人设计养生食谱，加深对饮食养生原则的理解，了解常见的养生食材，熟悉四季饮食养生的要点。

3. 实施过程

（1）4～5人一组，针对一位组员家族中某位老年人的身体状况、所患疾病、饮食禁忌等，为其设计科学、合理的养生食谱。

（2）根据任务实施过程中所得信息和本任务所学知识分析表7-4中的问题并填写该表。

表7-4　问题与答案

问题	答案
老年人的身体状况	
老年人所患的疾病	
老年人的饮食禁忌	
不同季节的养生食谱	

（3）每组选出一人讲解（可结合必要的采访视频、音频、图片等）本组的任务实施情况，并解答其他小组成员提出的问题。

4. 任务评价

教师根据任务的完成情况，按表7-5中的内容为各组打分并进行评价。

表 7-5　任务评价表

评价内容	分值	教师评分	教师评价
积极、认真地参与任务实施环节	15		
内容填写详细、完整，字迹工整	30		
所设计的养生食谱科学、合理，有针对性	40		
能正确回答其他同学提出的问题	15		
总计	100		

任务二　熟悉老年人起居养生

任务导入

护理人员对赵爷爷的起居照护

老伴去世后，82 岁的赵爷爷就过上了独居生活。由于行动不便，赵爷爷很少清扫自己的房间，经常将垃圾堆在阳台上。此外，赵爷爷还长期将门窗紧闭，导致室内通风不良、十分潮湿，一面墙已经长满了霉菌。

由于室内环境较差，赵爷爷最近经常失眠或从睡眠中惊醒，并且出现嗓子干痒、咳嗽等症状。为了更好地照顾赵爷爷，赵爷爷的女儿为赵爷爷请了一名护理人员。

该护理人员首先清理了阳台上的垃圾，然后将整个房间清扫了一遍，并用消毒水去除了墙面上的霉菌。此外，护理人员还在阳台上养了一些盆栽，并每天打开窗户通风。护理人员还教赵爷爷用右侧卧姿势睡觉，并鼓励赵爷爷每天睡子午觉。经过一段时间的休养，赵爷爷的身体状况逐渐好转。

思考：

（1）良好室内环境具有哪些特点？

（2）如何提高老年人的睡眠质量？

一、居住环境

老年人居住在朝向正确、位置适宜、室内外环境良好的住所中，有利于保持身体健康、心情愉悦，对老年人养生保健具有重要作用。

（一）住所的朝向与位置

1．住所的朝向

我国自古便有住所要坐北朝南建造的说法，即要求房屋的背面朝北，大门朝南。在现代，坐北朝南多指功能性房间（如客厅、主卧等）的采光面在南侧，这样的房间具有日照长和冬暖夏凉的优点。

住所之所以要坐北朝南建造，是因为：我国处于北半球中低纬度，太阳的位置偏南，因此采光面朝南的房间日照更长；同时，我国大部分地区为季风性气候，坐北朝南的住所在冬季可用背面挡住寒冷的北风，在夏季可用正面迎接凉爽的南风。

2. 住所的位置

在选择住所时，不宜首选第一、二层，也不宜选择高层建筑的顶层，而应选择高层建筑的中间偏低的楼层。这是因为一、二层日照短、环境阴暗潮湿，顶层风大、日照过长、夏热冬凉。

（二）室外环境

室外环境是指住所附近的环境。一般来说，良好的室外环境具有以下特点：

（1）植被茂盛。茂盛的植被能够吸收二氧化碳，生产氧气和负离子，吸附灰尘，净化空气。植被茂盛的地方能够促进人体的血液循环和新陈代谢，有利于身体健康。

（2）地势较高。地势低洼的地方易积水，土地相对潮湿，易滋生细菌，不利于居住者的身体健康。

（3）安静清幽。在安静、清幽的环境中居住，人的精神会得到放松，紧张的情绪也会得到缓解，心态更容易保持平和。

（4）风景优美。背山临水、风景宜人处是居住的好地方。选择住所时，应考察、了解周边环境的绿化、美化水平，宜选择在公园附近的小区或自然生态环境较好的小区居住。

（三）室内环境

室内环境是指人所居住的建筑物的内部环境。室内环境直接影响人的生活与健康。一般来说，良好的室内环境具有以下特点。

1. 光照充足

功能性房间应具有良好的采光条件和充足的日照，如图 7-6 所示。一般认为，功能性房间在冬至日的有效日照应不低于 2 小时。当日照不足时，要利用人造光源（如电灯）照明，确保功能性房间光照充足。

图 7-6　采光条件良好且日照充足的房间

2. 温度、湿度适宜

应保持老年人房间内的温度、湿度适宜。老年人若长期居住在寒冷潮湿的房间里，不仅容易感冒、生冻疮，而且容易患风湿病和心血管疾病；若长期居住在闷热潮湿的房间里，则会出现胸闷、燥热、疲惫等症状甚至中暑。此外，房间的湿度较低会导致老年人咽喉干痒，呼吸道黏膜水分散失，进而提高呼吸道疾病的发病率。

3. 干净通风

保持室内环境干净、经常通风，有利于老年人的身心健康。室内垃圾多、环境差，容易吸引蚊子、老鼠、苍蝇，导致细菌滋生；室内通风差会导致室内氧气不足、霉菌滋生，进而使人产生炎症。

二、劳逸适度

劳逸适度是上乘的养生之道。为了使老年人保持劳逸适度的生活方式，需要督促其做到以下几点：

（1）量力而行。应根据老年人的身体状况，帮助老年人选择适合其活动筋骨的运动。例如，督促身体状况较好的老年人参加慢跑、骑车、爬山等户外活动，督促身体状况一般的老年人养花、种菜或做一些简单的家务活，督促身体状况较差的老年人进行肢体康复训练。

（2）脑力劳动与体力劳动相结合。督促老年人参加体力劳动的同时，也要让其适当参加下棋、阅读、画画等脑力劳动，这样既能强健其体魄，又能锻炼其思维能力。

（3）修养身心。引导老年人通过听音乐、聊天、观景、散步、钓鱼、冥想等方式修养身心。

三、规律作息

人的五脏六腑只有按照一定的节律进行生命活动，人体才能保持良好的状态。作息无常会扰乱人体固有的生物节律，使脏腑受到损害，不利于人的身体健康。应督促老年人养成良好的作息习惯，每日定时起床、定时用餐、定时锻炼、定时洗澡、定时排便、定时休息等。

十二时辰养生法

四、保证睡眠质量

保持高质量的睡眠是消除疲劳、恢复精力的最佳方法，并且能起到防治疾病、强身健体、延年益寿的效果。护理人员应从睡眠姿势、睡眠时间两个方面帮助老年人提高睡眠质量。

（一）睡眠姿势

在睡眠姿势方面，古今医学都认为右侧卧（即身体右侧朝下侧卧）是最佳卧姿。根据人体生理结构，右侧卧可使心脏在胸腔中受压最小，促进新陈代谢，让人感觉舒适。对于部分患有特殊疾病的老年人，护理人员应协助其保持特殊的睡眠姿势，如协助心力衰竭或咳喘发作的老年人保持半坐位或半侧卧位睡眠姿势，必要时可将其头部与背部垫高。

（二）睡眠时间

子午觉是重要的睡眠养生方法之一，即每天在子时（23:00—1:00）和午时（11:00—13:00）入睡，最有利于身体健康。老年人每天睡午觉能使大脑和身体各系统都得到放松与休息，可弥补夜晚睡眠的不足。需要注意的是，午觉不宜超过 1 小时。为帮助老年人缓解疲劳，有效降低心血管疾病发生的概率，护理人员应引导老年人养成子时大睡、午时小憩的良好习惯，并为其营造安静、舒适的睡眠环境，以提高其子、午两时的睡眠质量。

课堂活动

你平常睡午觉吗？你午睡醒来后的身体状况和不睡午觉时的身体状况有什么不同？

任务实施

1．任务描述

81 岁的刘爷爷一个人居住在广州市某小区 42 号楼的一层。由于小区各楼栋之间的间距较小，刘爷爷所住的房间日照很短，白天经常需要打开电灯照明。小区的环境也比较差，植被较少，有一个因长期没人管理而发臭的水池，垃圾桶里的垃圾经常得不到及时清理和回收，导致整个小区都弥漫着一股臭味。此外，广州气候潮湿，刘爷爷所住的房间经常返潮，导致地面潮湿、墙体发霉。

请你根据本任务所学知识，分析以下内容：

（1）刘爷爷的居住环境存在哪些问题。

（2）良好的居住环境具有哪些特点。

（3）怎样帮助刘爷爷改善居住环境？

（4）如果刘爷爷夜晚睡眠质量不高，你会如何帮助他提高睡眠质量。

2．任务目的

通过帮助刘爷爷改善居住环境，加深对老年人起居养生的理解。

3．实施过程

（1）根据任务描述和本任务所学知识填写表 7-6。填写完成后，3 人一组，交叉检查填写的答案并进行讨论，然后对自己所填写的答案进行必要的补充与修改。

表 7-6　问题与答案

问题	答案
刘爷爷的居住环境存在哪些问题	
良好的居住环境具有哪些特点	
怎样帮助刘爷爷改善居住环境	
怎样帮助刘爷爷提高睡眠质量	
补充与修改:	

（2）每组选出一人讲解本组的任务实施情况，并解答其他小组成员提出的问题。

4. 任务评价

教师根据任务的完成情况，按表 7-7 中的内容为各组打分并进行评价。

表 7-7　任务评价表

评价内容	分值	教师评分	教师评价
积极、认真地参与任务实施环节	15		
内容填写详细、完整，字迹工整	30		
答案正确，给出的建议科学、合理、可操作性强	40		
能正确回答其他同学提出的问题	15		
总计	100		

任务三　了解老年人康养旅游

任务导入

养老院老年人组团游黄山

某养老院内有十余名 65 岁左右的老年人，他们的身体都很健康。为了丰富他们的老年生活，增强体能，强健体魄，养老院决定在春季组织一次生态养生康养旅游，旅游目的地为黄山风景区。

在旅游前，导游向所有老年人讲解了外出游玩需要注意的事项，包括：① 要跟紧团队，不能独自行动；② 要经常检查随身携带的物品，如手机、钱包等；③ 不要在景区内随意买食物吃，以免腹泻；④ 注意防寒保暖。

在旅途中，老年人在导游的带领下参观了迎客松、仙桃石、莲花峰、玉屏峰等自然景观，还去黄山温泉景区泡了温泉，品尝了许多当地的特色美食。老年人纷纷感慨："在这次康养旅游中，我们既活动了筋骨，又参观了美景、品尝了美食，还泡了温泉，真是不虚此行！"

思考：

（1）参加康养旅游有哪些作用？

（2）康养旅游的类型有哪些？

（3）康养旅游的注意事项有哪些？

一、康养旅游的作用

根据《中国老年旅居康养发展报告》，2020 年我国康养旅游人数已达 6 750 万人次，老年旅游从福利事业向旅游产业转变，老年旅居康养潜力巨大。老龄化是我国未来较长时期的基本国情，康养旅游将成为越来越多老年人的选择。老年人参加康养旅游可以起到以下几个方面的作用。

旅游+养老 "银龄生活"新方式

（一）愉悦身心

老年人去风景优美的地方旅游，可以在欣赏美景的过程中放松心情，感受大自然的美好，从而产生对生命的渴望，以积极的心态面对生活。

老年人去民族文化特色浓郁的地方旅游，可以领略当地独特的自然风光，感受当地特色的风俗习惯、文化传统等，从而获得精神上的愉悦和放松。例如，老年人可以参加傣族的泼水节（见图 7-7），彝、白、纳西等族的火把节，蒙古族的马奶节等，感受少数民族对生活的热情。

图 7-7　泼水节

（二）养生保健

老年人到以森林、草原、湖泊、大海等自然旅游资源为依托的旅游观光、休闲度假胜地旅游，既能呼吸新鲜空气，促进新陈代谢，提振食欲，又能调整心态，缓解心理压力，消除精神紧张。

此外，老年人选择温泉康养旅游、中医药康养旅游等，通过泡温泉，体验针灸、艾灸、拔罐、刮痧、推拿等项目，可以调节身体状态，促进身体机能恢复，从而达到延缓衰老、延年益寿的目的。

（三）锻炼身体

老年人在康养旅游的过程中，通常会进行长时间的户外活动，这有利于改善其身体机能，促进运动功能恢复。例如，老年人参加爬山、徒步活动，可以锻炼四肢的协调性，改善心肺功能，从而提高身体素质，达到强身健体的目的。

（四）治疗疾病

在康养旅游的过程中，老年人可以欣赏美景，呼吸新鲜空气，享受阳光，以促进新陈代谢；或享用当地特有的、具有养生功能的食物，以提高免疫力，促进身体机能恢复；或接受中医、藏医、苗医、蒙医等的康复治疗，学习一些养生保健知识，以延缓病情、改善病症。

二、康养旅游的类型

康养旅游主要包括生态养生康养旅游、文化养生康养旅游、运动休闲康养旅游、医疗保健康养旅游。

（一）生态养生康养旅游

生态养生康养旅游以生态旅游和养生旅游为基础，以旅游目的地优美的自然生态环境和独特的人文环境为依托，结合了传统的养生文化和现代健康理念。常见的生态养生康养旅游包括山岳旅游、湿地旅游、森林旅游、草原旅游、温泉旅游等。老年人身处山川、森林、草原、海滨等自然环境中，不仅能欣赏优美的景色、呼吸富含负氧离子的清新空气，使身心得到放松，而且沐浴在太阳光下，还能促进钙的吸收和血液循环，增强免疫力。此外，在生态养生康养旅游中，优美的自然环境和良好的空气质量可以使老年人更容易入睡，有助于改善老年人的睡眠质量。

适合老年人的生态养生康养旅游目的地有桂林市漓江景区、张家界国家森林公园、西双版纳原始森林公园、青岛海滨风景区、三亚海滨风景区等。

（二）文化养生康养旅游

文化养生康养旅游以文化为引领，以旅游为主题，以康养为支撑。老年人在文化养生康养旅游过程中可以参观游览古代建筑、遗址、文化艺术品，观看民俗表演，体验手工艺制作，了解当地的传统文化和当地人民的思维方式、道德观念、审美情趣，从而达到增长知识、陶冶情操、修身养性的目的。

适合老年人的文化养生康养旅游目的地有故宫、莫高窟、布达拉宫、秦兵马俑、苏州园林（见图 7-8）等。

图 7-8　苏州园林

（三）运动休闲康养旅游

运动休闲康养旅游结合了运动、休闲和养生元素。老年人在运动休闲康养旅游过程中可以参加各种运动项目（如划船、游泳、登山、滑雪、骑马、骑自行车等），以达到活动筋骨、强身健体、放松心情、磨炼意志的目的。此外，老年人参加野外生存体验活动，如丛林探险、野外宿营、山地穿越、溯溪探源等，也会从中获得新鲜感和愉悦感。

适合老年人的运动休闲康养旅游目的地有杭州西湖风景名胜区、泰山风景名胜区、黄山风景区、庐山风景名胜区、呼伦贝尔草原（见图 7-9）等。

图 7-9　呼伦贝尔草原

（四）医疗保健康养旅游

医疗保健康养旅游以提供医疗保健服务为主要目的，通过将医疗服务与休闲度假相结合来满足老年人在旅途中对健康和保健的需求。在医疗保健康养旅游中，老年人通常会接触到

针灸、拔罐、刮痧、推拿等中医疗法，也会学到一些保健养生方法。例如，老年人可以在医疗保健康养旅游中参加健康知识讲座和健身活动，学习健康饮食知识，从而更好地预防和治疗疾病。

同步案例

康养旅游进入西藏旅游产品体系

藏医药文化是中华优秀传统文化的重要组成部分，也是现代康养旅游的宝贵资源。2023 年 10 月 18 日，西藏自治区旅游发展厅、西藏自治区卫健委共同启动了 2023 藏医药甘露健康之旅旅游产品推广项目，旨在通过旅游业带动藏医药产业发展，进一步完善西藏旅游产品供给，促进“旅游+藏医药产业”高质量融合发展。

2023 藏医药甘露健康之旅产品发布会发布了四大主题共 19 个旅游线路产品。

“游方”主题以藏医药文化传承为主线，包括游方之旅 12 日游、象雄文化与古冰川探秘 8 日游、自然与人文多样景观 7 日游、冰川桃源 3 日游、古道遗址与自然探索 4 日游 5 个旅游线路产品。

“曼境”主题围绕博物馆与艺术研学，包括从观察到关注 1 日游、藏医药研学 4 日游、生命乐土上的写作与写生 9 日游 3 个旅游线路产品。

“药泉”主题以 G219 沿线为主，包括峡谷中的生命之舟 5 日游、“沟”勒藏式线条 5 日游、高原演化之路 5 日游、做个采药郎 3 日游、周末乐与路 2 日游 5 个旅游线路产品。

“甘露”主题着眼于高海拔户外徒步与自然生态研学，包括自然博物馆里的森林浴 5 日游、寻花藏东南 4 日游、他念他翁盐登线 6 日徒步、南迦巴瓦拜峰台 4 日徒步、喜马拉雅秘境天堂 15 日徒步、甘丹寺桑耶寺经典徒步 6 个旅游线路产品。

（资料来源：田金文、李键，《康养旅游进入西藏旅游产品体系》，新华网，2023 年 10 月 19 日）

三、康养旅游的注意事项

（一）因人而异

应根据老年人的年龄、身体状况、性格爱好等，为其推荐合适的旅游项目。一般来说，对于年龄较大、身体较虚弱的老年人，可建议其选择生态养生康养旅游或医疗保健康养旅游；对于年龄不大、身体状况良好的老年人，可建议其选择文化养生康养旅游或运动休闲康养旅游。

（二）因时制宜

老年人出游应顺应时节，春季应多去户外踏青，欣赏春色；夏季应去山谷、森林等凉爽的地方避暑，避免在烈日下暴晒；秋季可以游览名胜古迹、登高望远；冬季，在做好防寒保暖的基础上，可以去我国东北地区踏雪赏梅、观赏冰雕，或者去我国南方地区避寒。

（三）充分准备

为了达到养生保健目的，在老年人康养旅游前，必须帮助老年人做好充分准备。具体内容如下：

（1）帮助老年人调整好身心状态，避免老年人带病出游或在旅游途中反悔。

（2）帮助老年人制订科学、合理的旅游方案，包括路线选择、日程安排、交通工具、食宿安排，协助老年人整理好旅游时需要携带的东西。

（3）提前为老年人介绍旅游的日程安排，重要景点的历史文化，旅游目的地的气候环境、自然风光、人文景观和民俗风情等，让老年人对此次旅游的内容有更加全面的了解。

（四）注意安全

老年人在旅游时多处于陌生的环境，因此应提醒其注意安全，协助其做好安全防护措施，如在游玩前向老年人讲清楚注意事项，让老年人佩戴具有定位功能的手环，时刻关注老年人的行踪，严禁老年人独自前往护栏边、河边、海边等危险地。

任务实施

1．任务描述

请你以家族中的某位老年人为对象，根据所学知识为其制订康养旅游计划。

2．任务目的

通过帮助老年人制订康养旅游计划，了解康养旅游的作用、类型和注意事项。

3．实施过程

（1）根据任务描述和本任务所学知识填写表 7-8。填写完成后，3 人一组，交叉检查填写的答案并进行讨论，然后对自己所填写的答案进行必要的补充与修改。

表 7-8　问题与答案

问题	答案
康养旅游的类型有哪些	
老年人的基本信息与健康情况	
老年人的康养旅游计划	
老年人在康养旅游中应注意哪些事项	

（2）每组选出一人讲解本组的任务实施情况，并解答其他小组成员提出的问题。

4. 任务评价

教师根据任务的完成情况，按表 7-9 中的内容为各组打分并进行评价。

表 7-9　任务评价表

评价内容	分值	教师评分	教师评价
积极、认真地参与任务实施环节	15		
内容填写详细、完整，字迹工整	30		
答案正确，制订的康养旅游计划科学、合理	40		
能正确回答其他同学提出的问题	15		
总计	100		

学习成果检测

1. 填空题

（1）五畜原指________、羊、猪、狗、鸡。

（2）饮食养生原则中的“审因施膳，以人为本”包括__________、__________、因地制宜。

（3）春季饮食养生应注意以下要点：养肝疏肝、________、养阳固表。

（4）在现代，________多指功能性房间（如客厅、主卧等）的采光面在南侧，这样的房间具有日照长和冬暖夏凉的优点。

（5）________是重要的睡眠养生方法之一，即每天在子时和午时入睡，最有利于身体健康。

（6）康养旅游主要包括____________、____________、运动休闲康养旅游、医疗保健康养旅游。

2. 选择题

（1）五菜原指葵菜、韭菜、藿、薤、（　　）。

A．蒜　　B．葱

C．姜　　D．茼蒿

（2）（　　）在民间有“净肠草”之称，具有充实肠胃、增长气力、提振精神、清肠导滞等功效。

A．高粱　　B．荞麦

C．菠菜　　D．茼蒿

（3）下列选项中，（　　）不属于良好的室外环境应具备的特点。

A．植被茂盛　　B．地势较高

C．安静清幽　　D．光照充足

（4）根据人体生理结构，（　　）可使心脏在胸腔中受压最小，促进新陈代谢，让人感觉舒适。

A．右侧卧　　B．仰卧

C．左侧卧　　D．俯卧

（5）适合老年人的文化养生康养旅游目的地不包括（　　）。

A．故宫　　B．西双版纳原始森林公园

C．莫高窟　　D．布达拉宫

3．判断题

（1）老年人身体机能衰退，气血不足，宜食用煮软烧烂、易消化、营养丰富的食物，忌食生冷或不易消化的食物。（　　）

（2）红豆乃药食同源之品，具有清热解毒、消暑利水的功效，可以缓解体内热毒、清理肠胃垃圾，对上火、中暑、咽喉肿痛等病症有很好的改善作用。（　　）

（3）秋季气候干燥，易伤及老年人的肺部，因此应在老年人的饮食中加入适量的百合、银耳、北沙参、玉竹、麦冬等，以达到滋阴润肺的目的。（　　）

（4）地势低洼的地方易积水，土地相对潮湿，易滋生细菌，不利于居住者的身体健康。（　　）

（5）人的五脏六腑只有按照一定的节律进行生命活动，人体才能保持良好的状态。（　　）

（6）老年人每天睡午觉能使大脑和身体各系统都得到放松与休息，可弥补夜晚睡眠的不足，因此午觉时间越长越好。（　　）

（7）老年人到以森林、草原、湖泊、大海等自然旅游资源为依托的旅游观光、休闲度假胜地旅游，既能呼吸新鲜空气，促进新陈代谢，提振食欲，又能调整心态，缓解心理压力，消除精神紧张。（　　）

4．简答题

（1）简述常见谷类的养生功效。

（2）简述冬季饮食养生要点。

（3）简述良好的室内环境应具备的特点。

（4）简述康养旅游的作用。

学习成果评价

请进行学习成果评价，并将评价结果填入表 7-10 中。

表 7-10　学习成果评价表

班级		组号		日期	
姓名		学号		指导教师	
项目名称	老年人中医养生保健				
评价项目	评价内容	满分	自我评分	教师评分	
理论知识（40%）	饮食养生的原则和常见的养生食材	5			
	四季饮食养生要点	10			
	老年人起居养生	15			
	康养旅游的作用、类型、注意事项	10			
实践技能（40%）	能够为老年人配置科学的养生膳食	15			
	能够为老年人选择合适的居住环境，帮助老年人养成劳逸适度、规律作息的生活习惯，提高老年人的睡眠质量	10			
	能够讲清楚康养旅游的作用、类型，并根据老年人的具体情况为其制订合适的康养旅游方案	15			
综合素养（20%）	积极参加教学活动，主动学习、思考、讨论	10			
	具备较强的民族认同感和文化自信	5			
	具备较强的民族自豪感	5			
合计		100			
自我评价					
教师评价					

参考文献

[1] 中国营养学会. 中国居民膳食指南（2022）[M]. 北京：人民卫生出版社，2022.

[2] 雷雨，陶娟. 老年服务礼仪与沟通技巧 [M]. 北京：北京理工大学出版社，2021.

[3] 张晓丽. 老年人生活照料 [M]. 北京：北京理工大学出版社，2021.

[4] 郑敏娜，孟磊，苏晗. 老年康复护理 [M]. 武汉：华中科技大学出版社，2021.

[5] 马烈光，章德林. 中医养生学 [M]. 4 版. 北京：中国中医药出版社，2021.

[6] 人力资源社会保障部教材办公室. 养老护理员：初级 [M]. 北京：中国劳动社会保障出版社，2020.

[7] 人力资源社会保障部教材办公室. 老年人康复护理实用技能 [M]. 北京：中国劳动社会保障出版社，2019.

[8] 人力资源社会保障部教材办公室. 老年人生活照料实用技能 [M]. 北京：中国劳动社会保障出版社，2018.

[9] 人力资源社会保障部教材办公室. 老年人心理护理实用技能 [M]. 北京：中国劳动社会保障出版社，2018.

[10] 黄晓琳，燕铁斌. 康复医学 [M]. 6 版. 北京：人民卫生出版社，2018.

[11] 马晓风，董会龙. 老年人心理护理 [M]. 北京：海洋出版社，2017.